O JULGAMENTO
DE SÓCRATES

I. F. STONE

O JULGAMENTO DE SÓCRATES

Tradução
Paulo Henriques Britto

Apresentação
Sérgio Augusto

3ª reimpressão

Copyright © 1988 by I. F. Stone
Proibida a venda em Portugal

Título original
The Trial of Socrates

Capa
Jeff Fisher

Preparação
Cecília Ramos

Índice remissivo
José Muniz Jr.

Revisão
Renato Potenza Rodrigues
Vivian Miwa Matsushita

Dados Internacionais de Catalogação na Publicação (CIP)
(Câmara Brasileira do Livro, SP, Brasil)

Stone, I. F. 1907-1989
    O julgamento de Sócrates / I. F. Stone ; tradução Paulo
Henriques Britto ; apresentação Sérgio Augusto. —1ª ed. — São
Paulo : Companhia das Letras, 2005.

    Título original: The Trial of Socrates.
    Bibliografia.
    ISBN 978-85-359-0684-4

    1. Sócrates 2. Sócrates — Julgamento I. Augusto, Sérgio. II. Título.

05-5463   CDD-183.2

Índices para catálogo sistemático:
l. Filosofia socrática 183.2
2. Sócrates : Filosofia 183.2

2021

Todos os direitos desta edição reservados à
EDITORA SCHWARCZ S.A.
Rua Bandeira Paulista, 702, cj. 32
04532-002 — São Paulo — SP
Telefone: (11) 3707-3500
www.companhiadasletras.com.br
www.blogdacompanhia.com.br

À minha mulher, Esther,

sem a qual este livro,
assim como tantas outras coisas,
não teria sido possível

SUMÁRIO

Apresentação
Uma pedra no caminho dos poderosos — Sérgio Augusto 9
Prefácio
Como este livro veio a ser escrito 18
Prelúdio *22*

PRIMEIRA PARTE — SÓCRATES E ATENAS
1. As divergências básicas *28*
2. Sócrates e Homero *40*
3. Uma pista no episódio de Tersites *49*
4. A natureza da virtude e do conhecimento *61*
5. A coragem como virtude *76*
6. Uma busca inútil: Sócrates e as definições absolutas *94*
7. Sócrates e a retórica *119*
8. O ideal de vida: a terceira divergência socrática *128*
9. Os preconceitos de Sócrates *149*

SEGUNDA PARTE — A PROVAÇÃO
10. Por que esperaram tanto? *164*
11. Os três terremotos *171*
12. Xenofonte, Platão e os três terremotos *191*
13. O principal acusador *210*
14. Como Sócrates fez o possível para hostilizar o júri *217*
15. Como Sócrates poderia facilmente ter obtido a
    absolvição *235*
16. O que Sócrates deveria ter dito *249*

17. As quatro palavras *255*
18. A questão final *267*
    Epílogo: Teria havido uma caça às bruxas em Atenas? *274*

Notas *293*
Agradecimentos *315*
Índice remissivo *317*
Sobre o autor *331*

Apresentação
UMA PEDRA NO CAMINHO
DOS PODEROSOS

Todo governo é mentiroso.
I. F. Stone

Poucas coisas conseguem permanecer secretas por muito tempo. O que os serviços de inteligência basicamente fazem é dizer ao patrão que ele está agindo da maneira correta. A espionagem é um desperdício de dinheiro. Ninguém passa a entender melhor o que acontece bisbilhotando por buracos de fechadura.
I. F. Stone

SE TIVESSE NASCIDO SETE ANOS ANTES, I. F. Stone teria a idade do século.* "Se eu durar muito, vou acabar ganhando uma certa credibilidade e um certo peso", palpitou ele em 1971. Embora tenha chegado aos oitenta, na véspera do último Natal, Isidor Feinstein Stone (I. F. desde 1937) não precisou viver muito para tornar-se um dos jornalistas mais confiáveis e importantes do mundo. Em todo caso, só recentemente, ao aposentar-se e publicar este livro, ele passou a ser cortejado pela mesma mídia que antes o mantinha à distância por considerá-lo um radical. Como é do seu feitio, o velho Izzy ironizou a inesperada consagração: "Não consigo me acostumar com o lado dos vencedores". Ainda que tardia, sua consagração representa uma vitória das virtudes do radicalismo sobre os vícios do comodismo, fazendo de quebra um auspicioso contraponto ao eclipse do governo Reagan.

---

* Este texto foi redigido em 1988. I. F. Stone morreria no ano seguinte, em junho de 1989. (N. E.)

Ser radical, para ele, nunca foi aquela coisa feia imaginada e temida pelos espíritos mais conservadores. Seu radicalismo foi sempre e unicamente um compromisso com a raiz dos fatos. Pela rama não pega nada. Ao ficar parcialmente surdo, radicalizou de vez. Impossibilitado de ouvir direito o que os figurões do governo diziam nas entrevistas coletivas, deixou seus colegas de profissão anotando e transcrevendo as vozes do poder e passou a trabalhar com os olhos, xeretando e cotejando declarações e documentos oficiais — por ele apelidados de "diários da burocracia" —, além de jornais e revistas dos EUA e da Europa. E assim confirmou o que já desconfiava: que qualquer governo tudo faz para esconder verdades incômodas. Fabricou, na esfera política, mais Pinóquios do que Gepeto seria capaz. Uma intervenção cirúrgica recuperou-lhe a audição, mas não a confiança no *modus operandi* dos seus colegas.

A rigor, confia pouco na grande imprensa. Fala de cadeira, pois está no ramo há quase sete décadas. Viu muita coisa, principalmente bobagens com ares de novidade e chancela de modernização. Entediado com os elogios que, num simpósio sobre jornalismo, faziam ao jornal *Washington Post*, saiu-se com esta: "Também acho o *Post* um jornal surpreendente. A gente nunca sabe em que página se encontram as notícias de primeira página".

Izzy tem o saudável hábito de seguir religiosamente um conselho dado por Ernest Hemingway, em *O sol também se levanta*: "Você tem que ser irônico desde a hora em que sai da cama". A ironia não mata, mas pode desarmar. Há 22 anos, os liberais que se chocaram com o que ele dissera do senador J. William Fullbright, então cultuado como um dos mais destemidos opositores da guerra no Vietnã, não souberam como responder à altura. Para Stone, Fullbright, sem dúvida um homem honrado e do lado certo, não passava de um *cloakroom crusader*, ou seja, um opositor de gabinete. Resenhando um livro que comparava o senador a Prometeu, não se conteve: "A última coisa que ele [Fullbright] faria na vida seria roubar o fogo de Zeus. Ele teria preferido enviar um memorando sigiloso e cautelosamente redigido, sugerindo a Zeus que desse o fogo ao homem a fim de evitar perturbações da ordem pública".[1]

Não foi mais condescendente com outro totem do liberalismo americano: o presidente John Kennedy. Seu cadáver ainda estava insepulto quando Izzy o definiu como "um líder convencional, não mais que um conservador esclarecido, demasiado cauteloso para a sua idade e dominado por um indisfarçável desprezo pelo povo".

Por não ter concluído o curso superior (trocou no meio a Universidade da Pensilvânia pela carreira de jornalista), o *establishment* acadêmico sempre o desdenhou, mesmo sabendo que uma fração ponderável do que os historiadores revisionistas da política externa americana "descobriram", nos últimos anos, já havia sido revelada por Stone, no calor da hora, décadas antes.[2] Por trabalhar à margem das redações, sempre encontrou dificuldades para integrar-se à fraternidade jornalística. Teve bons motivos para achar que não estava perdendo grande coisa. Em 1941, por exemplo, foi banido do National Club Press por ter levado um juiz para almoçar no restaurante daquela entidade. O juiz era negro.

Racismo e intolerância são as duas pragas que sua alma libertária mais abomina. O que em parte explica a sua birra com o sectarismo de certas esquerdas e a sua implicância com a União Soviética. Stone é judeu, filho de imigrantes russos, e um socialista que não se envergonha de admirar mais Thomas Jefferson do que Karl Marx. No seu santuário intelectual, o sumo pontífice do marxismo perde ainda para Erasmo, Thomas Morus e John Milton, cuja seminal defesa da liberdade de imprensa, *Areopagitica* (1644), é um dos seus tonificantes espirituais de cabecei-

1. *The New York Review of Books*, 29 de dezembro de 1966.
2. Em seu perfil do jornalista, *I. F. Stone — A portrait* (Nova York, Pantheon, 1988), Andrew Patner dá conta dos livros mais importantes sobre a história contemporânea dos EUA que chegaram com atraso às mesmas conclusões de Stone, mas não tiveram a delicadeza, para dizer o mínimo, de citá-lo. O festejado Ronald Steel, autor de *Pax americana*, é um deles.

ra. Nascido na Filadélfia, já era aos dez anos um leitor voraz e onívoro. Abriu seus olhos para o mundo através do romance autobiográfico de Jack London, *Martin Eden* (1909). Converteu-se ao ateísmo influenciado pelos *Primeiros princípios* (1862) de Herbert Spencer. Ainda nem tinha idade para votar quando inscreveu-se no Partido Socialista, com a cabeça virada pelas idéias de Engels e pelo comunismo anarquista de Kropotkin. "Eu já era da Nova Esquerda muito antes de ela existir", pilheriou, anos atrás, ao atender a um repórter interessado em historiar a politização da *The New York Review of Books* fomentada por Stone a partir do final de 1964.

Apesar de socialista, desde cedo trabalhou melhor como um lobo solitário. Tinha catorze anos ao lançar sua primeira publicação, *Progress*, um mensário abusado cujo primeiro número ostentava uma epígrafe de Sófocles, um sinal precoce de sua paixão pelo berço da democracia. Durante trinta anos (de 1923 a 1952) perambulou por diversos jornais já extintos, como *PM, Daily Compass, New York Star, Inquirer*, todos do eixo Nova Jersey—Filadélfia—Nova York. Também foi, a partir de 1938, editor-associado do semanário *The Nation* — que ainda vai bem, obrigado —, acumulando esse cargo com artigos e reportagens para o *New York Post*, que era um dos raros diários do país a favor do New Deal. Em suas páginas, Stone escreveu de tudo, até editoriais, entre 1933 e 1939.

Como correspondente do *Daily Compass*, mandou-se para a Europa em agosto de 1950, montando uma base em Paris. Seria lá, justo na terra do Caso Dreyfus, que criaria o seu primeiro grande caso de repercussão internacional. Depois de acreditar por algum tempo nas versões oficiais sobre a guerra na Coréia, começou a notar discrepâncias entre os despachos dos jornalistas europeus e os de seus colegas que operavam sob as asas do general MacArthur, e resolveu investigar. Ao comprovar que o governo americano mentia deslavadamente — que na verdade a guerra na Coréia fora precipitada pelos EUA, como parte de um plano para assumir o controle do Sudeste asiático —, deixou seus colegas com as calças na mão. Publicados simultaneamente em

Paris pelo *L'Observateur*, um semanário liberal editado pelo herói da Resistência Claude Bourdet, os artigos de Stone agitaram o círculo diplomático europeu, mas permaneceram convenientemente ignorados pela grande imprensa americana.

Entusiasmado com eles, Jean-Paul Sartre cogitou de editá-los em livro, mas, antes que essa idéia se concretizasse, Stone e os soldados ianques já estavam em casa novamente. O livro afinal saiu, em 1952, na Inglaterra, com o título de *The hidden history of the Korean war*, depois de ter sido recusado por 28 editoras, todas, evidentemente, receosas de represálias por parte dos macarthistas, que então mandavam e desmandavam nos destinos da América. Não teria saído sem o empenho pessoal das duas estrelas da revista marxista *The Monthly Review*, Paul M. Sweezy e Leo Huberman, este bastante conhecido no Brasil por um best-seller das Ciências Sociais, *História da riqueza do homem*, permanentemente reeditado pela Zahar.

Também em 1952, o *Daily Compass* fechou e Stone se viu obrigado a partir para a maior aventura de sua vida. Sem emprego fácil na grande imprensa, decidiu montar o seu próprio veículo de informação, inspirado na experiência de Gilbert Seldes e seu *In Fact*, na década anterior. A época era a menos propícia possível para qualquer aventura editorial que não se situasse à direita do menos liberal dos liberais. O quixotesco Izzy deu de ombros e partiu para cima dos seus moinhos de concreto.

Com a indenização do *Daily Compass* (3500 dólares) e mais 3 mil dólares de um amigo, criou uma *newsletter* sem paralelos na história da imprensa mundial. Dispondo da listagem de assinantes de três publicações para as quais havia trabalhado (uma delas o *Daily Compass*), assegurou de saída 5300 leitores, entre os quais se destacavam Bertrand Russell, Albert Einstein e Eleanor Roosevelt. Preço da assinatura: cinco dólares. O suficiente para cobrir as despesas de gráfica e tirar dois salários: um, de 125 dólares, para ele e outro, de 75 dólares, para uma secretária, logo substituída por Esther, a abnegada sra. Stone.

O primeiro número do *I. F. Stone's Weekly* chegou aos seus assinantes no dia 17 de janeiro de 1953. Nos três primeiros anos, não foi além de 10 mil exemplares, dobrando a tiragem em 1963. Pouco antes de virar quinzenal, em 1968, por conta de um infarto e de um descolamento de retina sofridos por seu factótum, o alternativo mais bem informado do planeta ultrapassou a barreira dos 40 mil leitores. A sucessão de parlapatões na Casa Branca contribuiu bastante para o seu êxito, consolidado sobretudo com a escalada da guerra no Vietnã. Nos três primeiros anos da gestão Nixon, o *I. F. Stone [Bi] Weekly* registrou um aumento de 10 mil novos assinantes por ano. Chegou a um pique de 74 mil exemplares e a ser incluído entre as 25 publicações regularmente resumidas para o presidente.

"Os primeiros anos foram solitários", Stone recordaria na última edição do jornal, em dezembro de 1971.

> Sou naturalmente gregário, mas me puseram no ostracismo. Meus leitores me sustentaram. Ninguém jamais teve um público tão carinhoso como eu, e as cartas (poucas das quais — por favor, desculpem — pude responder) compensaram a frieza com que me tratavam em Washington. Ninguém pode ter sido mais feliz do que eu com o *Weekly*. Dar um pouco de conforto aos oprimidos, expressar a verdade exatamente como eu a vejo, não aceitar imposições, exceto aquelas ditadas pelas minhas deficiências naturais, não ter outro senhor que não minhas próprias compulsões, procurar viver à altura da minha imagem idealizada do que deve ser um verdadeiro jornalista, e ainda assim conseguir que minha família sobrevivesse — o que mais pode um homem pedir?

Seu artigo de despedida terminava de forma comovente:

> Tenho podido viver de acordo com minhas convicções. Politicamente, acredito que não pode existir uma sociedade decente sem liberdade de crítica: a grande tarefa de nosso tempo é uma síntese de socialismo e liberdade. Filosoficamente, creio que a vida do homem se reduz, em última aná-

lise, a uma fé — cujos fundamentos estão além de qualquer prova — e que esta fé é uma questão estética, um sentimento de beleza e harmonia. Acho que todo homem é o verdadeiro Pigmaleão de si próprio. E em recriando a si próprio, bem ou mal ele recria a raça humana e o futuro.

O *I. F. Stone's Weekly* fechou as portas porque seu dínamo não tinha mais forças (nem saúde) para editar sozinho quatro páginas cuja confecção exigia intermináveis leituras, pesquisas e conversas, para oferecer aos seus assinantes o que o resto da mídia impressa ora desprezava, ora apurava sem rigor. Cansou de dar furos. O furo de que mais se orgulha deixou mal o físico Edward Teller, o pai da bomba de hidrogênio. Flagrou-o mentindo sobre os efeitos de explosões atômicas subterrâneas, em 1957, e o denunciou com a veemência que o *ersatz* do Dr. Fantástico merecia.

Bem que Stone tentou passar o bastão para um herdeiro de sua estirpe, mas não o encontrou. Stone é insubstituível. O cineasta Jerry Bruck Jr. teve a sorte de pegá-lo ainda na trincheira e documentou sua faina jornalística no média-metragem *I. F. Stone's Weekly*, de 62 minutos de duração, que em 1973 causou sensação no Festival de Cannes e foi sucesso de crítica e público nas principais capitais americanas. As novas gerações se surpreenderam com o seu singular método de trabalho, revelado pelo filme: cercado por pilhas e mais pilhas de publicações, Stone pega um jornal e divide-o ao meio, rasgando pela dobra. Impaciente, não usa tesoura para fabricar recortes, apenas os dedos. É capaz de localizar qualquer referência no meio da sua aparente bagunça. Em questão de segundos. Ou imediatamente, se ela estiver na sua cabeça, onde em geral costuma estocar a maioria das informações.

Obcecado pelos problemas da liberdade de pensamento e de expressão, aproveitou a aposentadoria (relativa, pois continuou escrevendo com regularidade para a *New York Review of Books* e volta e meia envia o que chama de stonegramas ao *The Nation*) para vasculhar as raízes dessa questão. Primeira baldeação: as revoluções inglesas do século XVII. Passou um ano estudando-as.

15

Até descobrir que só poderia entendê-las a contento entendendo bem a Reforma. Ao baldear para a Reforma, sentiu a necessidade de investigar alguns movimentos premonitórios ocorridos na Idade Média. Quando se deu conta, aterrissara no período clássico, tendo à sua frente as várias pistas que cruzam pela palavra *isologia*, ou seja, o direito de todos à palavra, à expressão de um pensamento. Stone estava na Grécia. Fechando um ciclo. Sua primeira obra, o jornalzinho doméstico que aos catorze anos ia entregar de porta em porta, montado numa bicicleta, foi apresentada aos leitores com uma citação de Sófocles. A obra que ele, contrariando as expectativas dos seus admiradores, acredita ser a última, o envolveu com Sócrates.

Teria mesmo havido uma caça às bruxas em Atenas? Teria Sófocles sido de fato uma vítima do autoritarismo? Como explicar o súbito e incongruente surto de autoritarismo na terra natal da democracia?

Atormentado por essas e outras dúvidas, Stone, que conhece bem francês, alemão e latim, dedicou a década de 1970 ao estudo do grego arcaico para compreender a fundo a Grécia antiga. Xerocou e retraduziu todos os textos disponíveis — históricos, filosóficos, literários, teatrais —, comparando as traduções existentes e confirmando a cada passo que a fidelidade, em tradução, por mais competente que ela seja, é uma utopia. Em sua viagem pelos léxicos helênicos, deparou-se com quatro vocábulos diferentes para liberdade de expressão. O processo contra Sócrates (em 399 a.C.) — acusado de corromper a juventude grega com suas idéias e condenado a beber cicuta, segundo a versão corrente — foi o ponto final inevitável do seu périplo. Crente, de início, que Sócrates fora uma vítima da intolerância, resolveu acumular as funções de repórter investigativo com as de advogado de defesa do filósofo. Conforme ia enfronhando-se no caso, obteve mais um furo de reportagem: segundo Stone apurou, o inventor da maiêutica não foi propriamente um santo, nem a Atenas daquele tempo o berço da democracia relativa.

Seu livro despertou polêmicas nos EUA, principalmente nas páginas da revista *Harper's* (maio de 1988). Nem todo mundo gostou de saber que Sócrates só se preocupava com sua liberdade de expressão e, no fundo, cavou sua própria execução. Maiores detalhes nas páginas seguintes. Minha única intenção, nesta apresentação, foi mostrar aos leitores o seu ator: uma extraordinária figura humana, que se tornou um paradigma da sua profissão. Acho que nem é necessário acrescentar que Stone é o meu herói jornalístico número um.

Sérgio Augusto

Prefácio
COMO ESTE LIVRO VEIO A SER ESCRITO

O PRESENTE LIVRO É, na verdade, um fragmento do que foi originariamente concebido como uma obra maior — muito maior.

É impossível compreender um livro completamente se o autor não revela a motivação que o levou a empreender uma tarefa tão onerosa. Como foi que, após toda uma vida dedicada ao jornalismo investigativo crítico e independente — designado em inglês pelo termo pejorativo *muckraking** —, fui levado a me dedicar aos estudos clássicos e à questão do julgamento de Sócrates? Quando tive que abandonar meu periódico *I. F. Stone's Weekly* no final de 1971, após dezenove anos de publicação, por estar sofrendo de angina do peito, resolvi utilizar minha aposentadoria para empreender um estudo da liberdade de pensamento na história da humanidade — não a liberdade em geral, conceito que encerra ambigüidade demais, podendo até mesmo ser identificada com a liberdade dos fortes de explorar os fracos, mas a liberdade de pensamento e expressão. Este projeto tinha suas raízes na idéia de que nenhuma sociedade é boa, quaisquer que sejam suas intenções e pretensões utópicas e libertárias, se as pessoas que nela vivem não têm liberdade para manifestar o que pensam. Meu objetivo era, com esse estudo, ajudar uma nova geração não apenas a preservar a liberdade de expressão nos lugares onde ela existe — e ela está constantemente sendo ameaçada por intenções boas e más —, mas também ajudar os dissidentes combativos do mundo comunista a promover uma síntese libertadora entre Marx e Jefferson.

---

* Literalmente, "o ato de revolver a imundície". A palavra refere-se especificamente à cobertura jornalística de casos de corrupção e abuso de autoridade. (N. T.)

Quando jovem, senti-me atraído tanto pela filosofia quanto pelo jornalismo. Li os fragmentos de Heráclito no verão após a conclusão de meu curso secundário. Fui estudar filosofia na universidade, porém já trabalhava como jornalista *full time* quando abandonei os estudos no terceiro ano para me dedicar ao jornalismo o resto da vida.

No entanto, jamais perdi o interesse pela filosofia e pela história, e assim que me aposentei voltei a elas. Minha investigação sobre a liberdade de pensamento começou com um ano dedicado ao estudo das duas revoluções inglesas do século XVII, as quais vieram a exercer grande influência sobre o desenvolvimento do sistema constitucional americano.

Logo passei a achar que não me seria possível compreender integralmente as revoluções inglesas seiscentistas se não conhecesse melhor a Reforma protestante e as íntimas ligações entre a luta pela liberdade religiosa e a luta pela liberdade de expressão.

Para compreender a Reforma, foi necessário andar para trás mais uma vez e estudar os movimentos premonitórios e os pensadores ousados da Idade Média que semearam as sementes da liberdade de pensamento. Isso, por sua vez, estava intimamente ligado ao impacto que teve sobre a Europa ocidental a redescoberta de Aristóteles, através de traduções e comentários em árabe e hebraico, no século XII.

Daí fui levado às fontes dessas influências libertadoras, situadas na Atenas da Antigüidade, uma sociedade em que a liberdade de pensamento e de expressão floresceu num grau jamais visto antes e que pouquíssimas vezes foi igualado posteriormente. E então, como já aconteceu com tantos outros antes de mim, apaixonei-me pelos gregos.

Quando voltei à Grécia antiga, julguei de início, em minha ignorância, que poderia fazer um apanhado rápido da liberdade de pensamento na Antigüidade clássica, baseado nas fontes canônicas. Mas logo descobri que não havia fontes canônicas. No campo dos estudos clássicos, quase todas as questões eram profundamente controvertidas. Nossos conhecimentos formam uma espécie de quebra-cabeça gigantesco, do qual muitas peças estão irremediavelmente perdidas. Com base nos fragmentos restantes, estudiosos igualmente eminentes constroem visões contraditórias de uma realidade desaparecida, as quais tendem a refletir as idéias preconcebidas que tomaram como ponto de partida.

Assim, resolvi estudar as fontes eu mesmo. Então constatei que não se podiam fazer inferências políticas ou filosóficas que fossem válidas com base em traduções, não porque os tradutores fossem incompetentes, mas porque os termos gregos não eram inteiramente congruentes — para empregar um conceito de geometria — com os termos equivalentes do inglês. O tradutor era obrigado a optar por uma entre várias alternativas apenas aproximadamente satisfatórias. Para compreender um termo conceitual do grego, seria necessário aprender ao menos o suficiente do idioma grego para poder trabalhar com o original, pois era apenas nele que se podiam captar todas as implicações e conotações potenciais do termo.

Assim, por exemplo, como entender a palavra *logos* com base em uma tradução inglesa, quando a definição desse termo famoso — com toda a sua rica complexidade e evolução criativa — exige mais de cinco colunas, em letras miúdas, na edição integral do enorme *Greek-English lexicon*, de Liddell, Scott e Jones? Um milênio de pensamento filosófico está contido num termo que começa, em Homero, designando a idéia de "fala", transforma-se em "Razão" — com R maiúsculo como senhora divina do universo — nos estóicos e termina, no Evangelho segundo são João — por meio de um sutil empréstimo tomado às fontes bíblicas —, como o Verbo criativo de Deus, Seu instrumento na tarefa da Criação.

No meu tempo, mesmo numa escola secundária do interior, os alunos estudavam quatro anos de latim para se preparar para a universidade, e Catulo e Lucrécio foram alguns dos primeiros escritores por quem me entusiasmei. Mas só fiz um semestre de grego na faculdade antes de abandonar os estudos no terceiro ano.

Ao me aposentar, resolvi estudar grego o bastante para poder compreender os termos conceituais. Comecei a estudar sozinho, com uma edição bilíngüe do Evangelho segundo são João, e depois passei para o primeiro livro da *Ilíada*. Mas o estudo do grego acabou levando-me à leitura dos poetas gregos e da literatura grega em geral, uma exploração que continua a me deliciar.

Quanto mais me apaixonava pelos gregos, porém, mais me incomodava a cena de Sócrates diante dos juízes. Aquilo feria minha sensibilidade de defensor das liberdades civis; abalava minha fé jeffersoniana no homem comum. Era uma nódoa na reputação de Atenas e da liberdade que ela simbolizava. Como poderia o julgamento de Sócrates ter ocorrido numa sociedade tão livre? Como pôde Atenas trair seus próprios princípios de tal modo?

Este livro é o fruto desse tormento. Resolvi descobrir como pôde acontecer tal coisa. Quando iniciei meu trabalho, não podia defender o veredicto dos juízes, e continuo não podendo. Mas me interessava descobrir o que Platão não nos revela, ver a coisa pelos olhos de Atenas, atenuar o crime da cidade e remover, desse modo, uma parte do estigma que o julgamento representa para a democracia e para Atenas.

PRELÚDIO

NENHUM OUTRO JULGAMENTO, à parte o de Jesus, deixou uma impressão tão forte na imaginação do homem ocidental quanto o de Sócrates. Os dois julgamentos têm muita coisa em comum. Não dispomos de relatos contemporâneos e imparciais de nenhum dos dois, nem mesmo alusões fragmentárias. Não temos os autos dos processos. Não conhecemos os argumentos da acusação. Só conhecemos a história através de relatos posteriores, escritos por discípulos fidelíssimos.

No caso de Sócrates, dispomos da acusação formal. Mas não temos aquilo que os advogados chamam de documentos de denúncia — isto é, a enumeração das acusações específicas, e não apenas as alegações gerais. Não sabemos quais as leis invocadas para justificar as acusações.

Tanto Jesus quanto Sócrates imortalizaram-se através do martírio. Para a teologia cristã, a crucificação cumpriu a missão divina. No caso de Sócrates, porém, nem mesmo o martírio teria bastado. Sócrates nada escreveu. Dos escritos de seus muitos e variados discípulos, sobreviveram apenas os de Platão e Xenofonte. Se só nos restassem os relatos de Xenofonte, nem mesmo a taça de cicuta bastaria para imortalizar Sócrates. (O Sócrates de Xenofonte tende a proferir lugares-comuns e banalidades, e por vezes comporta-se como um verdadeiro filisteu; numa passagem das *Memoráveis* de Xenofonte, obra em que o autor evoca a figura do mestre, Sócrates chega mesmo a se oferecer, de brincadeira, para atuar como proxeneta de uma conhecida cortesã ateniense.) Se tivesse sido absolvido, se tivesse morrido uma morte tranqüila, de velhice, Sócrates talvez fosse lembrado agora como uma figura menor e excêntrica do mundo ateniense, alvo preferido dos poetas cômicos.

Foi Platão quem criou o Sócrates de nossa imaginação, e até hoje é impossível determinar até que ponto essa imagem corresponde ao Sócrates histórico e até que ponto é produto do gênio criativo de Platão.

A busca do Sócrates histórico, como a do Jesus histórico, continua a gerar uma literatura cada vez mais imensa, um vasto mar de especulações e polêmicas eruditas.

Mas a dívida de Sócrates para com Platão não é maior do que a de Platão para com Sócrates. É graças ao gênio literário de Platão que Sócrates ocupa a posição preeminente de santo secular da civilização ocidental. E é graças a Sócrates que as obras de Platão continuam a ser tão consumidas até hoje. Platão é o único filósofo que transformou metafísica em drama. Sem o personagem enigmático e intrigante de Sócrates como protagonista de seus diálogos, Platão não seria o único filósofo que continua deliciando um grande número de leitores em todas as gerações. Ninguém lê Aristóteles, Tomás de Aquino ou Kant como literatura.

Um dos biógrafos de Platão na Antigüidade, Olimpiodoro, afirma que a intenção original de Platão era tornar-se dramaturgo, um poeta trágico ou cômico. Em sua época, o teatro era a expressão máxima do gênio literário ateniense. Segundo Olimpiodoro, quando conheceu Sócrates e ficou fascinado por ele, Platão queimou suas investidas no campo da poesia trágica e passou a se dedicar à filosofia.[1]

Afinal, porém, Platão não chegou a se afastar totalmente de sua ambição inicial. Os quatro diálogos referentes ao julgamento e à morte de Sócrates — *Eutífron*, *Apologia*, *Críton* e *Fédon* — funcionam como tragédias. É difícil ler o sereno discurso de despedida de Sócrates dirigido a seus discípulos, no *Fédon*, sem derramar uma lágrima, e não há como não se comover ao ler, na *Apologia* — ainda que já se tenha lido o trecho inúmeras vezes antes —, as últimas palavras de Sócrates diante dos juízes. Esses relatos platônicos representam o que há de mais elevado na literatura dramática. Sócrates é um herói trágico da mesma estatura que Édipo e Hamlet.

23

* * *

O julgamento foi realizado no ano 399 a.C. Como pode um repórter cobrir um julgamento ocorrido há quase 2400 anos? O primeiro obstáculo é a terrível desproporção entre polêmica e fato. A literatura socrática é imensa; os dados concretos são poucos; e boa parte da literatura consiste em polêmicas muito distanciadas das fontes originais: o professor X ataca a crítica feita pelo professor Y à interpretação dada pelo professor Z a um texto da Antigüidade. O primeiro passo, portanto, é passar desses debates indiretos, e muitas vezes acirrados, para o exame dos documentos básicos.[2]

Chegaram até nós três retratos de Sócrates esboçados por contemporâneos seus. Além dos relatos de Platão e Xenofonte, temos também o retrato delineado nas comédias de Aristófanes, que era amigo de Sócrates, conforme atesta o *Banquete* de Platão. Aristófanes dedicou toda uma peça, *As nuvens*, ao personagem de Sócrates, e o menciona também em três outras peças que chegaram até nós: *Os pássaros*, *As rãs* e *As vespas*. Além disso, temos também, a respeito de Sócrates, alguns fragmentos de outras comédias que se perderam, representadas quando o filósofo ainda era vivo.

Podemos ainda captar algo de Sócrates numa obra criada apenas duas gerações depois: os escritos de Aristóteles, o maior discípulo de Platão, que nasceu quinze anos após a morte de Sócrates. Aristóteles tinha inúmeras divergências com Platão. De fato, podemos ler Aristóteles e Platão conjuntamente como um debate filosófico-político; e mesmo agora nem sempre os platônicos e os aristotélicos se falam. As referências a Sócrates que encontramos em Aristóteles são curtas e dispersas, porém acrescentam dados novos. São importantes porque Aristóteles se distancia do culto a Sócrates e trata sua contribuição à filosofia com uma aspereza e uma precisão que contrastam vivamente com a atitude de adoração que caracteriza Platão.

Assim, temos um Sócrates xenofôntico, um Sócrates platônico, um Sócrates aristofânico e um Sócrates aristotélico. Como determinar, dadas as diferenças que há entre essas fontes primárias, o verdadeiro Sócrates? Não há como chegar a uma resposta incontestável. Todavia, sempre que vemos traços comuns nos diferentes retratos, é bem provável que tenhamos encontrado uma característica do Sócrates histórico.

A busca do "verdadeiro" Sócrates também encontra dados interessantes — bem como mais contradições — no pouco que conhecemos de seus outros discípulos e nas referências esparsas feitas a Sócrates em obras das literaturas grega e latina, até inclusive pelos padres da Igreja.[3]

Chegar ao Sócrates histórico é apenas uma parte de nossa tarefa. Para nós, é igualmente importante recuperar os argumentos da acusação e a visão que os cidadãos tinham de Sócrates. Temos que revirar os textos antigos para encontrar o que nossa principal fonte, Platão, não nos revela, e o que os defensores de Sócrates tendem a escamotear. Essa busca nos levará a esquadrinhar toda a Antigüidade clássica, não só a grega como também a latina.

Todo o conhecimento pode ser reduzido a comparação e contraste; se no mundo existisse uma única coisa, num universo que nada mais contivesse, não teríamos como descrever ou "conhecer" essa coisa única. Quando abordamos qualquer problema grego, podemos aprender muito examinando o aspecto análogo da civilização romana. A comparação e, mais ainda, o contraste entre essas duas sociedades aparentadas, porém muito diferentes, são esclarecedores. Assim, por exemplo, ao estudar os procedimentos eleitorais e as regras de debate nas assembléias populares da república romana ao lado dos processos análogos da assembléia ateniense, vemos claramente o contraste entre os dois sistemas políticos, aquele uma oligarquia mal disfarçada, este uma democracia direta integral. Assim, nossa tentativa de chegar a uma nova visão do julgamento de Sócrates nos levará a uma nova visão da Antigüidade clássica. É o nosso passado, e sem compreendê-lo não poderemos chegar à compreensão de nossa própria realidade.

Primeira parte
SÓCRATES E ATENAS

1. AS DIVERGÊNCIAS BÁSICAS

COM BASE APENAS NOS TEXTOS DE PLATÃO, podemos ser levados à conclusão de que Sócrates entrou em conflito com seus concidadãos por exortá-los a praticar a virtude, uma atividade que sempre gera antipatias. Mas, se colocarmos ao lado da *Apologia* elementos que permitam uma visão mais ampla do problema, veremos que o conflito entre Sócrates e sua cidade natal teve início porque havia divergências profundas entre ele e a maioria dos atenienses de sua época — mais ainda, entre ele e os gregos antigos em geral — em relação a três questões filosóficas básicas. Essas divergências não eram meras abstrações remotas, porém tocavam nos fundamentos do sistema de autogoverno de que gozavam os atenienses.

A primeira e a mais fundamental dessas discordâncias dizia respeito à natureza da comunidade humana. Seria ela, como afirmavam os gregos, a *pólis* — a cidade livre? Ou seria, como disse Sócrates tantas vezes, um rebanho?

Um bom ponto de partida para essa discussão é uma das mais famosas observações da Antigüidade — o comentário de Aristóteles, que abre seu tratado sobre a política, segundo o qual o homem é um animal político.

A tradução inglesa da frase é infeliz. As palavras *political animal* (animal político) certamente traduzem de modo exato e literal a expressão grega *zoon politikon*. Em inglês, porém, as palavras evocam a imagem de um cabo eleitoral que passa a vida inteira executando as tarefas mais sórdidas de uma moderna organização de controle político.

A palavra grega *pólis*, "cidade", e os termos dela derivados, possuem conotações muito diferentes. Ser um *polites*, cidadão de uma *pólis*, era uma honra. Significava que se tinha o direito de debater e votar a respeito das questões que afetavam a vida do cidadão e de toda a cidade.

Para os gregos antigos, *pólis* era mais do que o termo "cidade" representa para nós, que vivemos em Estados nacionais modernos. Não significava apenas um meio urbano, em oposição ao meio rural. A *pólis* era um Estado integralmente independente e soberano, no sentido moderno desses termos. A *pólis* formulava as leis que vigoravam dentro de suas fronteiras, e fazia a guerra ou a paz com outras entidades fora de suas fronteiras como bem entendia.

Mas quando afirmou, no início de sua *Política*, que o homem era um "animal político", Aristóteles não se referia às manifestações externas da *pólis* enquanto entidade soberana, mas às relações internas que viabilizavam a existência da cidade. O que Aristóteles estava dizendo é que apenas o homem possuía as qualidades que tornavam possível a existência em comunidade, e para ele, como para a maioria dos gregos, a forma mais elevada de *koinonia* — literalmente, "comunidade" — era a *pólis*. Segundo Aristóteles, ela era possível porque só o homem, dentre todos os animais, possuía o *logos*.[1] O *logos* era mais do que a capacidade de falar. O termo denotava também a razão e a moralidade.

Como o próprio Aristóteles observou, existem outras formas de vida social ou gregária. Alguns insetos vivem em comum em colméias, e certos animais selvagens vivem juntos em bandos. Mas "o que distingue o homem dos outros animais é ser ele o único a perceber o bem e o mal, o justo e o injusto". É esse senso de justiça intrínseco que confere ao homem seu instinto social, seu "impulso", para usar o termo de Aristóteles, que o leva a viver em sociedade, e faz do homem "um animal político em maior medida do que qualquer abelha ou qualquer animal gregário".[2]

Quando afirma que a *pólis* existe "por natureza", Aristóteles quer dizer que ela decorre da natureza do homem, de um senso de justiça intrínseco.

Para os gregos, a *pólis* tinha uma característica especial que a distinguia das outras formas de comunidade humana. Era, se-

29

gundo Aristóteles, "uma associação de homens livres", ao contrário de outras formas mais antigas de associação, como a família, governada pelo patriarca, ou a monarquia, ou a relação entre senhor e escravo. A *pólis* se autogovernava. Os governados eram os governantes. Nas palavras de Aristóteles, o cidadão "alternadamente governa e é governado".[3] Tanto nas oligarquias, em que a cidadania era restrita, quanto nas democracias como Atenas, em que todos os homens nascidos livres eram cidadãos, os principais cargos públicos eram preenchidos por eleição, mas muitos outros eram ocupados por sorteio, para que todos os cidadãos tivessem as mesmas oportunidades de vir a participar do governo. Todo cidadão tinha o direito de votar e de falar na assembléia na qual as leis eram elaboradas, e de participar dos tribunais que aplicavam e interpretavam essas leis. Eram essas as características básicas da *política* grega — ou seja, a administração das cidades gregas — muito antes do quarto século antes de Cristo, época em que Aristóteles as analisou. Elas regiam a vida de Atenas no tempo de Sócrates, e era dessas premissas que Sócrates e seus discípulos discordavam.

A divergência era fundamental. Em Atenas e nas cidades-Estados gregas em geral, bem como na república romana, a política era uma espécie de luta de classes bipartidária. Os dois lados concordavam que a cidade deveria ser governada por seus cidadãos. A discordância se dava em relação à definição de cidadania. Deveria esta ser restrita, como ocorria nas oligarquias, ou ampla, como nas democracias? Deveria a cidade ser governada pela minoria ou pela maioria — ou seja, pelos ricos ou pelos pobres? Mas para ambos os lados a política — a própria vida da cidade — era entendida como autogoverno, e ser contra o autogoverno não era apenas ser antidemocrático: era ser antipolítico. Era essa a visão que tinha de Sócrates a maioria de seus contemporâneos.

Sócrates não defendia nem a oligarquia nem a democracia. Não se identificava com nenhum dos dois lados. Seu ideal, tal como é apresentado de diferentes maneiras em Xenofonte e em

30

Platão, e refletido no pouco que conhecemos dos outros socráticos, não era o poder exercido pela minoria nem pela maioria, e sim — segundo Xenofonte — por "aquele que sabe".[4] Para seus contemporâneos, isso certamente parecia uma volta à monarquia em sua forma mais absoluta. E defender a monarquia era colocar-se em oposição frontal à *pólis*. Na Atenas dos séculos V e IV a.C., defender a monarquia deveria parecer tão estranho quanto pareceria um partido monarquista nos Estados Unidos no século XX — algo tão antiquado e excêntrico que nem chegava a causar alarme.

Nem a minoria nem a maioria queriam restaurar a monarquia ou abrir mão do controle sobre o governo e sobre suas próprias vidas. Tinham divergências acirradas, chegando a travar verdadeiras guerras civis em miniatura, em relação à maneira como se deveria definir o conceito de cidadania. Contudo, todos concordavam que os cidadãos é que deveriam governar a cidade.

Essa controvérsia não é algo tão remoto quanto pode parecer à primeira vista. O século XX já viu — e continua vendo — novas formas de governo exercido por um único indivíduo, nos totalitarismos de direita e de esquerda. De fato, o germe do totalitarismo já está evidente na formulação da teoria de governo de Sócrates que aparece nas *Memoráveis* de Xenofonte, a primeira e mais completa exposição de suas propostas.

Sócrates argumentaria que não estava propondo a monarquia em sua forma antiga, e sim uma nova forma de governo de um só indivíduo, que constituiria a base de uma sociedade ideal. Nas *Memoráveis*, Sócrates se coloca na posição de adversário de todas as formas de governo existentes. Ele as enumera uma por uma, e rejeita todas.

"Os reis e governantes", diz ele, "não são aqueles que detêm o cetro", símbolo de seu elevado cargo, que, segundo ele, lhes teria sido entregue pelo próprio Zeus. Com esse argumento, refuta a monarquia em sua forma tradicional. Também não são — prossegue — "aqueles que são escolhidos pela multidão". Assim, refuta a democracia. "Tampouco aqueles que são sorteados" — e desse modo rejeita os ocupantes de cargos públicos escolhidos por sorteio. "Nem tampouco aqueles cujo poder deriva da força ou da trapaça" — e assim elimina os "tiranos". Os "reis e governantes" verdadeiros ou ideais são "aqueles que sabem governar".

Um democrata ateniense teria argumentado que são justamente esses homens que se tenta encontrar através do voto popular, e que, como precaução para casos de erro de julgamento e abuso de autoridade, os poderes e os mandatos de tais homens são limitados. Mas Sócrates não previa tais salvaguardas que limitassem o poder dos governantes. Sua premissa básica — segundo Xenofonte — era que "cabe ao governante dar ordens e cabe aos governados obedecer". Isso certamente parecia uma retomada da velha monarquia, só que tornada absoluta. Mas Sócrates responderia que estava propondo um novo tipo de governo — um governo, diríamos nós hoje, exercido por peritos. Em Xenofonte, Sócrates defende sua posição em favor do poder absoluto com analogias que também aparecem nos diálogos platônicos. Escreve Xenofonte que Sócrates "em seguida demonstrou que, num navio, aquele que sabe, governa, e o proprietário [do navio] e todos os outros [que estão nele] obedecem àquele que sabe". Do mesmo modo, argumenta Sócrates, "na agricultura, os proprietários; na doença, os pacientes" e, "no treinamento", os atletas apelam para os peritos, "aqueles que sabem", para "obedecer a eles e fazer o que deve ser feito". Chega mesmo a brincar, numa época de supremacia masculina, afirmando que "no que concerne à fiação da lã [...] as mulheres governam os homens, porque elas sabem fazê-lo e os homens não sabem".[5]

Todas essas analogias são imperfeitas, e delas se tiram conclusões falaciosas. Um democrata grego poderia argumentar que o proprietário do navio, o paciente, o proprietário de terras e o atleta tinham liberdade de escolher os peritos e que, se estes se revelassem insatisfatórios, podiam ser dispensados e substituídos por outros. Era justamente isso o que fazia uma cidade livre ao escolher — e substituir — seus funcionários. Caso contrário, por detrás da fachada "daquele que sabe" se ocultaria a face da tirania. O problema não era apenas encontrar o perito adequado, mas dispor de meios de se livrar dele caso se revelasse mau.

Para compreender as primeiras abordagens desse problema nas cidades-Estados da Grécia — o nascimento do que denominamos ciência política —, somos obrigados a recorrer basicamente a Platão e a Aristóteles. Para avaliar a contribuição de cada um deles, é preciso de início estabelecer uma diferença essencial entre os dois.

Platão era um teórico, Aristóteles um observador científico. Aristóteles dava mais valor aos conhecimentos práticos do que aos teóricos, quando se tratava de abordar as questões humanas. Aristóteles tinha uma forte predisposição no sentido de valorizar a experiência e o senso comum. Platão, por outro lado, numa famosa passagem da *República* propôs que se limitasse o estudo da "dialética" — e, assim, aqueles que poderiam tornar-se governantes em sua utopia — àqueles que fossem capazes de "renunciar ao uso da vista e dos outros sentidos e chegar a contemplar *to on*" — o "ser puro", ou o "ser em si".[6] Isso seria certamente uma felicidade para o místico, mas de pouco serviria para o estadista, obrigado a enfrentar situações complexas e a inflexível natureza humana.

Aristóteles discorda de Platão desde o início de sua obra-prima filosófica, a *Metafísica*. Começa com as palavras: "Todos os homens têm, por natureza, desejo de conhecer. Uma prova disso é nosso apego aos sentidos". Sem eles, em particular a visão, pergunta Aristóteles, como podemos saber e agir? Do mesmo modo, no início da *Política* Aristóteles deixa claro que está discordando das idéias políticas de Platão e Sócrates. Como na *Metafísica*, não menciona seus nomes; mas a referência é clara. Escreve ele: "Aqueles que julgam que a natureza do estadista, a do rei, a do chefe de uma propriedade e a do chefe de uma família são idênticas, estão enganados".[7] A *pólis* merecia a lealdade dos homens livres por ser ela a concretização do consentimento dos governados. Para os gregos, tudo isso pareceria irrefutável.

O *politikós*, o líder político ou estadista de uma *pólis*, era um funcionário eleito, cujo mandato era limitado — normalmente a um ano —, que prestava contas a uma assembléia popular e aos tribunais populares, e que mesmo em tempo de guerra dispunha de um poder que estava longe de ser absoluto. Os cidadãos por ele governados não lhe eram inferiores quanto a seu status legal nem a nenhuma hierarquia, e sim (como observou Aristóteles na *Política*) eram seus "iguais e semelhantes".[8] Tinham em comum uma mesma humanidade.

Aqui se encontra o primeiro conflito, e o mais fundamental, entre Sócrates e Atenas.

Os diversos seguidores de Sócrates discordavam, muitas vezes com tanta ferocidade quanto os estudiosos modernos, a respeito do teor exato dos ensinamentos socráticos, até mesmo — e especialmente — em relação à natureza da virtude. Todos eles, porém, concordavam em uma questão: rejeitavam *pólis*. Todos encaravam a comunidade humana não como um corpo de cidadãos dotados de direitos iguais, mas como um rebanho que precisava de um pastor ou rei. Todos tratavam a democracia com condescendência ou desprezo.

O ideal de Xenofonte, por ele exposto em sua utopia, a *Ciropédia* ou *Educação de Ciro*, era uma monarquia regida por leis. Esse era o modelo persa tal como Xenofonte julgava ter sido estabelecido por Ciro, o Grande, fundador do império persa.

Antístenes, o mais velho dos discípulos de Sócrates, considerava a monarquia a forma ideal de governo, e concordava com Xenofonte que Ciro era o monarca ideal.[9] Essas idéias teriam sido expressas em seu diálogo perdido, *O estadista*, mencionado por Ateneu.[10]

Antístenes foi o fundador do cinismo, e era particularmente cínico em relação à democracia. São-lhe atribuídas duas histórias que a ridicularizam, uma por Diógenes Laércio, outra por Aristóteles. Na primeira, Antístenes teria perguntado aos atenienses por que não decidiam por votação que os asnos eram cavalos, já que (afirmava ele) por vezes elegiam generais que eram tão diferentes de verdadeiros comandantes militares quanto um asno é de um cavalo![11] Essa comparação satírica talvez tenha se originado com o próprio Sócrates, já que no *Fedro*, de Platão, Sócrates fala de um orador popular que faz uma cidade ignorante crer que um asno é um cavalo.[12]

Na *Política*, Aristóteles atribuiu a Antístenes uma fábula irônica a respeito dos leões e das lebres. "Quando as lebres fizeram discursos na assembléia, exigindo igualdade para todos", afirmou Antístenes, "os leões replicaram: 'Onde estão suas garras e seus dentes?'."[13] Era essa a réplica cínica à exigência democrática de igualitarismo.

Platão esboçou diversas utopias. Todas, menos uma, *As leis*, baseavam-se em alguma forma de monarquia. No *Político*, como já vimos, a forma ideal de governo era a monarquia absoluta. Na *República*, era o poder absoluto de um ou mais "reis-filósofos". No *Timeu* e no *Crítias*, sua continuação, Platão representa a Idade do Ouro do homem como a época em que os deuses cuidavam de seus rebanhos humanos do mesmo modo como os homens, mais tarde, passaram a cuidar de seu gado.

Mesmo na utopia "moderada" da velhice de Platão, *As leis*, o corpo de cidadãos, estreitamente limitado, teria atuado sob a supervisão de um Conselho Noturno, um órgão inquisitorial com poderes de extirpar as dissidências, modelo do extinto e famigerado Comitê de Investigação de Atividades Antiamericanas.* As viagens ao estrangeiro seriam severamente limitadas para preservar a comunidade da "poluição espiritual" — para empregar o termo atualmente utilizado pelos comunistas chineses — provocada pelas idéias alienígenas. Essas inovações platônicas em termos de controle do pensamento iam muito além do poder monárquico que os gregos conheciam. Na verdade, foram a primeira antevisão daquilo que agora denominamos sociedade totalitária.

No *Górgias*, de Platão, Sócrates deixa claro que não aprova nenhuma forma de *pólis*. Os dois mais famosos estadistas conservadores de Atenas, Címon e Milcíades, são tratados com o mesmo desdém imparcial que Sócrates manifesta pelos dois mais fa-

---

* Órgão investigativo da Câmara de Representantes dos Estados Unidos, que examinava a infiltração subversiva em órgãos governamentais, instituições de ensino, grupos políticos e movimentos sociais (como o movimento contra a guerra do Vietnã). (N. T.)

mosos líderes democráticos, Temístocles e Péricles. Com relação a Péricles, falecido havia pouco tempo, Sócrates observa que ele deve ser considerado um fracasso enquanto estadista, porque deixou o rebanho humano a seu cargo "mais selvagem do que era antes. [...] Não conhecemos ninguém", conclui Sócrates, "que tenha se revelado um bom estadista nesta nossa cidade".[14] Diz ele, segundo Platão: "Creio que sou um dos poucos — para não dizer o único — atenienses que tentam praticar a verdadeira arte do estadista".[15] Certamente, não foi este seu momento de maior modéstia.

Nas *Memoráveis*, Sócrates afirma que seu princípio básico de governo é que "cabe ao governante dar ordens e cabe aos governados obedecer". O que exigia não era o consentimento dos governados, mas sua submissão. Trata-se, certamente, de um princípio autoritário, rejeitado pela maioria dos gregos, e em particular pelos atenienses.

Era fundamental para todas as cidades-Estados gregas a igualdade dos cidadãos, fosse a cidadania definida como modo a incluir a minoria ou a maioria. A premissa socrática era uma desigualdade básica; ninguém era cidadão; todos eram súditos. Havia um abismo entre o governante e os governados.

Sob um determinado aspecto, o Sócrates de Xenofonte difere do Sócrates de Platão. Nas *Memoráveis* de Xenofonte, Sócrates propõe uma monarquia dentro dos limites da lei, mas na *República* de Platão Sócrates não impõe nenhuma restrição aos reis-filósofos. Isso talvez seja um reflexo das diferenças entre os dois discípulos. O absolutismo é a característica básica das utopias platônicas, enquanto Xenofonte, na *Ciropédia*, propõe como seu ideal uma monarquia contida pelos limites da lei. Talvez Xenofonte e Platão tenham feito "leituras" diferentes de Sócrates quanto a essa questão, cada um seguindo suas idéias preconcebidas, o que é comum acontecer com discípulos de um mesmo mestre.

Há um trecho das *Memoráveis* em que Sócrates chega mesmo a falar que não apenas a lei, mas também o consentimento popular eram ingredientes necessários a uma verdadeira monarquia. Xenofonte escreveu que Sócrates distinguia a "realeza" da "tirania" afirmando que "o governo aceito pelos homens e conforme às leis do Estado era realeza, enquanto o governo imposto aos súditos sem seu consentimento e sem outras leis que a vontade do governante era despotismo".[16] Mas e se um rei legítimo começasse a agir sem respeito às leis? Nesse caso, teriam seus súditos o direito de derrubá-lo, do mesmo modo como o dono de um navio poderia demitir um piloto que se tivesse tornado alcoólatra ou um paciente poderia dispensar um médico que tivesse abusado de sua confiança? Sócrates é obrigado a abordar a questão do mau governante ou do governante que se torna mau. Quando ele acaba de afirmar a proposição segundo a qual "cabe ao governante dar ordens e cabe aos governados obedecer", duas perguntas lhe são colocadas: e se o governante não considera os bons conselhos? E se ele mata um súdito leal, que ousou lhe dar um bom conselho?

Evasivo, Sócrates responde com outra pergunta: "Como pode [o governante] recusar, se o castigo nunca falha quando se recusa um bom conselho? Pois todo aquele que não ouve um bom conselho incorre em erro, e seu erro será punido".

À segunda pergunta, referente à morte do súdito leal, Sócrates dá resposta semelhante. "Pensam", pergunta ele, "que aquele que mata seus mais valiosos aliados não sofre nenhuma perda, e que esta perda é insignificante? Pensam que esse procedimento lhe trará segurança e não lhe apressará a própria ruína?".[17]

Essas respostas simplistas não teriam satisfeito a maioria de seus contemporâneos. O que Sócrates não diz é mais importante do que o que ele diz. Ele jamais afirma que os cidadãos têm o direito de livrar-se de um governante que rejeita bons conselhos e mata aquele que os oferece. Ele pede que confiem, como um defensor do mercado livre, nas conseqüências supostamente inevitáveis da falta de discernimento e da má conduta. A "ruína" que Sócrates prevê para o mau governante não serve de consolo para os governados. A cidade e os cidadãos podem ser destruídos juntamente com o governante voluntarioso. Ou então ele pode fugir, como um Marcos ou um Duvalier, com a fortuna que roubou dos súditos. Muitas vezes os tiranos conseguem safar-se com o produto de sua pilhagem.

Sócrates raciocina como um monarquista leal. Sua visão fundamental se manifesta em outro trecho das *Memoráveis*, quando ele pergunta por que motivo, em Homero, o rei Agamênon é chamado "pastor do povo". E responde a sua própria pergunta: "Porque o pastor deve zelar pela segurança e alimentação de suas ovelhas".[18]

É bem verdade que o bom pastor zela pela segurança e alimentação de suas ovelhas, e até aí há um interesse comum que os une. Mas o objetivo final do pastor é tosquiar as ovelhas para recolher a lã e, por fim, vender-lhes a carne. O destino do rebanho é o mercado de carnes, e o pastor não consulta as ovelhas para decidir se chegou a hora de vendê-las. A lição que os gregos extraíram da analogia do pastor é que as ovelhas não podem confiar no pastor, e uma comunidade não deve subordinar-se à vontade absoluta de um único homem, por melhores que sejam as intenções por ele afirmadas. Eles optaram por tornar-se uma *pólis* em vez de serem tratados como um rebanho.

Na época de Sócrates, a monarquia já desaparecera das cidades-Estados gregas e só sobrevivia entre os bárbaros ou em regiões semibárbaras como a Macedônia. Aristóteles, examinando as cidades-Estados gregas duas gerações após a morte de Sócrates, pôde afirmar: "Agora não há mais realezas. As monarquias, onde existem, são tiranias".[19]

Em Esparta, que era admirada pelos socráticos, a única cidade-Estado grega onde havia reis hereditários, a autoridade deles não ia além do poder de comandantes militares em tempo de guerra. Mesmo nessas circunstâncias os reis atuavam sob a supervisão dos éforos, os mais poderosos representantes do poder executivo em Esparta. E eles eram dois, cada um de uma família real diferente; a divisão da autoridade e a rivalidade limitavam-lhes o poder.

No resto da Grécia, o termo *basileus*, "rei", sobrevivia como uma relíquia anacrônica. Alguns rituais religiosos ainda eram celebrados por sacerdotes escolhidos dentre as antigas famílias reais. Em Atenas havia nove *archons*, ou magistrados, eleitos anualmente. O *archon basileus*, "magistrado-rei", também exercia funções semi-religiosas. Era escolhido entre certas famílias sacerdotais cujos ancestrais foram reis. Mas sua autoridade não era em absoluto real. Ele não era chefe do Estado nem mesmo para fins cerimoniais. Assim, o último vestígio da realeza na Atenas de Sócrates aparece em seu julgamento. No *Eutífron* de Platão, vamos encontrar Sócrates no pórtico do *archon basileus*. O velho filósofo está ali para o exame preliminar ao julgamento porque uma das acusações levantadas contra ele era a de impiedade, e o rei-magistrado era o *archon* que presidia em tais casos.

Mesmo nas duas vezes em que a democracia ateniense foi derrubada na época de Sócrates, os antidemocratas tentaram implantar não a monarquia, mas uma oligarquia bem semelhante ao senado patrício da Roma republicana.

Em Roma, como nas cidades-Estados gregas, a monarquia já tinha sido derrubada pela aristocracia muitas gerações antes da época de Sócrates. A palavra *rex*, "rei", era tão desacreditada em Roma que, quando a República foi finalmente derrubada, os novos monarcas não utilizavam o título de rei mas o de césar, o nome do aristocrata que havia derrubado a república oligárquica. Sócrates e seus seguidores estavam em total descompasso com sua época quando propunham uma forma de monarquia, fosse ela qual fosse.

2. SÓCRATES E HOMERO

ENQUANTO XENOFONTE ESCOLHEU CIRO, o Grande, como governante utópico, Sócrates remontou aos tempos homéricos para encontrar o rei ideal, evocando a figura lendária de Agamênon como governante arquetípico.

Homero, a bíblia dos gregos, podia ser citado por defensores dos dois lados na maioria das controvérsias, pois ele é tão rico em ambigüidades e contradições quanto a própria Bíblia. É o que se dá em relação à questão de ser a comunidade humana um rebanho, cuja segurança depende do pastor, ou uma *pólis*, que deve ser governada pelos seus próprios cidadãos.

Homero refere-se a Agamênon como "pastor da hoste" ou do "povo". Essa expressão, no entanto, era apenas uma saudação elogiosa e convencional, que não deveria ser tomada ao pé da letra, como fica claro quando se levam em conta o comportamento de Agamênon e suas relações tumultuadas com as tropas. Numa passagem, que veremos adiante, Homero de fato afirma o direito divino dos reis. Mas a *Ilíada* pode ser lida também como uma demonstração dos perigos de se depender da vontade soberana de um monarca. A *pólis* propriamente dita, é verdade, foi produto de uma era bem posterior. Mas o termo aparece na *Ilíada*, ainda que não no sentido de comunidade autogovernada. O sentido básico da palavra em Homero parece ser simplesmente o de uma localidade fortificada. O termo é aplicado para referir-se a Tróia, mas seus habitantes, curiosamente, são denominados *politai* na *Ilíada*,[1] muito embora a cidade fosse governada pelo rei Príamo e sua rainha, Hécuba. Assim, pode-se presumir que *politai* significava "moradores de uma cidade" e não "cidadãos", no sentido que o termo adquiriu posteriormente.

De modo geral, a narrativa homérica não se harmoniza com o ideal socrático de governo exercido por "aquele que sabe", no qual o governante dá ordens e os governados obedecem. Agamênon era comandante-em-chefe das tropas reunidas, mas estava longe de ser seu senhor absoluto. E a liderança não foi, de modo algum, um sucesso. Quando começa a *Ilíada*, estamos no nono ano da guerra contra Tróia, e os gregos ainda não conseguiram invadir a cidade. A única coisa que conseguiram até agora, apesar de todo o esforço empenhado e da luta prolongada, foi saquear as cidades menores que se encontram nos arredores de Tróia. No final da *Ilíada*, Tróia ainda não foi conquistada, embora seu herói, Heitor, tenha sido morto.

Agamênon pode até ter sido "um guerreiro valoroso" — outra fórmula homérica que Sócrates adorava citar —, mas como general estava longe de ser um gênio. Tudo indica que ele foi o protótipo do general teimoso que insiste em realizar ataques frontais quando já ficou claro há muito que essa tática não está dando certo, como tantos generais fizeram no impasse sangrento da guerra de trincheiras da Primeira Guerra Mundial. Tróia só caiu muito depois, já na *Odisséia*, e assim mesmo graças ao estratagema do cavalo de madeira, que conseguiu transpor, por meio da esperteza, os muros que a força não conseguiu derrubar. Mas esse triunfo deveu-se à astúcia de Odisseu, e não à teimosia pouco imaginativa de Agamênon.

Assim, Agamênon não foi o rei absoluto que Sócrates idealizava. Na verdade, o exército grego que sitiou Tróia já continha, em forma embrionária, algumas características comuns à *pólis* e aos modernos sistemas parlamentaristas e presidencialistas. Agamênon era quem presidia, assessorado por um conselho de anciãos composto de aristocratas guerreiros e proprietários de terras. Abaixo desse conselho vinha uma assembléia geral de guerreiros. O que a *Ilíada* nos apresenta, pois, não é uma monarquia absoluta, mas um governo composto de três poderes, um executivo, um senado e uma assembléia de "comuns". A autoridade da assembléia homérica era vaga e mal definida. Mesmo o conselho de anciãos tinha de falar com jeito ao lidar com

41

Agamênon. Mas o "pastor do povo" não podia ignorar os desejos de seu rebanho. Não era um Luís XIV; o Estado não era ele. Agamênon não podia simplesmente dar ordens com a certeza de que elas seriam cumpridas. A expressão "pastor do povo" e a palavra usada por Homero normalmente traduzida como "rei" são ambas enganosas. E as palavras traduzidas como "rei" em Homero — *basileus*, e às vezes *anax* — na época estavam longe de possuir as conotações que a palavra "rei" adquiriu no contexto do Estado nacional moderno. Aparentemente, todos os grandes proprietários de terra recebiam o tratamento de *basileus*, "rei".

O leitor descuidado das *Memoráveis* pode pensar que "pastor do povo" era uma expressão que Homero reservava para Agamênon, como uma homenagem especial. Na verdade, Homero a emprega para referir-se a qualquer rei ou chefe.

De fato, quando encontramos a expressão pela primeira vez na *Ilíada*, ela se aplica a um personagem obscuro chamado Druas, que no léxico homérico de Richard Cunliffe aparece como um entre "vários heróis menores" que recebem esse tratamento.[2] Agamênon era apenas o rei principal, e apenas o principal "pastor" da hoste grega. Aquiles, Odisseu e Heitor são alguns dos muitos guerreiros notáveis também chamados de "pastores do povo".

Essa metáfora tem conotações simpáticas, mas a *Ilíada* encara com ironia o desempenho de Agamênon enquanto pastor da hoste. A narrativa tem início com um episódio em que Agamênon trai a confiança nele depositada, e gira em torno de outro caso semelhante. Quando sobe o pano, a *Ilíada* nos mostra Agamênon agindo de forma cegamente voluntariosa e duplamente imprudente: 1) ignorando a vontade da assembléia de guerreiros e 2) insultando um sacerdote de Apolo, que era ao mesmo tempo deus da medicina e da peste.

O sacerdote vem para salvar uma filha sua que foi aprisionada pelos gregos. Não é um suplicante qualquer. Traz um resgate considerável; traz os símbolos de sua função sagrada de sacerdote; chega mesmo a oferecer-se para rezar pelo sucesso dos gregos contra Tróia se eles lhe devolverem a filha.

Homero narra que os guerreiros se reuniram em assembléia para ouvir a súplica do pai e gritaram em consentimento à sua proposta. Apenas Agamênon — que ficara com a jovem cativa — não concordou, e foi com essa atitude sua que começaram todos os problemas narrados na *Ilíada*. Agamênon está encantado com sua prisioneira, e chega à insensatez de declarar em público que a prefere à sua rainha, Clitemnestra; não admira que, ao voltar para casa, ela o mate. Ele não apenas rejeita o resgate oferecido como também humilha e ameaça o ancião. Apolo, indignado com essa afronta a um sacerdote seu, faz com que a peste se espalhe pelo acampamento. Em pouco tempo, diz Homero, há piras ardentes por toda parte.

Vemos, então, pela primeira vez, as limitações do poder real na era homérica. Aquiles convoca uma assembléia sem a permissão do rei. A assembléia, após uma discussão acalorada, força Agamênon a abrir mão da cativa, devolvê-la a seu pai e realizar sacrifícios para aplacar a ira de Apolo. A peste termina, e o rei é humilhado. A hoste salvou a si mesma desobedecendo ao pastor. Desse modo, demonstrou que não é um mero rebanho, mas que já contém os germes da *pólis*.

Mas Agamênon não aprendeu a lição. Para vingar-se e para compensar sua perda, provoca uma nova catástrofe, apossando-se da escrava favorita de Aquiles. Então Aquiles comporta-se de modo tão deplorável quanto o rei. Irritado, não apenas abandona a luta como também se torna traidor, por seu orgulho ter sido ferido. O herói recorre a sua mãe, a ninfa do mar Tétis, e lhe pede que convença Zeus a vingá-lo intervindo na guerra em favor de Tróia e contra Agamênon e os gregos. Zeus atende seu pedido enviando a Agamênon um sonho enganador, que promete uma vitória rápida e o leva a uma série de ataques frontais a Tróia, os quais se tornam derrotas sérias.

Assim, como se vê, a *Ilíada* pode facilmente ser utilizada como argumento contra o ideal socrático de realeza. É difícil acreditar que os argutos atenienses, que conheciam Homero na ponta da língua desde a infância, jamais tivessem apresentado a Sócrates esses sólidos argumentos contra o conceito de "pastor do povo".

43

* * *

Se um democrata ateniense passasse da *Ilíada* para a *Odisséia*, encontraria outro argumento homérico contra o ideal socrático de realeza, na cena em que Odisseu se encontra com os ciclopes. Nesse episódio, Homero estabelece a diferença entre um homem civilizado e um homem não civilizado. Nele vemos que, embora a comunidade homérica ainda não fosse uma *pólis*, já era algo mais que um rebanho.

Os ciclopes aparecem no nono livro da *Odisséia*. Odisseu e seus homens estão realizando uma longa e tortuosa viagem de volta a sua terra, após a guerra de Tróia. No caminho, chegam à terra dos ciclopes. Cauteloso, Odisseu manda seus homens esperarem numa ilhota próxima enquanto ele e alguns homens de confiança vão explorar a terra. No decorrer dessa exploração, Homero nos dá uma lição rudimentar de sociologia e ciência política, mostrando-nos o que, em sua época, já era considerado marca de civilização.

Odisseu teme encontrar uma criatura dotada de grande força, "um homem selvagem que nada conheça de justiça ou lei",[3] os elementos básicos que caracterizam o homem civilizado. Se examinamos o texto original, compreendemos melhor o significado desses conceitos. As palavras traduzidas como "justiça" e "lei" são *dikas* e *themistas*. Essas palavras são as formas plurais de *diké* e *themis*. No singular, são termos abstratos: o primeiro designa o costume, a lei ou a justiça, enquanto o segundo refere-se ao que é decente ou correto conforme o estabelecido pelo costume, a tradição ou o precedente. As formas plurais designam os métodos utilizados para resolver disputas numa sociedade organizada. Uma tradução mais literal seria "processos e julgamentos". O homem não civilizado não conhece tais procedimentos. O que Odisseu encontra na terra dos ciclopes confirma suas apreensões. Ela não é organizada como uma comunidade. Cada um vivia solitário em sua caverna individual, úmida e fedorenta, com suas mulheres, seus filhos e seus rebanhos. Homero afirma que o ciclope não conhecia nem a agricultura nem a navegação, as ocupações básicas dos gregos antigos. Ele é mais monstro do que homem. Tem apenas um olho, no meio da testa larga, e pratica o canibalismo.

Odisseu e seus companheiros são capturados e aprisionados por um ciclope, Polifemo, em sua caverna. O monstro come dois gregos no desjejum e depois mais dois no jantar. O astuto Odisseu, porém, logo descobre seu ponto fraco. Como tantos outros aborígines, Polifemo nada sabia a respeito da bebida, e foi fácil embebedá-lo. Depois os gregos queimaram seu único olho e fugiram.

Homero acrescenta um dado fascinante a sua descrição dos ciclopes. Cada um "era legislador para seus próprios e suas mulheres", mas não se importava com os outros e, diz Homero, nada sabiam quanto a "assembléias deliberativas". Assim, esse era mais um aspecto que caracterizava o homem civilizado da época. A expressão não aparece na *Ilíada*. Nessa obra, o rei consulta seu conselho de anciãos antes de tomar uma decisão e em seguida a anuncia para os guerreiros, os quais podem manifestar sua aprovação ou reprovação, gritando ou murmurando; mas a assembléia de guerreiros normalmente não "deliberava".

Isso talvez indique que a *Odisséia* pertence a uma era posterior à *Ilíada* e reflete uma etapa mais avançada de desenvolvimento político; ou talvez a *Ilíada* só retrate as assembléias de guerra, mais restritas. Seja como for, a *Odisséia* nos dá um indício de que, séculos antes de Sócrates, as "assembléias deliberativas" eram uma característica importante da comunidade grega. Temos, então, algo que se aproxima mais de uma monarquia constitucional do que da concepção socrática de uma sociedade em que "aquele que sabe" dá as ordens e os outros obedecem.

Antes de deixar de lado o episódio de Odisseu entre os ciclopes, encaremos a história, por um momento, do ponto de vista do homem "não civilizado". Há aqui uma lição irônica ainda útil em épocas muito posteriores.

Odisseu desprezava o homem não civilizado porque ele "não se importava com os outros" que não faziam parte de sua família. Mas antes de se encontrar com os ciclopes, o civilizado Odisseu já tivera uma aventura que deixava claro que a preocupação do homem civilizado com os outros era também bastante limitada.

Odisseu relata que, antes de chegar à terra dos ciclopes, seus navios foram levados pelo vento até a cidade de Ísmaro, na terra dos cícones. Diz ele, com naturalidade: "Lá chegando, saqueei a cidade e matei os homens; e da cidade levamos as mulheres" — para vendê-las ou usá-las como escravas, é claro — e então foram embora com "muitos tesouros". O produto desse saque foi cuidadosamente dividido "entre nós", afirma Odisseu com satisfação, "de modo que ninguém fosse prejudicado, recebendo menos do que sua justa parte".[4]

Nessa confissão de um ato de pirataria, não há nenhum escrúpulo moral. A única preocupação ética do herói é garantir que seus companheiros não se sentirão fraudados na divisão do butim. Isso não é mais do que a proverbial honra que há entre os ladrões.

Se soubesse do que ocorrera em Ísmaro, Polifemo poderia muito bem perguntar: onde estava aquela "preocupação com os outros" da qual o civilizado Odisseu tanto se orgulhava? Se o ciclope só se preocupava com sua própria família, não era verdade que Odisseu só se preocupava com seus companheiros de pirataria?

Quando Odisseu foi explorar a terra dos ciclopes, queria saber se "eles eram hospitaleiros e tementes aos deuses".[5] Polifemo bem poderia querer saber que espécie de homens eram aqueles, hospitaleiros e tementes aos deuses, capazes de atacar uma cidade de surpresa, sem provocação nem motivo, destruí-la e não sentir nenhum remorso.

Naturalmente, se conhecesse o mundo exterior, Polifemo perceberia que a pirataria era, na época, uma ocupação respeitável, como aliás continuou sendo até relativamente pouco tempo atrás. O que era sir Walter Raleigh senão o pirata favorito da rainha Elizabeth I no Caribe? "Nos princípios da Antigüidade", escreve o professor Ernest Badian, da Universidade Harvard, no *Oxford classical dictionary*, a pirataria "não se distinguia claramente do comércio, de um lado, nem da guerra, do outro".

O ciclope não era totalmente primitivo. Quando Polifemo vê seus visitantes pela primeira vez, ele pergunta: "Estranhos, quem são? De onde vêm por caminhos marítimos? Vêm para comerciar ou singram a esmo os mares como piratas, que vagam arriscando suas próprias vidas e levando a desgraça a homens de outras terras?".[6] A expressão-chave aqui é "homens de outras terras". As leis da comunidade civilizada só se aplicam dentro dela. Fora de seus domínios, as outras terras podem ser livremente saqueadas. O que foi a guerra de Tróia senão uma gigantesca operação de saque?

Na verdade, a lei e a ordem dentro da comunidade podem ter o efeito de intensificar a selvageria reprimida dessa comunidade. A guerra talvez seja uma maneira positiva de liberar os impulsos selvagens fora da comunidade, como especulou Freud após a carnificina da Primeira Guerra Mundial em seu ensaio *O mal-estar na civilização*. Freud acreditava que os impulsos anárquicos que os homens reprimem para possibilitar a vida em comunidade encontram uma válvula de escape na mortandade em massa da guerra. Então percebemos mais uma vez a verdade contida na observação de Aristóteles segundo a qual o homem, quando aperfeiçoado pela vida comunitária, é o melhor dos animais, mas, quando separado da lei e da justiça, é o mais selvagem.[7] Nosso planeta só terá segurança quando também ele se transformar numa *pólis*, e o homem — inteiramente civilizado, por fim — tornar-se, para empregar um termo presciente do grego antigo, um *cosmopolites*, isto é, cidadão do mundo.* No fundo, Odisseu e o ciclope, o civilizado e o não civilizado, não eram tão diferentes assim. Um, dada a oportunidade, roubava e escravizava seus semelhantes; o outro comia-os no jantar.

Encerramos esta digressão com uma observação jocosa. É de autoria de um grande filósofo irlandês, o falecido W. B. Stan-

---

* Essa palavra grega aparece pela primeira vez na obra do filósofo greco-judaico Fílon, o Judeu, de Alexandria, mas, segundo se diz, havia surgido alguns séculos antes, com os cínicos.

ford. Em seu comentário à *Odisséia*, Stanford mostra que as perguntas feitas a Odisseu pelo ciclope no nono livro são idênticas às dirigidas a Telêmaco, filho de Odisseu, no terceiro livro, quando ele vai a Pilo à procura de alguma pista a respeito de seu pai, há tantos anos desaparecido.[8] Lá o sábio Nestor também pergunta a seu visitante se ele é um pirata. Os três versos das duas passagens são idênticos. Mas as circunstâncias são diferentes. E aqui vamos encontrar outra distinção entre o homem civilizado e o não civilizado, segundo os padrões de Homero.

Nestor só fez a pergunta a seus visitantes quando, em obediência às leis da hospitalidade, já havia lhes oferecido comida, e eles, como diz Homero, haviam "se fartado de comer". Numa nota de rodapé ao trecho correspondente do nono livro, Stanford comenta: "Compare-se a delicadeza de Nestor, que só coloca estas perguntas depois que seus convidados se alimentaram, com a grosseria do ciclope, que as faz logo de saída".[9] O ciclope não era um cavalheiro.

3. UMA PISTA NO EPISÓDIO
DE TERSITES

HÁ UMA PASSAGEM EM HOMERO, no entanto, que defende a monarquia absoluta. Mas nem Sócrates nem seus seguidores a citam, como seria de se esperar, já que, aparentemente, seria um bom argumento em favor do ideal socrático. Essa omissão curiosa talvez constitua uma pista em relação à posição dos acusadores do filósofo, que até agora não foi percebida.

Fomos levados a reparar nessa passagem quando investigávamos um trecho obscuro das *Memoráveis* em que Xenofonte, discorrendo sobre o julgamento, refere-se às acusações dirigidas a Sócrates por um "acusador" não identificado. Mas os estudiosos modernos concluíram há muito tempo que essa referência não diz respeito a nenhum dos promotores no julgamento, mas a um panfleto de autoria de um escritor democrata chamado Polícrates, publicado logo após a conclusão do julgamento. Seja como for, os parcos detalhes dessa obra desaparecida que Xenofonte nos apresenta constituem tudo o que sabemos a respeito do ponto de vista da acusação. Eles vêm esclarecer a parte da acusação formal segundo a qual Sócrates havia "corrompido" os jovens.

A palavra "corrompido" pode dar uma impressão falsa. Para ouvidos modernos, parece envolver uma acusação de homossexualismo. Mas a pederastia — uma relação erótica entre um homem e um rapaz imberbe — era socialmente aceita na Grécia clássica, como os diálogos de Platão deixam claro. O verbo usado na acusação — *diaphtheirein* — pode denotar "destruir", "corromper", "seduzir" ou "desencaminhar". A mesma palavra aparece no *Político*, de Platão,[1] no qual o autor a utiliza no sentido de desencaminhar os jovens *politicamente*. Os fragmentos de Polícrates transcritos em Xenofonte revelam que a palavra tinha o mesmo significado na acusação a Sócrates. Assim, "subverter" ou "alienar" os jovens seriam traduções modernas melhores do que "corromper".

Segundo Xenofonte, o "acusador" afirmou que Sócrates "ensinou seus discípulos" a desprezar as leis atenienses, fazendo com que eles "menosprezassem a Constituição em vigor e se tornassem violentos", ou seja, dispostos a usar a força para derrubá-la. O acusador cita Crítias e Alcibíades como os principais exemplos de jovens corrompidos, e diz que "ninguém causou tantos males ao Estado". Crítias, como principal figura da ditadura dos Trinta, "foi o mais cúpido e o mais violento", e Alcibíades, entre os democratas, foi "o mais intemperante e o mais insolente".[2]

Além disso, o acusador afirmou que Sócrates "escolheu os trechos mais imorais dos mais famosos poetas" e os utilizou para ensinar seus jovens discípulos "a serem tiranos e malfeitores".[3]

É uma pena não dispormos do texto da acusação de Polícrates, para podermos ver exatamente quais foram os poetas citados por Sócrates com o fim de alienar os jovens da democracia. Havia alguns famosos poetas aristocratas que poderiam ter sido utilizados para esse fim. Dois que vêm à mente são Píndaro e Teógnis. De fato, na outra única *Apologia* de Sócrates que chegou até nós e que raramente é lida — a de Libânio, do século IV d.C. —, Píndaro e Teógnis são mencionados entre os poetas que Sócrates fora acusado de citar em sua pregação antidemocrática. Píndaro cantou odes em homenagem a muitos tiranos famosos. Em suas elegias, Teógnis exprimia o ódio furioso que a velha nobreza proprietária de terras sentia pela classe média emergente, os artesãos e comerciantes que estavam exigindo o direito de votar e de se candidatar a cargos políticos.

Numa de suas explosões de cólera, Teógnis comparava os membros dessa classe a um rebanho de bois e aconselhava:

> *Pisoteai estes desmiolados! Cravai*
> *Vossos aguilhões, e colocai o pesado jugo*

Em seus pescoços! Não achareis em todo o mundo
Uma gente que ame tanto a escravidão.[4]

Essa comparação entre a gente comum e um rebanho lembra a linguagem de Sócrates. Seria surpreendente versos tão conhecidos e tão claramente antidemocráticos não serem citados pelo "acusador". Mas Xenofonte, ao citar os trechos mencionados por Polícrates, refere-se apenas a uma passagem de Homero e outra de Hesíodo. A citação de Hesíodo é tão irrelevante que somos obrigados a concluir que não passa de uma ação diversionária de Xenofonte. Como primeiro exemplo de poesia utilizada para ensinar os jovens a serem "tiranos e malfeitores", Xenofonte cita o seguinte verso de Hesíodo: "Nenhum trabalho, e sim a indolência, é motivo de vergonha". Esse verso é de *Os trabalhos e os dias*, de Hesíodo.[5] Trata-se simplesmente de uma exaltação do valor ético do trabalho, sem nenhuma relevância para a questão levantada por Polícrates.

Hesíodo escreveu antes da ascensão da democracia, mas, ao contrário de Homero, que expressava a visão da aristocracia, era um camponês que exprimia os sentimentos de sua classe sofrida, em oposição aos grandes proprietários rurais. *Os trabalhos e os dias* é o primeiro poema de protesto social, e os "reis" — ou seja, os proprietários aristocráticos — são seus alvos prediletos. Tal como os fidalgos ingleses séculos depois, os proprietários atuavam como juízes de paz, arbitrando disputas entre os arrendatários e os trabalhadores de seus domínios.

Hesíodo contestava a integridade dos proprietários como juízes. Refere-se a eles como "devoradores de subornos" e acusa-os de "oprimirem seus semelhantes com julgamentos desonestos". Adverte-os de que "vigias" enviados por Zeus andam pelo mundo "envoltos em névoa", anotando suas transgressões para que o deus lhes dê punição.[6] Seria difícil usar Hesíodo para inculcar idéias antidemocráticas.

Apenas a passagem de Homero citada por Xenofonte é pertinente para a acusação contra Sócrates, mas é tão cuidadosamente truncada por Xenofonte que o que tem de significativo é

51

ocultado do leitor. Para entender isso, porém, é preciso voltar atrás um pouco e ver o que a precede e a provoca. O trecho é do segundo livro da *Ilíada* e diz respeito à corrida dos gregos em direção aos navios, na ânsia de abandonar a guerra e voltar para sua terra.

Como já vimos, Zeus, instigado pela mãe de Aquiles, enviara um sonho falso a Agamênon que o levou a tentar um desastroso ataque frontal aos muros de Tróia, para punir o rei por ter humilhado Aquiles, apossando-se de sua escrava. Agamênon, por sua vez, elabora um plano astucioso. Diz a seu conselho que dará ordem de levantar o sítio a Tróia e aprontar os navios para a viagem de volta, com o fim de testar o moral de seus soldados. Ele espera que os soldados protestem contra a ordem de levantar o cerco antes de poderem tomar e saquear a cidade.

Se, em vez disso, os soldados corressem entusiasmados para os navios, os conselheiros deveriam, segundo Agamênon, avisálos a não levar a sério a ordem do rei e voltar para receber novas instruções numa outra assembléia. O resultado da ordem de suspender o cerco é justamente aquele que Agamênon temia. Mal termina de falar, tem início uma corrida louca em direção aos navios. Não apenas os soldados rasos, como também os oficiais — os "notáveis" — participam da correria. Todos demonstram estar fartos daquela guerra prolongada e infrutífera.

Odisseu lidera os conselheiros na tarefa de pôr fim à debandada e trazer o exército de volta para a assembléia. Mas, ao fazêlo, trata os oficiais de um modo e os soldados de outro. "Sempre que via um 'rei', um notável", escreve Xenofonte, citando Homero, Odisseu "aproximava-se e o detinha com palavras de lisonja." Mas, quando encontrava "um homem do povo", tratava o soldado a socos e insultos. "Batia-lhe com o cetro", diz Homero, "e o repreendia a vociferar." Odisseu mandava-o sentar-se e ouvir "teus superiores: pois não és guerreiro, e sim um covarde, um inútil, quer na batalha, quer no conselho".[7]

Segundo o acusador, Sócrates interpretava esses versos de Homero "como se o poeta aprovasse que se maltratassem os plebeus e os pobres". Xenofonte argumenta que Sócrates "nunca disse tal coisa" e que, se o tivesse feito, acharia que ele próprio "mereceria ser maltratado". Pelo contrário, Sócrates "mostrava-se um homem do povo e um amigo da humanidade", pois, embora cercado de "numerosos discípulos ávidos", jamais "auferiu proveito algum" em termos financeiros, porém sempre dava "sem reserva [...] a todos".

Mas Xenofonte estava discutindo as acusações de Polícrates como um advogado de defesa inteligente. Se consultarmos a *Ilíada*, veremos que Xenofonte omite duas coisas importantes no relato homérico, as quais um democrata como Polícrates certamente teria percebido. A primeira omissão é o final da admoestação de Odisseu aos soldados. Os versos que Xenofonte cita são os de número 198 a 202 do segundo livro. A conclusão da fala de Odisseu, os quatro versos subseqüentes, teria constituído um argumento importante para a acusação de Polícrates. Nesse trecho, a democracia é diretamente atacada e — pela primeira vez na literatura ocidental — o direito divino dos reis é afirmado. Esses quatro versos omitidos constituem o clímax e a conclusão da lição que Odisseu estava dando aos soldados. Diz ele:

É impossível que todos os aqueus sejamos reis aqui,
Não é bom uma multidão reinar; que haja um único senhor,
Um rei, a quem o filho [i.e., Zeus] do mau conselheiro Cronos conferiu
O cetro e o poder de estabelecer a lei, para que ele delibere por seu povo.[8]

Seria impossível encontrar um trecho melhor para uma argumentação antidemocrática em Homero do que este: "Não é bom uma multidão reinar". Ao povo cabe ouvir; ao rei, mandar. Isso corresponde exatamente à fórmula ideal que o próprio Sócrates afirma em outro trecho das *Memoráveis*: aquele que sabe deve governar, e outros devem obedecer. Não admira que Xenofonte tenha omitido esses quatro versos.

Há no texto de Xenofonte uma segunda omissão, igualmente importante: a cena que se segue à fala de Odisseu a respeito do direito divino dos reis. Quando já terminou a debandada em direção aos navios e a assembléia já foi reunida, um soldado raso ousa discordar de Odisseu e da doutrina que ele acaba de expor.

Há muitas assembléias de guerreiros na *Ilíada*, mas essa é diferente de todas as outras. É a primeira e única ocasião em Homero em que um soldado raso se manifesta, exprimindo a posição dos soldados, e insulta o rei, Agamênon, em sua presença. É o surgimento do homem comum na história escrita, a primeira vez em que um homem do povo usa a liberdade de expressão contra um rei; e sua manifestação é reprimida pela força: Odisseu responde a sua fala não com uma argumentação, mas com uma surra.

Nenhum acusador de Sócrates que mencionasse o motim do segundo livro da *Ilíada*, como o fez Polícrates, deixaria de citar o clímax do episódio. Sem dúvida alguma, constituía um mau exemplo para os jovens aristocratas descontentes e os estimulava a "maltratar os plebeus e os pobres". Talvez Xenofonte tenha suprimido a passagem por julgá-la um argumento muito poderoso contra sua posição. Em lugar algum ele sequer menciona o nome de Tersites. Mas talvez haja um eco inconsciente desse nome no texto. Xenofonte poderia simplesmente ter negado que Sócrates jamais utilizaria essas passagens de Homero, se era essa de fato a verdade. Em vez disso, a defesa de Sócrates que ele oferece é mais um reconhecimento do que uma negação.

"O que [Sócrates] dizia", argumenta Xenofonte, "era que os homens inúteis tanto na palavra quanto na ação, incapazes de ajudar o exército, a cidade ou o povo em épocas de necessidade, devem ser reprimidos, ainda que tenham riquezas em abundância, principalmente se são tão insolentes quanto inúteis."[9] Fora a tentativa de demagogia populista contida na expressão "ainda que tenham riquezas em abundância", isso não passa de uma paráfrase do que já ouvimos Odisseu dizer. Sócrates também está dizendo que os insolentes devem ser "reprimidos", isto é, impedidos de falar. Odisseu faz o mesmo com Tersites. Curiosamente, a palavra que Sócrates usa aqui no sentido de "insolente" é derivada não do termo mais comum *hybris*, mas do adjetivo *thrasos* ("impudente", "atrevido"), do qual derivou o nome desse protótipo da insolência.* Um freudiano poderia argumentar que o nome que Xenofonte estava ocultando acabou se revelando na escolha do adjetivo.

Homero manifesta um preconceito de classe explícito em sua descrição de Tersites. Há em Homero descrições comoventes e carinhosas de pessoas do povo, até mesmo de porqueiros e escravos — desde que elas "conheçam seu lugar". Em relação a Tersites, que certamente não o conhecia, o bardo aristocrático não manifesta nenhuma compaixão. Nenhum outro personagem de Homero — nem mesmo o ciclope antropófago — é apresentado de modo mais repulsivo do que Tersites.

Os gregos gostavam de heróis belos. Homero apresenta Tersites como um homem tão deformado que chega a ser praticamente um aleijão. Segundo Homero, é o homem mais feio de todo o exército que sitiou Tróia.[10] Tem "pernas tortas" e é manco; seus ombros são arredondados e curvados para a frente; sua cabeça é pontuda e quase calva — nela só crescem alguns pêlos ralos. Em suma: é o tipo de homem com quem Helena jamais teria fugido.

O leitor moderno não compreende como Tersites conseguiu ser aceito pelo exército. Um comentador de Homero, o estudioso bizantino Eustátio, aventou que o único motivo pelo qual se permitiu que Tersites participasse da expedição foi o temor de que, se ficasse em sua terra, ele incitasse uma revolução![11] O fabulista Luciano, ironizando a descrição homérica de Tersites, diz que, chegando ao Hades, o rebelde processou Homero por difamação.[12]

Os gregos amavam também a eloqüência, e Homero faz questão de dizer que a fala de Tersites era tão desagradável quanto sua aparência física. Segundo Homero, ele falava sem parar e tinha a cabeça cheia de "palavras desordenadas, com as quais insultava os reis". Não demonstrava graça ao falar (*kata kosmon*) e estava sempre disposto a dizer qualquer coisa que fizesse os solda-

---

* Há uma forma alternativa de *thrasos* no dialeto eólico — uma das principais vertentes lingüísticas do idioma épico de Homero —, *thersos*, da qual deriva o nome Tersites.

dos rirem. Homero acrescenta que Tersites era particularmente detestado por Aquiles e Odisseu, pois ele freqüentemente os tomava como alvos de seu humor grosseiro. Aparentemente, já era agitador e ativista havia algum tempo.

Quando Odisseu finalmente consegue fazer com que todos se sentem para a assembléia, Tersites é o único que se recusa a calar-se. Embora Homero afirme que a fala de Tersites é desordenada, neste trecho ele fala de modo não apenas corajoso como também sucinto e objetivo a Agamênon.

Tersites zomba do monarca em sua presença:

> Filho de Atreu, com o que está insatisfeito agora? Suas cabanas estão cheias de bronze e mulheres, o melhor dos saques que nós, aqueus, lhe damos toda vez que tomamos uma cidade. Ainda cobiças o ouro que porventura os troianos, domadores de cavalos, ainda lhe tragam como resgate por um filho capturado por mim ou algum outro aqueu? Ou alguma jovem para dormir com você, a qual reservarás só para você? Não é correto que você, nosso líder, traga a desgraça para os filhos dos aqueus.

Ou seja, prolongando a guerra ainda mais, por cobiçar mais butim.

Tersites dirige-se então a seus companheiros de armas, chamando-os de "tolos inertes, criaturas vis e vergonhosas, vocês, mulheres aquéias, pois homens não são mais". Tersites instiga-os a voltar para seus navios, retornar à pátria "e deixar aqui este indivíduo, a digerir seus troféus na velhice e aprender se é capaz de viver sem nós". Tem-se a impressão de que Tersites se ofendeu ao ouvir Odisseu referir-se aos soldados rasos como inúteis na batalha.

É Tersites, nessa fala, o primeiro a chamar Agamênon de "pastor do povo" — a expressão que Sócrates cita com tanto prazer nas *Memoráveis* —, mas Tersites está sendo sarcástico. Ele conclui com a acusação mais séria de todas: diz que o rei "desonrou" Aquiles, "homem muito melhor do que ele", roubando a escrava favorita do herói. Aquiles, aborrecido, não sai de sua tenda, e desse modo Agamênon pôs em risco toda a campanha, alienando o principal guerreiro do exército. O "pastor do povo" traiu suas ovelhas. Sua lascívia revelou-se mais forte do que seu empenho em cumprir suas obrigações de rei.

Odisseu reage com violência. Na frente de toda a assembléia, surra Tersites até fazê-lo sangrar, humilhando-o e ameaçando-o: se Tersites ousar outra vez "pronunciar o nome do rei", Odisseu o despirá perante a assembléia e o enviará "chorando para os navios velozes". Assim termina o motim provocado pelo próprio Agamênon, por sua tentativa de testar o moral da tropa com uma informação falsa. E o cerco continua, ainda sem sucesso, no decorrer dos 22 livros subseqüentes da *Ilíada*. E não se ouve mais falar de Tersites e da primeira tentativa de um homem do povo no sentido de exercer a liberdade de expressão.[13]

Se voltamos à *Ilíada*, vemos que o que tanto incomodou Homero e muitos estudiosos posteriormente não é tanto o teor do que Tersites disse a respeito de Agamênon quanto o fato de ter sido um homem do povo quem falou.

Na verdade, o que Tersites diz a respeito de Agamênon no segundo livro da *Ilíada* não é senão uma repetição do que diz Aquiles no primeiro livro. Nesse trecho, em que os dois "reis" brigam por causa de suas escravas favoritas, Aquiles chama Agamênon de "o mais cúpido dos homens", "coberto de vergonha", um beberrão "embriagado de vinho", um covarde que tem "os olhos (ferozes) de um cão, mas o coração (temeroso) de um veado". Diz-lhe Aquiles: "Nunca teve coragem de armar-se para lutar com os seus, nem de partir para uma emboscada com os chefes".[14]

Como Tersites, Aquiles também se queixa de que Agamênon fica com o que há de melhor nos saques, enquanto os outros é que lutam.[15] Aquiles chega a acrescentar algo que Tersites não ousa dizer — que ele próprio nada tem contra os troianos: "eles jamais roubaram meu gado nem meus cavalos". Aquiles afirma que só veio lutar na guerra como um favor a Agamênon e ameaça ir embora; e, de fato, passa a maior parte da *Ilíada* sem lutar, até o livro dezoito.

O principal herói da *Ilíada* tem um ego hipertrofiado; o orgulho ferido pesa-lhe mais do que a lealdade com seus companheiros de armas. Mas Homero não critica em lugar nenhum a petulância e a teimosia de Aquiles, nem mesmo quando o choramingas — não há termo mais apropriado — vai se queixar à mamãe, a deusa Tétis, e a convence a fazer com que Zeus atue contra os gregos: um ato de traição. A incoerência de Homero em relação aos dois rebeldes revela um gritante preconceito de classe. Ele idealiza o aristocrata e caricatura o homem do povo.

Mas Aquiles não é o único aristocrata a criticar Agamênon na *Ilíada*. Embora dê uma surra em Tersites por ter falado mal do monarca, Odisseu ataca Agamênon duramente no livro catorze. Quando o rei sugere que fujam para os navios, dizendo: "Não julgo vergonhoso fugir do desastre", Odisseu, "com um olhar irado sob o cenho", diz a Agamênon: "Ó homem condenado, quem dera estivesse a comandar algum outro exército, despido de glória, e não a reinar sobre nós".[16] Essa cena está muito longe de constituir uma defesa da monarquia absoluta.

Como em Xenofonte não há nenhuma referência a Tersites, as *Memoráveis* nada nos informam a respeito da atitude de Sócrates em relação a ele. Mas o Sócrates platônico refere-se duas vezes a Tersites, ambas de modo desdenhoso. No *Górgias*, quando Sócrates descreve o castigo que aguarda os que praticam o mal após a morte, ele faz pouco de Tersites, considerando-o um criminoso comum que não merece as tormentas eternas reservadas aos malfeitores de grande distinção, culpados de faltas notáveis.[17] Na *República*, quando Sócrates conta a história da viagem de Er aos infernos, Tersites aparece como um bufão, assumindo um corpo de macaco na próxima encarnação.[18] Na mesma história, Agamênon opta por renascer como águia.

A reverência por Agamênon manifestada nas *Memoráveis* evidentemente não é exclusividade do Sócrates xenofôntico. O rei é uma figura igualmente venerável para o Sócrates platônico. No final da *Apologia*, de Platão, quando se despede de seus juízes, Sócrates afirma que, se houver outra vida, ele antegoza o prazer de conversar com os grandes homens do passado. Entre eles, anseia por conhecer Agamênon. "O que não se daria, senhores", indaga ele, "para poder questionar o líder daquela grande campanha contra Tróia?"[19] No *Banquete*, Sócrates cita a mesma expressão homérica que usa nas *Memoráveis*, qualificando Agamênon de "robusto guerreiro".[20] No *Crátilo*, um diálogo menor que trata da etimologia dos nomes, Sócrates argumenta que o nome de um homem determina sua natureza — uma idéia idiossincrática que veio a inspirar o *Tristram Shandy* de Sterne. Sócrates encontra no nome Agamênon raízes que indicam que o homem era admirável por sua "paciência e perseverança".[21]

Na *República*, o Sócrates platônico vai ainda mais longe do que o xenofôntico em sua devoção ao rei. Se Homero mostra que Agamênon não era exatamente virtuoso, Sócrates se propõe a censurar essas passagens da *Ilíada*, para que elas não gerem desrespeito à autoridade. Cita como trecho a ser omitido a fala em que Aquiles critica Agamênon.[22] Na utopia platônica, a literatura deverá inculcar o "autocontrole" (*sophrosyne*) nos súditos em dois níveis: no sentido de (1) "obedecerem aos governantes" e (2) saberem governar seus próprios "apetites corpóreos". Aquiles, aparentemente, deu um mau exemplo ao criticar seu rei. Mas Sócrates nada diz a respeito do mau exemplo dado pelo rei que não conseguiu controlar seus "apetites corpóreos" no caso da jovem escrava.

Sócrates estava particularmente ansioso por censurar os versos em que Aquiles refere-se a Agamênon como "embriagado de vinho, com os olhos (ferozes) de um cão e o coração (temeroso) de um veado",[23] juntamente com "outras impertinências em prosa ou verso" da parte de "cidadãos, particularmente dirigidas a seus governantes". O Sócrates platônico afirma que tais coisas "certamente não são apropriadas aos ouvidos dos jovens".

No segundo livro da *República*, Sócrates propõe também que seja censurado o sonho falso enviado por Zeus a Agamênon. Sócrates afirma: "ainda que haja muitas outras coisas em Homero que louvamos, isso não haveremos de aplaudir".[24] Cita essa passagem — juntamente com um sonho falso semelhante enviado por Apolo a Tétis, integrante de uma peça de Ésquilo que não chegou até nós — como exemplos de representações dos deuses que não serão permitidas nos palcos nem nos livros escolares da República.

Analogamente, há na *República* uma referência obscura que (segundo o comentário de James Adam) manifesta contrariedade em relação a certas peças, também perdidas, que fazem troça de Agamênon por não ter o rei conhecimento de aritmética![25] Assim, Agamênon, como protótipo da figura do rei, deve ser protegido de qualquer forma de crítica.

Imagine-se o que uma tal censura teria feito à *Orestéia*, de Ésquilo. Quando Agamênon ousa trazer para casa sua concubina — a profetisa Cassandra, vinda de Tróia —, Clitemnestra mata os dois e exulta, com uma fúria imprópria para ouvidos indelicados: "Eis aqui o homem que me traiu; o amado das jovens escravas de Ílio; e eis aqui sua cativa e profetisa e concubina, sua fiel amante e oráculo, que conhecia igualmente os bancos dos marinheiros. Os dois tiveram o destino merecido".[26] A expressão "conhecia igualmente", que dá a entender que, na viagem de volta, Cassandra dormiu também com os marinheiros, é uma tradução decorosa do rabelaisiano termo original, *isotribes*. O sentido literal é o de que Cassandra "esfregava-se igualmente" nos marinheiros. Esse trecho de Ésquilo certamente seria censurado no teatro platônico.

Assim, concluímos nosso primeiro argumento na apresentação das divergências filosóficas fundamentais entre Sócrates e Atenas. Ele e seus discípulos encaravam a comunidade humana como um rebanho que precisava ser governado por um rei ou mais de um rei, como ovelhas por um pastor. Os atenienses, por outro lado, acreditavam — como afirmou Aristóteles mais tarde — que o homem era um "animal político", dotado, ao contrário dos outros animais, de *logos*, ou razão, e desse modo capaz de distinguir o bem do mal e de se autogovernar numa *pólis*. Não era uma diferença trivial.

4. A NATUREZA DA VIRTUDE
E DO CONHECIMENTO

CHEGAMOS AGORA A UMA SEGUNDA DIVERGÊNCIA básica
entre Sócrates e sua cidade. Ela dizia respeito a duas questões que
para Sócrates — mas não para sua cidade — estavam inextrica-
velmente associadas. Uma delas era: o que é a virtude? A única
definição de virtude que Sócrates propôs, em suas inúmeras tentativas infrutíferas de definir o conceito, foi a idéia de que virtude
e conhecimento identificavam-se. Isso levantava a segunda pergunta: o que é o conhecimento?

Trata-se, sem dúvida, de problemas fundamentais da filosofia, que continuam a ser discutidos, sem que se tenha chegado a
uma solução. Podem parecer questões remotas, abstrusas, obscuras e metafísicas, que é melhor deixar a cargo de doutorandos
em filosofia. Suas implicações políticas, porém, eram inevitáveis. Se a virtude era um conhecimento, então era de se esperar
que, tal como as outras formas de conhecimento, ela fosse passível de ser ensinada. E se era possível ensinar virtude, então não
se podia limitá-la a uma minoria, à velha aristocracia agrária,
mas se podia ensiná-la à maioria, à classe média ascendente de
comerciantes e artesãos, até mesmo à gente do povo. Se eram capazes de adquirir virtude, então os membros da maioria podiam
reivindicar uma forma de participação no governo da cidade, e
era impossível negar-lhes o pedido.

Mas Sócrates, ao abordar a questão do que é conhecimento,
seguiu na direção oposta. O verdadeiro conhecimento, ensinava
ele, só podia ser atingido através da definição absoluta. Se não se
podia definir uma coisa absolutamente, então não se *sabia* exatamente o que ela era. Em seguida, Sócrates demonstrava que tal
conhecimento era inatingível, até mesmo para ele. Com modéstia, afirmava que, nesse sentido, a única coisa que ele sabia era

que nada sabia. A virtude era conhecimento, mas o verdadeiro conhecimento era inatingível. Até mesmo essa verdade só podia ser apreendida por muito poucos, se tanto. Assim, por detrás dessa modéstia imensa ocultava-se uma presunção não menos imensa.

Seguia-se — ao menos para Sócrates e seus discípulos — que, como virtude era conhecimento e o conhecimento era inatingível, os homens comuns, a maioria, não possuíam nem a virtude nem o conhecimento necessários para se autogovernarem. Através desse tortuoso caminho metafísico, Sócrates recaía em sua proposição fundamental: a idéia de que a comunidade era um rebanho, incapaz de governar a si própria.

Para compreender a posição ateniense, que era a que predominava entre os gregos na época de Sócrates, voltemos mais uma vez a Aristóteles. A premissa básica de sua ética, assim como de sua política, é a idéia de que a virtude é *arete politike*. A primeira palavra significa "virtude" e a segunda, "política", mas uma tradução melhor, conforme já vimos, seria "cívica" ou "social". Para Aristóteles, como para a maioria dos gregos, todo cidadão possuía — *por sua própria natureza de animal social* — aquelas virtudes elementares necessárias para a vida comunitária. Não era necessário que ele entendesse de metafísica, mas que tivesse aquele mínimo de razão, o *logos*, e, com ele, a capacidade de distinguir o certo do errado.[1] Essa "virtude política" dava aos homens um senso de justiça e uma consideração suficiente pelos direitos dos outros, o que viabilizava a *pólis*, a comunidade civilizada.

Naturalmente, naquela época, como agora, nem todo mundo preenchia esse requisito, mas a maioria o fazia. Caso contrário, nem mesmo a comunidade primitiva poderia ter surgido e ter dado origem à cidade-Estado. Era essa a premissa ética básica da *pólis* grega, quer a cidadania fosse restrita a uma minoria ou ampliada de modo a incluir todos os homens nascidos livres. Por não reconhecer esse mínimo de virtude e de conhecimento básicos, o ensinamento socrático atacava a própria base da *pólis*, suas premissas necessárias. A visão grega predominante dava dignidade ao homem comum. A visão socrática o rebaixava. Era uma divergência irreconciliável.

Essa divergência se reflete no antagonismo entre Sócrates e os chamados sofistas. Os sofistas afirmavam ensinar conhecimento e virtude. Se Sócrates tinha razão, eles eram impostores, pois nem o conhecimento nem a virtude eram passíveis de ser ensinados. A maioria não poderia jamais atingir nem uma coisa nem outra. A definição desses conceitos estava fora do alcance até mesmo da minoria seleta, inclusive do próprio Sócrates, como ele admitia de bom grado.

O antagonismo entre Sócrates e os sofistas, tal como aparece em Xenofonte e em Platão, teve o efeito de denegrir a imagem dos sofistas. Até então, o termo *sophistes* tinha uma conotação elogiosa, não pejorativa. Em Homero, *sophie* designava um ofício qualquer. A palavra *sophistes* passou a designar um trabalhador especializado ou artista, e logo começou a ser aplicada também a adivinhos, poetas e músicos. Os lendários Sete Sábios da Grécia eram chamados *sophistai*, como também os filósofos pré-socráticos. O termo voltou a adquirir conotações positivas no Império Romano, designando os professores de retórica e filosofia gregas.

Há um forte componente de preconceito de classe na antipatia de Sócrates pelos sofistas. Eram professores que encontravam um mercado nas cidades democráticas como Atenas, numa classe média em ascensão, composta de artesãos e comerciantes prósperos, cuja riqueza lhes permitira adquirir armas. Sua participação como *hoplites* — isto é, membros da infantaria de armas pesadas — na defesa da cidade também lhes conquistara um certo poder político. Eles queriam poder desafiar a liderança da velha aristocracia agrária aprendendo as artes da retórica e da lógica, para que pudessem ter uma participação realmente ativa na assembléia. Queriam participar da vida artística e cultural da cidade. Os sofistas atuavam como seus professores.

A aristocracia agrária também tinha seus professores havia muito tempo. Aristocratas como Platão — que era descendente de duas famílias de destaque — não nasciam sabendo, porém aprendiam com professores particulares. O arquétipo desse tipo de relacionamento aparece em Homero. Um aristocrata exilado, Fênix, encontra um lar na casa de Peleu, tornando-se tutor de seu filho Aquiles. Na *Ilíada*, Fênix relembra que, quando se tornou professor de Aquiles, ele ainda era uma criança, que nada sabia "da guerra temida, nem das assembléias em que os homens disputam pela preeminência".[2] Já nessa época a retórica era tão importante quanto as armas no currículo dos aristocratas.

Os serviços que Fênix prestava a Peleu não eram diferentes dos que os sofistas ofereciam a pais abastados de classe média no tempo de Sócrates. Fênix lembra a Aquiles que seu pai o encarregou de "instruir-te em todas estas coisas, de modo a aprenderes tanto a dominar as palavras quanto os feitos".

Fênix não cobrava nada por seus serviços. As propriedades fundiárias não funcionavam como economias monetárias; seu pagamento se dava sob forma de proteção e — para usar uma terminologia atual — casa e comida. Os sofistas são tratados com um desdém altivo em Platão por cobrarem honorários. Gerações e gerações de professores de humanidades clássicas vêm repetindo essa atitude de modo irrefletido, embora a grande maioria deles também seja obrigada a cobrar por seus serviços.

Desde cedo Atenas conseguiu proporcionar educação elementar a todos os cidadãos — ao menos, desde um século antes de Sócrates — e tudo indica que a maioria era alfabetizada. Isso era um reflexo da ascensão da democracia. Mas a instrução superior continuava sendo monopólio da aristocracia, até que apareceram os sofistas. Eles provocaram o antagonismo das classes superiores por ensinarem as artes da retórica — pois a capacidade de falar bem em público era fundamental para a participação política da classe média nos debates da assembléia e sua ascensão aos cargos mais elevados da administração pública da cidade. Além disso, a retórica era necessária também — talvez mais ainda — para o cidadão defender-se nos tribunais. Os atenienses eram muito litigiosos e, como não havia advogados no sentido moderno do termo, os cidadãos precisavam de alguma habilidade em retórica e lógica para defender-se em casos de direito civil ou criminal. Até mesmo aqueles que tinham condições financeiras para utilizar os serviços de redatores profissionais de discursos, como Lísias e mais tarde Demóstenes, precisavam treinar a arte da oratória e as sutilezas da argumentação.

Tudo isso torna-se bem mais compreensível quando fazemos uma comparação com o sistema educacional existente na Roma antiga. Lá, a república era uma oligarquia aristocrática e o ensino da retórica latina não era incentivado, para que não fosse ampliada a participação no governo e abalado o controle sobre o poder exercido pelos senadores patrícios. Quando começaram a surgir professores gregos em Roma, eles foram encarados com desconfiança.

O famoso Catão, velho fazendeiro austero e pão-duro, que tratava seus escravos mais idosos com uma insensibilidade notória, era na época censor, cargo com amplos poderes sobre a moralidade e os costumes romanos. Embora ele próprio fosse bom orador, era contrário àqueles que ensinavam a arte. No ano 161 a.C., os professores de retórica foram expulsos de Roma.

Quando, após a época de Catão, começaram a aparecer os manuais de retórica latina, o senado reagiu com indignação; o *Oxford classical dictionary* (verbete sobre retórica latina) informa que "em 92 a.C. os *rhetores latini* (i.e., professores de retórica latina) foram punidos pelos censores". Mas os professores gregos de retórica grega não foram atingidos. A fluência no grego era algo restrito às classes dominantes, além do alcance da plebe romana. A retórica grega constituía um adorno para a aristocracia romana.

A estreita relação entre retórica e política ficou clara quando os césares derrubaram a república e puseram fim ao livre debate, tanto no senado oligárquico quanto nas assembléias populares, cujo poder era cuidadosamente restringido. A oratória degenerou, virando mero palavreado espalhafatoso e vazio, um exibicionismo verbal sem o vigor que a caracterizava no tempo em que a voz dos homens livres, fosse aristocrática ou democrática, determinava seu próprio destino. Sem a liberdade de expressão, a oratória esvaziou-se.

Um dos motivos básicos do antagonismo contra os sofistas

65

nos círculos socráticos e platônicos era o fato de que, entre esses professores, havia pensadores que, pela primeira vez, afirmavam a igualdade dos homens. Um dos sofistas, Antifonte,* aparece nas *Memoráveis*, de Xenofonte, como rival e adversário de Sócrates, a quem ele repreende por não participar da vida política.[3] Um fragmento de uma obra de Antifonte, *Sobre a verdade*, encontrado num papiro egípcio no século XIX, parece ser a mais antiga afirmação da igualdade dos homens na filosofia grega.[4] Antifonte era irmão espiritual de Jefferson e dos jacobinos. Desprezava o berço nobre e não reconhecia nenhuma distinção entre gregos e bárbaros. Escreve ele: "Reverenciamos e honramos os que são nascidos de pais nobres, mas os que não são nascidos de pais nobres não reverenciamos nem honramos. Neste ponto, quanto a nossas relações uns com os outros, somos como os bárbaros, pois somos todos por nossa natureza nascidos iguais sob todos os aspectos, tanto bárbaros quanto helenos". Também Antifonte acreditava que a virtude estava associada ao conhecimento, embora não identificada totalmente com ele. Mas o conhecimento era algo que podia ser ensinado, e todos os homens poderiam adquiri-lo. Escreveu ele: "Está ao alcance de todos os homens observar as leis da natureza, que são compulsórias. Do mesmo modo, todas estas coisas podem ser adquiridas por todos, e em nenhuma delas qualquer um de nós se distingue enquanto bárbaro ou heleno. Todos nós respiramos ar pela boca e pelas narinas, e todos nós comemos com as mãos [...]". Neste ponto o fragmento se interrompe.

Num outro fragmento, Antifonte introduz o conceito de "consentimento dos governados". Faz uma distinção entre as leis da natureza e as leis da cidade, feitas pelos homens.[5] As leis da natureza, afirma ele, são compulsórias para todos os homens,

---

* Não se deve confundir o sofista Antifonte com o Antifonte redator de discursos, defensor de idéias oligárquicas, que liderou a conspiração que derrubou a democracia ateniense em 411 a.C., estabeleceu a ditadura efêmera dos Quatrocentos e foi julgado e executado com a derrubada da ditadura e o restabelecimento da democracia.

mas as leis da cidade — que variam de um lugar para outro — "são produtos do consentimento". Ao enfatizar o consentimento dos governados, e também ao afirmar que todos os homens nascem iguais, Antifonte é um precursor da Declaração de Independência dos Estados Unidos. Outra obra perdida de Antifonte era um tratado intitulado *Sobre a concórdia*, ou estabilidade social. Com essa obra, é possível que ele tenha sido o primeiro teórico do Estado assistencialista. Ele propõe que "a principal causa das desavenças é a desigualdade das riquezas" e conclui que "os ricos devem ser estimulados a ajudar o próximo".[6] Nem o Sócrates xenofôntico nem o platônico jamais mencionam os pobres. Pelo visto, para ele, era como se os pobres não existissem.

Outro sofista, Alcídamas, discípulo de Górgias, parece ter sido o primeiro filósofo a questionar a instituição da escravatura. Temos conhecimento desse fato graças a uma nota marginal feita por um comentarista anônimo da Antigüidade com referência a uma curiosa lacuna no manuscrito da *Retórica* de Aristóteles. Ao discutir a idéia de uma lei natural universal, Aristóteles afirma: "Alcídamas também menciona esse preceito em sua obra *Messeníaco* [...]".[7] O resto dessa frase intrigante foi riscado dos manuscritos, dando quase a impressão de que o escriba temia que essa idéia perigosa e incendiária pudesse provocar uma rebelião de escravos. E é possível que tenha sido isso mesmo. Não temos como saber exatamente o que Aristóteles citou, porém uma nota marginal anônima que aparece nesse trecho (e que foi traduzida, numa nota de rodapé, na edição Loeb, por J. H. Freese) atribui a Alcídamas o trecho: "Deus deixou livres todos os homens; a Natureza não fez ninguém escravo". Não sei se essa citação foi alguma vez utilizada pela literatura do movimento abolicionista norte-americano. (A julgar pelo nome, *Messeníaco*, a obra perdida de Alcídamas talvez dissesse respeito à revolta dos messênios contra os espartanos, que os haviam escravizado.)

Antes que nos empolguemos demais com esses nobres sentimentos, devo acrescentar uma melancólica nota final em relação a esse ponto. Uma das constatações mais desanimadoras do estudioso da Antigüidade é o fato de que os estóicos, são Paulo e os juristas romanos afirmavam todos a igualdade dos homens — fossem estes livres ou escravos — e ao mesmo tempo aceitavam sem nenhum problema a instituição da escravatura. O mesmo se deu com a maioria dos fundadores da nação norte-americana — se bem que não com todos.

Mas o sofista Alcídamas ao menos transcendeu os preconceitos de sua época (tal como Eurípides, conforme veremos) e abriu os olhos dos homens para uma moralidade mais elevada. Filósofos como Sócrates, Platão e Aristóteles aceitavam a visão convencional de sua época a respeito da escravidão e, sob esse aspecto, sua atitude emocional e intelectual era inferior à de um sofista como Alcídamas.

Sócrates e Platão jamais questionaram a escravidão, e Aristóteles a julgava "natural".[8] Todos os três, porém, viviam numa sociedade em que havia escravos que tinham perdido a liberdade por causa dos azares da guerra ou da pirataria. Era a falta de sorte, e não a inferioridade natural, que os levara aos mercados de escravos da Antigüidade. Até mesmo os que nasciam escravos, como ocorria em Roma, com freqüência elevavam-se muito acima da sua condição de origem. Homero era mais sábio do que os filósofos. Afirmou ele que quando um homem é capturado no campo de batalha e escravizado, ele se transforma em "um homem pela metade". Tendo perdido a liberdade, não se importa mais com nada; doravante tudo que produzir pertencerá a outro. Não fora sua natureza que o fizera escravo, mas sim a escravização que modificara sua "natureza". Moral da história: até mesmo os maiores filósofos às vezes compartilham da cegueira de sua época, sempre que uma visão mais arguta possa ameaçar o direito de propriedade.

A defesa da democracia só é apresentada, e Sócrates só é obrigado a enfrentá-la, uma única vez em todos os diálogos de Platão, e nenhuma vez em Xenofonte. Mas, em vez de enfrentar a questão e nos dar uma resposta direta, Sócrates se esquiva, afundando numa névoa semântica. Isso se dá no diálogo intitulado *Protágoras*. Protágoras era o mais famoso dos professores-filósofos tachados por Sócrates e Platão de "sofistas".

No século V a.C., Atenas era um verdadeiro mercado de idéias. Para lá acorriam professores de toda a Grécia, atraídos pela próspera classe média ateniense, sequiosa de cultura e filosofia. Protágoras é o único desses homens tratado com respeito nos diálogos platônicos. Era amigo íntimo de Péricles e, quando este criou uma colônia-modelo em Túria, em 443, escolheu Protágoras para redigir o código de leis da colônia. Como o próprio Platão costuma fazer, Protágoras às vezes expunha suas idéias em forma de mito. O mito de Protágoras, que aparece no diálogo homônimo de Platão, continha as premissas básicas de uma sociedade democrática.

A exposição do mito é ocasionada no diálogo por uma fala de Sócrates, na qual ele se refere com desprezo à assembléia ateniense. Sócrates diz a Protágoras que quando a assembléia, o órgão governante da cidade, precisa de um projeto de construção, convoca construtores para assessorá-la. Se a frota naval ou a marinha mercante precisa ser expandida, a assembléia convoca construtores de navios. A assembléia depende de peritos formados e profissionais. Se um não-perito tenta manifestar-se, "por mais belo, rico e bem-nascido que seja", a assembléia de cidadãos "limita-se a rir dele, em escárnio". Mas quando ela se reúne para discutir questões fundamentais de governo, diz Sócrates, "o homem que se levanta para aconselhá-la nesse assunto pode igualmente ser ferreiro, sapateiro, comerciante, capitão de navios, rico, pobre, homem de boa família ou sem família alguma, e ninguém pensa em jogar-lhe na cara" a falta de instrução ou de experiência em relação aos assuntos discutidos.[9]

Isso é um ataque à própria base da democracia ateniense, tal como ela se estruturara quase dois séculos antes, quando Sólon, o grande legislador e reformador social ateniense, concedeu a todos os cidadãos homens, mesmo os mais pobres, o direito de votar na assembléia e nos tribunais.

Para apreendermos o quanto esse evento foi revolucionário na época, basta lembrar que os homens sem propriedade só adquiriram o direito de voto na Europa ocidental no final do século XIX e início do XX. Mesmo nos Estados Unidos, os homens sem propriedade não tinham o direito de voto — nem sequer no Norte, e menos ainda na sociedade oligárquica e escravagista do Sul — até as décadas de 1820 e 1830, com a chamada revolução jacksoniana.*

Respondendo à crítica de Sócrates referente ao direito que todo homem tinha de falar na assembléia, Protágoras relata uma fábula, ou mito, a respeito das origens da civilização. Diz ele que, quando foi criado, o homem vivia uma existência solitária e não era capaz de proteger a si próprio e sua família dos animais selvagens mais fortes do que ele. Conseqüentemente, os homens se reuniram para "proteger suas vidas fundando cidades". Mas as cidades foram conturbadas por lutas, porque seus habitantes "faziam mal uns aos outros" por ainda não conhecerem "a arte da política" (*politike téchne*) que lhes permitiria viver em paz juntos. Assim, os homens começaram a "se dispersar novamente e a perecer".

Segundo Protágoras, Zeus temia que "nossa espécie estivesse ameaçada de ruína total". Assim, enviou seu mensageiro, Hermes, à terra, com duas dádivas que permitiriam aos homens enfim praticar com êxito a "arte da política" e fundar cidades onde pudessem viver juntos em segurança e harmonia. As duas dádivas de Zeus eram *aidos* e *diké*. *Aidos* é um sentimento de vergonha, uma preocupação com a opinião alheia. É a vergonha que o soldado sente quando trai seus camaradas no campo de batalha, ou o cidadão quando é apanhado em flagrante fazendo algo desonroso. Nesse contexto, *diké* significa respeito pelos direitos dos outros. Implica um senso de justiça e torna possível a paz civil resolvendo as disputas através de julgamentos. Ao adquirirem *aidos* e *diké*, os homens finalmente se tornariam capazes de garantir sua sobrevivência.

---

* Alusão ao governo de Andrew Jackson (1829-37), que pela primeira vez fez uma campanha presidencial centrada no apelo direto aos eleitores. (N. T.)

Mas antes de descer à terra, Hermes perguntou a Zeus algo crucial, e a resposta é a moral do mito de Protágoras. Perguntou Hermes, em relação à *aidos* e ao *diké*: "Devo concedê-las tal como fiz com as outras artes?". Para entender a pergunta, deve se ter em mente que "artes" aqui é uma tradução pouco adequada para a palavra grega *téchne*, origem do termo "técnica" e seus derivados. Para os gregos antigos, *téchne* incluía muito mais do que o que denominamos "artes": todos os ofícios e profissões, dos mais elevados aos mais humildes, desde o ofício de sapateiro ou ferreiro até o trabalho do médico ou do escultor.

Hermes lembra a Zeus que as outras "artes" foram distribuídas de tal modo que "um homem que seja possuidor da arte da medicina é capaz de tratar muitos homens comuns, e o mesmo se dá com os outros ofícios". Hermes perguntou a Zeus se ele devia distribuir a "arte política" a uns poucos eleitos ou a todos. A resposta de Zeus é democrática: "Que cada um tenha seu quinhão" da arte cívica. "Pois as cidades não se poderão formar", explica Zeus, "se apenas uns poucos" possuírem *aidos* e *diké*. É necessário que todos os possuam para que a vida comunitária seja possível. Para reforçar sua lição, Zeus diz também a seu mensageiro: "E torne lei, por mim ordenada, que todo aquele que não possui respeito (*aidos*) e direito (*diké*) deverá morrer a morte de um malfeitor público".

Em seguida Protágoras expõe a moral de seu mito. "É por isso, Sócrates, que as pessoas das cidades, especialmente de Atenas", só ouvem peritos em relação a questões de conhecimento específico, "mas, quando se reúnem para aconselhar-se sobre a arte política" — ou seja, uma questão geral de governo —, "quando devem ser guiados pela justiça e pelo bom senso, permitem, naturalmente, que todos dêem conselhos, já que se afirma que todos devem partilhar dessa excelência, senão os Estados [i.e., as cidades, a *pólis*] não podem existir".[10]

Era essa — para usar um pomposo termo moderno — a ideologia da Atenas de Péricles onde Sócrates foi criado, mas que não foi jamais aceita por ele. O pressuposto era o de que todos os homens possuíam o que Protágoras chamava de "arte política" e, portanto, tinham a capacidade — e o direito — de se autogovernarem. O mito de Protágoras pode ser considerado a fábula fundamental da democracia.

Sócrates não enfrenta o desafio do mito diretamente. Ele poderia argumentar que o mito era uma bela fábula, mas que apenas afirmava e investia da aprovação divina uma proposição que teria de ser provada. Mas seria um tanto embaraçoso para Platão colocar tais palavras na boca de Sócrates, porque o próprio Platão muitas vezes usa mitos para expressar uma posição sua.

A resposta mais franca que Sócrates poderia dar seria argumentar que a arte de governar cidades é uma *téchne* como qualquer outra; que apenas uns poucos a possuem, assim como apenas uns poucos têm o dom da medicina ou o da escultura; e que aqueles que não a possuem — a maioria — devem, para seu próprio bem, submeter-se ao domínio dos que a possuem, em vez de perder tempo manifestando pontos de vista infundados.

Mas dar essa resposta a Protágoras naquele contexto seria apresentar Sócrates muito claramente como apenas um inimigo da democracia ateniense. Assim, Sócrates limita-se a elogiar o mito. Afirma que a fala de Protágoras é "uma bela atuação"[11] e em seguida muda de assunto, como um advogado astuto que dispensa uma testemunha quando vê que o depoimento está enveredando por um caminho perigoso. Desse modo, evita uma discussão efetiva a respeito da democracia e de suas premissas básicas. Em todos os outros diálogos platônicos, jamais surge outra oportunidade, pois a democracia é constantemente denegrida e satirizada, e nunca discutida seriamente. Embora apenas um terço do texto do *Protágoras* tenha transcorrido quando o mito é abandonado, a discussão restante é tomada por uma tentativa tortuosa e infrutífera de definir virtude.

A primeira pergunta que Sócrates faz a Protágoras é se as diversas virtudes são uma só ou várias. Logo enveredamos por uma cansativa investigação acerca da possibilidade de ensinar a virtude, um tópico freqüente em Platão. O diálogo termina, evidentemente, com a vitória de Sócrates. Mas trata-se de uma vitória estranha. Sócrates e Protágoras acabam por trocar de lado. Sócrates começa afirmando que não se pode ensinar a virtude, e termina dizendo que sim. Protágoras, talvez por puro cansaço, também dá uma cambalhota dialética. Termina com o argumento de que não se pode ensinar a virtude — uma posição delicada para um professor profissional. No decorrer da discussão, ambos perderam de vista a questão fundamental — o que é, exatamente, essa "virtude" cuja possibilidade de ser ensinada está em pauta?

O diálogo termina com a derrota de ambos. No final, Protágoras, exausto, chama a atenção para "a confusão extraordinária em que conseguimos transformar toda a questão". Manifesta a esperança de que, em alguma outra ocasião, ele e Sócrates possam retomar toda a discussão, "até chegarmos ao que é a virtude, finalmente".[12] Mas isso jamais acontece.

Protágoras foi apenas a mais eminente vítima do fantástico talento de Sócrates para confundir seus interlocutores e o que está sendo discutido. Ele e Platão muitas vezes conseguem isso apelando para simplificações grosseiras e buscando abstrações absolutas em áreas nas quais só há realidades complexas. Evidentemente, só uns poucos dominam no mais alto grau a arte do estadista, e nem todos aqueles que a dominam a exercem sempre para o bem do público. Evidentemente, apenas muito poucos membros da assembléia ateniense poderiam de fato ser considerados estadistas. Mas a proposta de dar a todos eles o direito de expressão e de voto não se baseia na premissa de que são peritos na arte de governar, e sim numa série de premissas. A primeira delas, formulada por Protágoras e depois por Aristóteles, é que não pode haver uma comunidade, uma cidade, a menos que todos — genericamente falando — tenham aquele mínimo de virtude cívica, de respeito pela opinião pública, e aquele senso de justiça que viabilizam a vida em comunidade. A segunda é a idéia de que se ganha estabilidade social quando os cidadãos sentem que têm alguma influência sobre as decisões que afetam suas vidas e seu bem-estar. O mito de Protágoras constituía a base filosófica do direito de autogoverno. Tais parábolas aparentemente eram bem conhecidas na Atenas do século V a.C., pois Platão faz Sócrates comentar, num trecho do *Protágoras*, que "provavelmente poderíamos ouvir discursos semelhantes da boca de Péricles ou de outros oradores de talento".[13]

O advento da democracia proporcionou outro benefício a Atenas. O poder militar da cidade cresceu, porque os homens livres começaram a lutar com mais dedicação e mais bravura quando passou a ser realmente "deles" a cidade que estavam defendendo e enobrecendo. É essa lição que Heródoto tira de sua história quando explica as vitórias de Atenas contra a Pérsia, mais rica e com exércitos muito mais numerosos. Na primeira metade do século V a.C. Heródoto escreve que os persas eram conduzidos ao campo de batalha a chicotadas, enquanto os gregos — principalmente os atenienses, os que mais lutaram naquela guerra prolongada — combatiam como homens livres. Diz Heródoto: "Assim cresceu o poder de Atenas, e assim fica demonstrado não por um exemplo, mas por muitos, que a igualdade é uma coisa boa; pois que no tempo em que eram governados por déspotas os atenienses não eram melhores guerreiros do que qualquer povo vizinho, porém tão logo se livraram do despotismo tornaram-se de longe os melhores de todos". Sob o despotismo, acrescenta Heródoto, eram acovardados, "como todos os homens que trabalham para um senhor; mas quando se viram livres cada um passou a se esforçar no sentido de fazer o melhor possível por si próprio".[14]

O ponto de vista ateniense é expresso numa passagem eloqüente de Ésquilo, o primeiro e, sob certos aspectos, o maior dos poetas trágicos da cidade — ele próprio ex-combatente na luta vitoriosa contra os exércitos persas em Maratona. O trecho encontra-se em sua peça *Os persas*, encenada pela primeira vez em 472 a.C., três anos antes do nascimento de Sócrates. O prefácio da peça explica que Xerxes, "jovem e impetuoso rei da Pérsia", reuniu um exército poderoso de todos os cantos de seus vastos e populosos domínios "para conquistar toda a Grécia e especialmente para vingar-se de Atenas, em cujas mãos seu pai Dario sofrera uma cruel derrota em Maratona".[15]

No início da peça, estamos em Susa, capital da Pérsia, onde os regentes e a rainha-mãe estão preocupados com a falta de notícias sobre o campo de batalha. Chega um mensageiro, e a rainha-mãe lhe faz uma pergunta fundamental a respeito das forças gregas: "Quem é o pastor que os comanda, como senhor e mestre de seu exército?". Responde o mensageiro: "De homem algum são eles escravos ou súditos".

"Como, então", pergunta a rainha-mãe, "podem tais homens resistir ao ataque de um exército invasor?"

O mensageiro não puxa uma discussão sobre teoria política com a rainha-mãe. Simplesmente recorre aos fatos: "Foram esses os homens que destruíram o exército de Dario, embora fosse este tão numeroso quanto esplêndido". É fácil imaginar o quanto essa passagem não deveria empolgar uma platéia ateniense, sendo tão recente a lembrança das guerras contra os persas.

"Então", reflete a rainha-mãe com tristeza, "os pais e as mães dos soldados que para lá enviamos têm bons motivos para se sentirem apreensivos."[16]

Logo chega um mensageiro com a notícia de que a frota persa foi destruída em Salamina e que o exército persa, recuando em direção à pátria, está sofrendo baixas pesadas.

Para Ésquilo, bem como para os atenienses em geral, não se tratava apenas de uma vitória dos gregos sobre os persas, mas também de homens livres sobre "escravos". Os homens que conquistaram a vitória em Salamina eram engrandecidos e inspirados pela liberdade de expressar o que pensavam e governar a si próprios. Isso é algo que Sócrates, embora ele próprio tivesse se revelado um soldado de grande bravura, jamais reconheceu.

5. A CORAGEM COMO VIRTUDE

A PALAVRA GREGA *ARETE,* que traduzimos como "virtude", aparentemente tinha o sentido original de bravura no campo de batalha, e talvez esteja associada ao nome do deus grego da guerra, Ares, que conhecemos melhor por seu nome romano, Marte. Tanto a palavra grega *arete* quanto o termo equivalente em inglês, *virtue,* têm conotações de machismo, de virilidade. (É esse, na verdade, o significado básico da palavra latina *virtus,* da qual provém o termo inglês *virtue.*) Assim, quando resolve definir virtude, Sócrates entende que a coragem é um de seus componentes fundamentais, e chega à proposição de que a coragem, por ser virtude, também é conhecimento.

Sem dúvida, o conhecimento, em relação às armas e à experiência do campo de batalha, desempenha um papel importante na guerra, que desde o passado mais remoto é considerada o verdadeiro campo de provas da masculinidade e da coragem. Contudo, além da coragem em si, há outros fatores envolvidos no conceito de coragem, e é estranho que Sócrates, que manifestara bravura no campo de batalha e viria a demonstrar uma coragem enorme, ainda que de outro tipo, em seu julgamento, não os levasse em conta.

A coragem se manifesta de muitas formas diferentes. Embora o combate seja seu teste original, há momentos em que recusar-se a lutar e matar é a atitude que mais exige coragem. Sob quaisquer circunstâncias, a coragem é certamente uma virtude. Se tomamos a coragem como teste para a proposição socrática segundo a qual a virtude é conhecimento, logo veremos como é inadequada essa idéia e como empobrece nossa visão da natureza humana. Em sua *Ética a Nicômacos,* Aristóteles contesta "a idéia socrática de que coragem é conhecimento" considerando o caso do soldado profissional. Sua coragem é do tipo que, à primeira vista, parece realmente decorrer do conhecimento. A guerra, diz Aristóteles, "está cheia de alarmes falsos", e o soldado profissional deve se preparar através do treinamento e da experiência para saber avaliar o que constitui o verdadeiro perigo. Diz Aristóteles a respeito dos soldados profissionais: "A experiência os torna mais eficientes em causar perdas ao inimigo" com o mínimo de perigo para si mesmos, porque "eles são bem adestrados no uso das armas" e equipados com o que há de melhor "tanto para o ataque quanto para a defesa". São como "atletas treinados contra amadores".

No entanto, observa Aristóteles, há circunstâncias em que o conhecimento pode abalar a coragem. "Os soldados profissionais acovardam-se quando o perigo" é demasiado grande e eles se vêem "em posição de desvantagem em termos de número e equipamentos." São eles "os primeiros a fugir", observa Aristóteles, "enquanto os soldados-cidadãos permanecem em seus postos e morrem em combate". Isso se dá, conclui ele, porque os cidadãos "julgam vergonhoso fugir, e preferem a morte à segurança".[1] O soldado profissional mercenário chega precipitadamente à conclusão de que a causa está perdida, enquanto o soldado-cidadão — preparado para morrer — às vezes consegue vencer em situações que, para os covardes, são desesperadoras.

Em tais casos, a coragem transcende o conhecimento. Ela tem origem na motivação, na consciência do dever, na dedicação aos camaradas, no patriotismo, na fé em uma causa. Esses fatores pesam mais que o próprio medo da morte, e fazem com que os homens estejam dispostos a morrer por aquilo em que acreditam.

Do mesmo modo como definiu a virtude em geral em termos políticos ou cívicos, Aristóteles definiu a coragem como uma virtude social. "Em primeiro lugar vem a coragem do cidadão", afirma ele, "a que mais se assemelha à verdadeira Coragem." Aristóteles define a verdadeira coragem, de acordo com sua doutrina do justo meio — que poderíamos chamar de via intermediária sensata —, como o ponto médio de prudência entre os dois extremos da covardia e da imprudência. Aristóteles estabelece duas origens para essa coragem cívica. Uma delas é um sistema de recompensas e punições por meio do qual a comunidade molda o indivíduo e lhe incute o hábito da virtude. Assim, os soldados-cidadãos, observa Aristóteles, com seu realismo de sempre, "enfrentam os perigos" não apenas por causa de sua dedicação cívica, mas também "por causa das penas impostas pela lei e das censuras motivadas pela covardia".

Esse medo das "censuras" nos leva a outra fonte da coragem mencionada por Aristóteles. Trata-se da *aidos* — aquele sentimento de vergonha inato —, a preocupação com a imagem que os nossos concidadãos têm de nós. Os soldados-cidadãos, diz Aristóteles, são "instigados pelo sentimento de vergonha e pelo desejo de algo nobre". Aristóteles julga que a motivação e o hábito moldam o caráter do homem, tornando-o virtuoso. Essa visão difere da idéia simplista de Sócrates, para quem a coragem, como parte da virtude, era produto do conhecimento. Não fica muito claro o que ele entendia por conhecimento, mas, no caso da coragem, Sócrates aparentemente se referia à capacidade de determinar o que é de fato perigoso e o que apenas parece sê-lo. A coragem cívica — bem como a coragem verdadeira e integral de qualquer espécie — transcende tais cálculos ignóbeis e utilitaristas.

Aristóteles poderia ter citado o comportamento do próprio Sócrates no tribunal como um argumento contra a definição socrática de coragem. Ele sabia que o perigo era real, mas preferiu a morte à submissão. Aristóteles também compara a bravura das milícias de cidadãos com o comportamento de soldados como os persas, que lutavam por terem medo dos oficiais. Aristóteles diz que os oficiais "os espancam quando recuam" e observa que os comandantes persas mandavam escavar fossos *atrás* de suas próprias tropas para lhes dificultar a fuga![2]

Os atenienses, como os gregos em geral, marchavam ao som de uma música diferente. Suas melodias ufanas reverberam na grande oração fúnebre com que, nas páginas de Tucídides, Péricles homenageia os que tombaram na guerra do Peloponeso. O patriotismo ateniense não encontra eco no Sócrates platônico. A música dos homens livres nada dizia a seus ouvidos. Ouvi-la seria admitir uma ligação entre a coragem marcial que ele admirava e a democracia que ele rejeitava. A única exceção aparente, o *Menexeno* de Platão, revela-se, após um exame mais minucioso, uma sátira à oratória patriótica ateniense, talvez mesmo uma paródia ao próprio discurso de Péricles.

Num diálogo, o *Laques*, Platão faz Sócrates discutir a natureza da coragem — bem como outras questões militares — com dois eminentes generais atenienses, Nícias e Laques. A conversa é divertida, talvez mais divertida do que era a intenção de Platão. O diálogo recebeu, ainda na Antigüidade, o subtítulo "Da coragem", e era qualificado como *maieutikós*, ou seja, "referente ao trabalho da parteira". Sócrates com freqüência compara sua arte com a da parteira — pois seus questionamentos trazem à luz os pensamentos de seus interlocutores. Mas no *Laques*, como em tantos outros diálogos platônicos, sufoca-os um por um à medida que emergem do útero dialético. A parteira parece ser perita em abortos.

O *Laques* começa com uma demonstração da arte de lutar com armaduras pesadas. Dois pais ansiosos têm que decidir se seus filhos devem aprender essa arte e se o homem que está fazendo a demonstração seria um bom professor. Os dois generais e Sócrates estão presentes como consultores, os dois primeiros como peritos nas artes bélicas, o terceiro devido a sua fama de sábio. O diálogo, naturalmente, logo se transforma num espetáculo cujo protagonista único é Sócrates. O professor cujos conhecimentos deveriam ser testados jamais chega a dizer coisa alguma. Os generais atuam simplesmente como coadjuvantes de Sócrates. Constata-se — o que não chega a surpreender — que eles não estão à altura de Sócrates no campo da lógica. O suposto tema em questão, a *hoplomachia* — a luta com armadura pesada —, é quase de saída posto de lado em favor de uma tentativa de definir a coragem, que por sua vez se transforma numa discussão a respeito da virtude genérica. A virtude é definida como conhecimento, e em seguida conclui-se que o que os rapazes realmente precisam para se defender é "o conhecimento do bem e do mal". A discussão é tortuosa, muitas vezes fascinante, mas sempre frustrante. Sócrates termina por confessar que também desconhece as respostas às perguntas que ele próprio colocou. Propõe que todos eles, os generais e os rapazes, bem como o próprio Sócrates, voltem aos bancos escolares e comecem tudo de novo. Assim, o diálogo termina com um risinho de satisfação e um impasse.

Em nenhum trecho do diálogo uma voz ousada levanta a seguinte questão: "Meu caro Sócrates, quando demonstraste tanta bravura nas batalhas de Délio e Potidéia, acaso o fizeste por ter então uma definição satisfatória do que é a coragem? Se não tinhas na época melhor entendimento do que é a coragem do que tens agora, mas mesmo assim agiste corajosamente, seria natural concluir que a coragem não é, afinal de contas, uma forma de conhecimento". Uma voz ainda mais ousada poderia até citar os próprios generais como argumento. Nenhum dos dois sabia definir coragem. Nesse sentido, para Sócrates, eles não tinham conhecimento dela. Contudo, os dois jamais foram acusados de não ter coragem no campo de batalha, nem de não saber distinguir um covarde de um bravo entre os homens por eles comandados. A lógica de Sócrates levava a um beco sem saída. O diálogo é um divertimento saudável para lógicos profissionais, mas frustrante quando entendido em termos práticos, na vida real, na qual todo tipo de trabalho útil é realizado por homens das mais variadas espécies, desde generais a sapateiros, nenhum dos quais saberia definir — pelo menos não de modo a satisfazer Sócrates — nem a coragem que demonstravam nem os sapatos que faziam.

Sócrates era o mestre de uma dialética negativa que conseguia destruir toda e qualquer definição ou proposição que lhe fosse colocada. Raras vezes, porém, formulava ele mesmo uma proposição definida. Essa acusação à negatividade da dialética socrática era levantada com freqüência na época do próprio Sócrates, bem como em épocas posteriores da Antigüidade. Era uma característica não apenas do Sócrates platônico mas também do xenofôntico. Essa acusação é dirigida a Sócrates nas *Memoráveis* pelo sofista Hípias, ele próprio filósofo e professor versátil, a quem se atribui uma importante descoberta no campo da matemática. Em uma de suas muitas visitas a Atenas, Hípias encontra Sócrates discursando sobre um de seus temas favoritos e lhe pergunta, em tom de deboche: "Ainda continua a dizer as mesmas coisas que o ouvi dizer uma vez, muitos anos atrás?".[3] Melindrado, Sócrates o desafia para um debate. Mas Hípias não aceita o desafio, argumentando que Sócrates pratica uma dialética puramente negativa: "Zomba dos outros, questionando e examinando a todos, jamais propondo uma idéia ou opinião sua a respeito de coisa alguma".

Curiosamente, está em Platão o melhor testemunho de que dispomos a respeito da irritação provocada por essa dialética negativa. Já vimos o confronto entre Sócrates e Hípias nas *Memoráveis*, de Xenofonte. Os encontros entre os dois devem ter causado forte impressão nos discípulos de Sócrates, pois existem dois diálogos dedicados a eles no cânon platônico: o *Hípias maior* e o *Hípias menor*. Essas obras por vezes dão a impressão de satirizarem não apenas o sofista, mas também o próprio Sócrates. Como a maioria dos diálogos socráticos, ambos giram em torno de problemas de definição. O tema do *Hípias maior* — "maior" por ser o mais longo dos dois — é a busca de uma definição do belo. A palavra grega em questão é *kalos*, que tem mais significados e ambigüidades do que o termo usado para traduzi-la. Sócrates aproveita ao máximo essas ambigüidades.[4] Ele sugere que Hípias proponha definições para em seguida derrubá-las uma por uma, sem jamais propor ele mesmo nenhuma definição. Comenta H. N. Fowler, o tradutor da edição Loeb, em seu prefácio: "O resultado final é negativo".[5] O sofista fica totalmente impotente, preso nos labirintos inexoráveis da dialética negativa de Sócrates. Mas a vitória é tão esmagadora nesse jogo de cartas marcadas, que se destaca entre tantos outros jogos de cartas marcadas encontrados em Platão, que nossa credulidade chega a ser abalada. A perspectiva é tão unilateral que se aproxima de uma caricatura, e o efeito geral do diálogo é confirmar integralmente a acusação feita por Hípias nas *Memoráveis*, no sentido de que há um negativismo inextirpável em Sócrates. O diálogo nos provoca o desejo de ler um relato do mesmo debate do ponto de vista oposto, de algum discípulo de Hípias.

O outro diálogo, o *Hípias menor* ("menor" apenas por ser mais curto), embora mais geralmente aceito como obra autêntica de Platão do que o *Hípias maior*, vai ainda mais longe no sentido de expor Sócrates a críticas. Seria fácil transformar esse diálogo numa comédia aristofânica. Mais uma vez Hípias é ridicularizado, só que Sócrates acaba se tornando mais ridículo ainda. Admite Fowler no prefácio do *Hípias menor*: "O resultado é quase uma *reductio ad absurdum* do método socrático".[6]

A discussão é iniciada por Sócrates. Ele pede a Hípias que compare os méritos do honrado Aquiles com os do astuto Odisseu. Isso leva a uma comparação entre o homem veraz e o mentiroso. A conclusão, segundo Fowler, "é que aquele que melhor conhece a verdade é o mais capacitado a mentir, e que portanto" — apertem seus cintos de segurança dialéticos! — "o homem veraz é o mais falso". Assim, o que era paradoxo vira gozação.

Sócrates aqui revela-se o mais sofista dos sofistas. Pois como poderia um homem veraz tornar-se falso sem deixar de ser veraz? Platão não dá a Hípias oportunidade de levantar essa questão óbvia. Hípias limita-se a dizer, no final, exausto: "Não posso concordar com você, Sócrates". A grande surpresa do diálogo é a resposta de Sócrates. Diz ele: "Nem eu posso concordar comigo, Hípias". E acrescenta uma confissão melancólica: "Como estive dizendo o tempo todo, em relação a tais ques-tões" — ou seja, suas constantes tentativas de definir as virtudes — "eu me desencaminho, para cima e para baixo, e jamais conservo a mesma opinião".[7] Assim, o próprio Sócrates, ao menos no *Hípias menor*, confessa-se vítima de sua habilidade no manejo da dialética negativa.

A autenticidade do *Hípias maior* é questionada basicamente por esse diálogo não apresentar a graça e a finura de espírito dos melhores diálogos platônicos. As dúvidas a respeito do *Hípias menor*, que é apresentado como uma continuação do outro, são semelhantes. No entanto, o ângulo satírico com que ambos encaram a dialética negativa pode ser encontrado em outros diálogos platônicos, cuja autenticidade não é questionada. O *Mênon* é um exemplo notável. Os antigos lhe deram o subtítulo "Da virtude"; é uma continuação do *Protágoras*, que parte exatamente do ponto em que o outro terminou. Como o leitor deve lembrar, o *Protágoras* termina com uma cambalhota dialética. Protágoras e Sócrates invertem as posições das quais partiram e Sócrates — pelo menos desta vez — assume uma postura positiva. Conclui que, como a virtude é um conhecimento, deve ser possível ensiná-la.

Se a virtude pode ser ensinada, então a educação pode tornar os homens comuns capazes de se autogovernarem. Esse reconhecimento foi uma vitória para Protágoras, enquanto professor e partidário da democracia. Porém lhe é negada a oportunidade de fazer essa inferência no diálogo que leva seu nome.

A continuação toma como título o nome de um jovem e encantador discípulo, um aristocrata da Tessália, região rural e atrasada, onde os proprietários de terras ainda eram a classe dominante e usavam servos para trabalhar em suas propriedades. No *Mênon*, Sócrates começa mais uma vez trocando de posição e negando que seja possível ensinar-se a virtude. Volta à dialética negativa e deixa Mênon completamente confuso. Sócrates, no entanto, faz uma admissão positiva, ainda que frágil: bem no final da discussão, admite que a virtude "não é nem natural nem ensinada", mas vem até nós "por meio de uma dádiva divina".[8]

Mas se a virtude é uma dádiva divina, então ela não deve ser encontrada apenas entre uma minoria de homens sábios e superiores. Essa implicação não é desenvolvida no diálogo, porém está presente. Aparentemente, temos aqui a única passagem no cânon platônico na qual, ainda que rapidamente, se reconhece a idéia de que se pode encontrar virtude entre os homens comuns, inclusive os iletrados e humildes. Mas essa proposição favorece uma posição democrática, e o Sócrates platônico logo a enfraquece por meio de uma ressalva curiosa. Afirma ele que essa dádiva divina é conferida "sem compreensão da parte daqueles que a recebem". Assim, se um homem comum é virtuoso, ele não pode por isso arrogar-se "conhecimento". E o homem "que sabe", como Sócrates já afirmou diversas vezes, é o único que tem o direito de governar.

Mas as inter-relações entre virtude, conhecimento e possibilidade de ensino estão mais obscuras do que nunca quando Sócrates se despede do jovem Mênon. Mênon manifesta a frustração que muitos leitores desse diálogo sentem ainda hoje, apesar de sua beleza. Mênon queixa-se de que "em inúmeras ocasiões tenho proferido incontáveis discursos a respeito da virtude para diversas pessoas — e discursos que, segundo me pareceram, eram muito bons —, porém agora" ele se julga incapaz de aventar "uma única palavra a esse respeito". Mênon diz que antes de conhecer Sócrates já tinha sido advertido em relação a seu negativismo: "Diziam-me que você simplesmente tinha dúvidas e fazia os outros duvidarem também; e assim constato que tudo o que você faz é enfeitiçar-me com seus encantamentos e magias, que me reduziram à total perplexidade".

Mênon chega a fazer um gracejo com seu mestre: "E, se me permite uma brincadeira, julgo que tanto em sua aparência como sob outros aspectos se assemelha muitíssimo à tremelga do mar, que entorpece todo aquele que dela se aproxima e a toca [...] e algo assim fez comigo. Pois em verdade sinto que minha alma e minha língua estão totalmente entorpecidas".[9]

Ao se ler essa encantadora passagem, fica-se a imaginar se ela não seria de algum modo autobiográfica, se o jovem Platão não experimentou por vezes essa mesma frustração em seus primeiros contatos com Sócrates. Seja como for, o gênio de Platão no gênero do drama filosófico transcende a devoção à memória de seu mestre. Essa cena confirma a verossimilhança satírica do *Hípias maior* e do *Hípias menor*.

Devemos fazer mais uma observação, melancólica, a respeito do *Mênon*. O diálogo é situado em Atenas, no ano 402 a.C., três anos antes do julgamento de Sócrates.[10] E Mênon, num toque premonitório e dramático, adverte Sócrates de que sua dialética negativa pode vir a causar-lhe problemas. Diz ele a Sócrates: "Não deve viajar nem afastar-se de sua terra; pois, se se apresentasse dessa forma em qualquer outra cidade, muito provavelmente seria preso como feiticeiro".[11] A palavra grega empregada por Mênon — *goes* — não tem as conotações positivas do termo inglês *wizard* [feiticeiro]. Em grego, o termo designa literalmente um bruxo, e era empregado em sentido figurado para referir-se a malabaristas e trapaceiros. Assim, já no *Mênon* o destino de Sócrates é antevisto.

A acusação contra a dialética negativa de Sócrates é muito comum na Antigüidade tardia. Encontramo-la em Cícero, que estudou filosofia em Atenas três séculos depois do julgamento. Sócrates era um de seus heróis. Mas Cícero, em seu diálogo *Acadêmica*, que aborda a teoria do conhecimento (i.e., o que é o conhecimento, ou epistemologia), registra a opinião de seu amigo Varrão, um dos romanos mais sábios da época. Diz Varrão: "O método de discussão utilizado por Sócrates, em quase todos os diálogos registrados de forma tão diversa e fiel por seus ouvintes, consiste em não afirmar nada de seu, porém em refutar os outros".[12] Cícero concordava. Em seu tratado *Sobre a natureza dos deuses*, ele afirma que Sócrates criou "uma dialética puramente negativa, que se abstém de pronunciar qualquer julgamento positivo".[13]

Santo Agostinho faz uma observação semelhante. Como Cícero, ele não era hostil a Sócrates e a Platão. Pelo contrário, em suas *Confissões* ele afirma que foi levado a Cristo por certos escritos de Platão, "sendo induzido por eles a buscar a verdade incorpórea".[14] Contudo, em sua obra *Contra os acadêmicos* (i.e., os platônicos), santo Agostinho queixa-se de que eles acreditavam "poder defender-se do erro acautelando-se no sentido de não se comprometerem com proposições positivas".[15] Em sua *Cidade de Deus*, Agostinho atribui a origem dessa dialética negativa ao próprio Sócrates e afirma que ela gerou uma extraordinária confusão entre seus seguidores, até mesmo em relação à questão fundamental do que ele entendia por bem supremo, o objetivo final de uma vida virtuosa. Agostinho diz que Sócrates "tinha o hábito de iniciar todas as discussões possíveis e afirmar ou demolir todas as posições possíveis". Então "cada um de seus seguidores assumiu uma de suas posições de modo dogmático e criou seu próprio padrão a respeito do bem conforme julgava melhor".

Como resultado, "eram tão contraditórias as opiniões defendidas pelos socráticos a respeito desse objetivo que, por mais incrível que pareça, em se tratando de discípulos de um único mestre, alguns, como Aristipo, afirmavam que o prazer é o bem supremo, enquanto outros, como Antístenes, afirmavam que a virtude é que o era".[16] Agostinho chega a dizer ter sido essa dialética negativa o que gerou o antagonismo que levou ao julgamento de Sócrates, argumentando que o velho filósofo "costumava ridicularizar e atacar a leviandade dos iletrados". Para Sócrates, observa Agostinho, essa categoria parece incluir não apenas a gente comum, mas também seus líderes e todos os outros mestres rivais.

Santo Agostinho reconhece em Sócrates "um discurso maravilhosamente gracioso e uma inteligência muito refinada e espirituosa". Mas, prossegue ele, "sua prática era no sentido de ou confessar sua ignorância ou ocultar seu conhecimento". O efeito sobre seus interlocutores era frustrá-los ou mesmo irritá-los. "Na verdade", conclui santo Agostinho, "foi por esse motivo que ele criou inimizades, foi condenado por uma acusação falsa e punido com a morte."[17]

Um dos aspectos mais estranhos da personalidade de Sócrates era sua atitude em relação ao ensino, embora durante toda a vida seu trabalho fosse ensinar. Jamais praticou outro tipo de trabalho. Ele aparentemente vivia com uma pequena renda que lhe fora deixada por seu pai, que ora é identificado como escultor, ora como canteiro — a distinção entre artista e artesão não era nítida na Antigüidade. Sócrates era um professor itinerante, tanto quanto os sofistas que ele e Platão estão constantemente denegrindo. Enquanto os sofistas viajam pelas cidades da Grécia, ele passava o tempo nos ginásios e colunatas de Atenas, conversando sobre filosofia com quem quisesse ouvi-lo.

Era um personagem conhecido na cidade, um filósofo local. Os poetas cômicos faziam-no alvo de piadas no teatro, e chegavam a dedicar comédias inteiras a suas excentricidades como professor. A mais famosa delas, e a única que chegou até nós, é *As nuvens* de Aristófanes, em que Sócrates aparece como diretor de uma escola. Aristófanes inventou uma palavra cômica para designá-la: chama-a de "pensatório", *phrontisterion* — adaptada do verbo grego *phrontizein*, "pensar". Em pouco tempo, Sócrates estava atraindo discípulos de toda a Grécia, e muitas escolas filosóficas diferentes passaram a afirmar que derivavam de seus ensinamentos.

Sócrates, porém, nega repetidamente que seja professor. Sente prazer em confundir todo aquele que afirma ser professor. Quanto mais famoso o indivíduo, mais prazer sente em confundi-lo.

Ele exorta seus concidadãos à virtude, mas afirma que é impossível ensinar virtude. Identifica a virtude com o conhecimento, mas insiste que esse conhecimento é inatingível e não pode ser ensinado. Para completar, após fazer seus interlocutores se sentirem incapazes e ignorantes, Sócrates confessa que ele próprio nada sabe. Essa humildade absoluta começa a parecer uma forma de orgulho. Ser informado de que se sabe menos do que um homem que afirma de bom grado nada saber é o máximo em matéria de insulto. De todos os paradoxos de Sócrates, a pretensão de não ser professor parece a mais paradoxal. Naturalmente, não podemos saber o que Sócrates tinha em mente. Mas, com base nas circunstâncias, podemos inferir os prováveis motivos pelos quais ele preferia negar ser professor e insistir que nem a virtude nem o conhecimento eram passíveis de ser ensinados. Podemos propor três motivos possíveis. Um é político; outro, filosófico; outro, pessoal. Os três convergem e se reforçam mutuamente.

O motivo político tem a ver com sua visão antidemocrática. A doutrina socrática segundo a qual "aquele que sabe" deve mandar e os outros devem obedecer seria abalada se o conhecimento e a virtude pudessem ser ensinados. A razão filosófica está ligada à busca de certezas absolutas — definições absolutas da virtude e do conhecimento —, o que levava Sócrates a constatar repetidamente que tais metas eram inatingíveis.

O motivo pessoal talvez seja o fato de que os dois mais famosos alunos de Sócrates — o futuro ditador Crítias e Alcibíades, homem brilhante porém irresponsável — acabaram se saindo mal, sendo muito prejudiciais a Atenas. Suas carreiras poderiam ser citadas como prova de que, como professor de virtude, Sócrates era um fracasso. Negar que fosse professor era uma maneira de se esquivar da responsabilidade por essas duas carreiras deploráveis. Se a virtude era um conhecimento e o verdadeiro conhecimento era impossível de ser alcançado e ensinado, então ninguém podia pôr a culpa em Sócrates por dois de seus alunos mais promissores se saírem tão mal.

Não se trata apenas de uma hipótese. Essa idéia é confirmada nas *Memoráveis*, nas quais Xenofonte afirma que "o acusador" disse que "entre os discípulos de Sócrates contavam-se Crítias e Alcibíades, e ninguém causou tantos males ao Estado quanto eles". O acusador disse que "durante o período da oligarquia" dos Trinta, Crítias era "o mais cúpido, o mais violento e o mais sanguinário", ao passo que, no período de democracia, Alcibíades era "o mais intemperante e insolente".[18]

Xenofonte concorda com as críticas a Crítias e a Alcibíades. "Longe de mim", escreve ele, "o propósito de justificar o mal que esses dois homens porventura tenham feito ao Estado." A ambição, prossegue o autor, "era para eles a própria vida: jamais houve ateniense igual. Ansiavam por tudo controlar e não ter rival (em termos de fama)".[19] Mas Xenofonte argumenta que Sócrates não tinha culpa do mau comportamento dos dois: "Sabiam que Sócrates vivia com muito pouco, e no entanto era de todo independente" e "estritamente moderado em todas as suas paixões". Seu bom exemplo, porém, de nada adiantou. Sua simplicidade de vida não os atraía. "Se os céus lhes concedessem escolher viver tal como viam Sócrates viver ou então morrer", diz Xenofonte, "eles teriam preferido a morte."

Se virtude é conhecimento, conforme Sócrates ensinava, então Crítias e Alcibíades deveriam ser virtuosíssimos, pois eram dos mais brilhantes e versáteis atenienses da época. A falta de virtude que os caracterizava não decorria da ignorância, mas de seu caráter. Era essa a opinião que predominava na Grécia, tanto antes quanto depois de Sócrates. A mais antiga manifestação dessa idéia de que se tem notícia é um famoso fragmento do filósofo pré-socrático Heráclito: "O caráter do homem é seu destino" (*ethos anthropou daimon*). Essa intuição fulminante é a base da tragédia grega. Tanto Crítias quanto Alcibíades eram figuras trágicas, condenadas por defeitos de caráter. O próprio termo e o próprio conceito de "ética" tiveram origem na palavra grega *ethos*, cujo sentido é "caráter". Os dois grandes tratados de Aristóteles sobre a moralidade eram chamados *ethica*, e é deles que deriva o termo "ética". Mas havia um corolário oculto. Se a virtude derivava do caráter e não do conhecimento, então era algo que se podia encontrar nos humildes e faltar nos grandes.

Xenofonte afirma que era a capacidade de argumentação de Sócrates o que atraía Crítias e Alcibíades: "Ele era capaz de fazer o que quisesse com qualquer interlocutor". As carreiras que escolheram posteriormente "traíram seu intento" ao se tornarem discípulos de Sócrates, pois "tão logo se julgaram superiores aos seus condiscípulos, abandonaram Sócrates para abraçar a política: fora para este fim que se ligaram a ele".[20]

Mas a defesa de Xenofonte não refuta uma parte vital da acusação. Num trecho anterior das *Memoráveis*, como já vimos, "o acusador" afirmava que os ensinamentos antidemocráticos de Sócrates fizeram com que os jovens "menosprezassem a Constituição em vigor e se tornassem violentos".

Não dispomos de provas de que Sócrates tenha defendido a derrubada da democracia pela força. Não há por que questionar a afirmação de Xenofonte segundo a qual Sócrates preferia a persuasão à violência. Mas Xenofonte não responde ao argumento de que o desdém que Sócrates manifestava pela democracia ateniense e por medidas igualitárias como a eleição por sorteio fez com que seus discípulos "menosprezassem a Constituição em vigor e se tornassem violentos".[21]

O desprezo pela democracia e pela gente comum é um tema recorrente tanto no discurso do Sócrates xenofôntico quanto no do platônico. Era possível encarar essa atitude como uma justificativa ou mesmo um incentivo para que homens sequiosos de poder derrubassem a democracia, tal como Crítias fizera, ou a manipulassem cinicamente, como Alcibíades fazia com freqüência em sua disputa pelo poder.

A ditadura dos Trinta — termo que designa a oligarquia que substituiu a assembléia em 404 — foi estabelecida em conluio com os espartanos, que haviam derrotado os atenienses na guerra do Peloponeso. Entre os aristocratas descontentes que serviram como instrumento dos espartanos vencedores estavam Crítias e Cármides. Xenofonte não menciona o fato de que ambos eram parentes de Platão, aquele seu primo-irmão, este seu tio. Ambos são retratados de modo altamente favorável nos diálogos platônicos, como amigos de Sócrates. Cármides, no diálogo que recebe seu nome, é apresentado como um jovem de rara beleza, intelectualmente promissor, a quem Sócrates interroga a respeito da virtude. Crítias aparece como participante respeitado em nada menos que quatro dos diálogos, e seu nome e sua família são homenageados no fragmento sobrevivente de outro diálogo, intitulado *Crítias*. Mas, exceto uma única passagem curta e reprovadora da *Sétima carta* (cuja autenticidade é duvidosa), Platão jamais faz referência a esse episódio sangrento e doloroso da história de Atenas, e em nenhum lugar em sua obra — nem mesmo na *Sétima carta* — o nome de Crítias é associado aos horrores da época. No entanto, o episódio ainda era uma lembrança recente e amarga quando Sócrates foi a julgamento, quatro anos após a restauração da democracia.

Alcibíades, a quem Sócrates tanto amava, constituía uma prova viva de que sua proposição favorita era falsa. Pois Alcibíades possuía conhecimentos em abundância, em todos os sentidos comuns do termo. Mas ninguém — nem mesmo Sócrates — jamais afirmou que Alcibíades fosse modelo de virtude.

Alcibíades explodiu nos céus de Atenas como um meteoro. Era homem brilhante e belo, dotado de muitos talentos, um general de gênio, imbatível no discurso político e filosófico, um aristocrata idolatrado pelo *dêmos*, e seu fascínio erótico era irresistível — no mundo bissexual da Antigüidade — tanto para as mulheres quanto para os homens. (Parece que Sócrates foi o único a resistir aos encantos sensuais de Alcibíades, a julgar pelo depoimento melancólico deste no *Banquete* de Platão, a respeito da noite austera e casta que passou debaixo de um cobertor com Sócrates.) O *dêmos* ateniense era fascinado por Alcibíades, e repetidas vezes apelou para ele em momentos cruciais como sua última esperança. Mas jamais confiou nele.

Na iniciativa mais ousada da guerra do Peloponeso, o ataque naval a Siracusa, a democracia escolheu Alcibíades como comandante, porém não lhe confiou a autoridade integral. O comando foi dividido entre ele e Nícias, homem de visão estreita e cheio de superstições; e dessa forma o fracasso da missão foi inevitável. Com medo de um eclipse lunar, Nícias recusou-se a atacar Siracusa num momento em que ainda teria sido possível tomá-la despreparada. Sua hesitação terminou numa derrota desastrosa para Atenas.

Nesse ínterim, antes que a expedição naval chegasse a Siracusa, Alcibíades foi chamado de volta a Atenas, em outra demonstração de falta de confiança nele por parte do povo. Ele foi acusado — talvez devido a uma intriga criada por aristocratas rivais — de ter profanado os mistérios sagrados de Atenas durante uma orgia. Em vez de voltar e submeter-se a julgamento, Alcibíades resolveu fugir, refugiando-se não num território neutro, mas junto aos inimigos de sua cidade, colocando sua experiência militar à disposição dos espartanos.

Alcibíades possuía todos os dons que os deuses podiam conceder, até mesmo a amizade entusiástica de Sócrates, menos um: caráter. Sua vida parece ter sido feita de encomenda para Shakespeare, e é de estranhar que este, sendo um autor que tanto utilizou Plutarco, não tenha transformado a fascinante *Vida de Alcibíades* em mais uma de suas tragédias. Esse herói imperfeito morreu no exílio, lutando — nu, cercado de inimigos, porém corajoso, de espada em punho — após ter sido apanhado em uma emboscada, por um bando de assassinos, no leito de uma mulher. Segundo Plutarco, o assassinato foi tramado por seu velho rival, Crítias. Ainda líder dos Trinta na época, Crítias temia que o *dêmos* ateniense, que ele havia expulsado da cidade, mais uma vez apelasse a Alcibíades para que o ajudasse a derrubar a odiada ditadura. O próprio Crítias morreu pouco depois, juntamente com Cármides, lutando contra a aliança entre democratas e moderados que retomou a cidade.

Esse terrível assassinato de um discípulo de Sócrates — o que o mestre mais amava — cometido por outro, numa luta renhida pelo poder, jamais é mencionado por Xenofonte ou Platão, pois certamente empanaria a imagem luminosa de Sócrates transmitida por esses autores. Mas custa crer que o crime não tenha ensombrecido os últimos anos de vida do velho mestre.

A idéia socrática de que virtude é conhecimento tem um corolário famoso: a idéia de que ninguém faz o mal voluntariamente. Como dizemos, as pessoas fazem o mal "porque não sabem o que estão fazendo". Sem dúvida, por vezes é verdade. Mas só mesmo um indivíduo que se encontre num ponto muito baixo da escala da humanidade não saberá a diferença entre bem e mal, e só mesmo um que esteja muito desesperado esquecerá essa diferença.

Os crimes de Crítias contra a cidade não podiam ser atribuídos nem à falta de conhecimento nem ao desespero. Esse aristocrata era homem tão bem-dotado quanto Alcibíades. A vida e a propriedade em Atenas nunca foram tão ameaçadas quanto durante o tempo em que ele esteve no poder. Seu desempenho político obscureceu suas qualidades. Crítias era poeta e dramaturgo, um mestre da prosa ática. Um fato talvez dê idéia da reputação que ele poderia ter agora se não fosse sua incursão sangrenta na política. Muitos séculos depois, um famoso retórico ateniense, Herodes Ático, tornou-se professor de grego de Marco Aurélio, o único filósofo entre todos os imperadores romanos, o único rei-filósofo autêntico em toda a história. Herodes admirava o puro estilo ático de Crítias, e é bem possível que tenha utilizado seus escritos ao ensinar o imperador romano a escrever grego segundo os cânones atenienses clássicos. Assim, as nobres *Meditações* de Marco Aurélio — que foram escritas em grego, não em latim —, as quais até hoje nos elevam e consolam nos momentos de adversidade, talvez devam parte de sua beleza de estilo ao modelo do odiado ditador ateniense.

Há uma diferença fundamental entre a carreira de Alcibíades e a de Crítias. Em alguns momentos de sua trajetória conturbada, Alcibíades foi líder democrata. Crítias foi sempre um implacável inimigo da democracia. Foi o primeiro Robespierre. Seus crimes foram fruto de uma lógica cruel e desumana, porém coerente. Estava decidido a refazer a cidade segundo seus parâmetros antidemocráticos, qualquer que fosse o preço em vidas humanas. Em certo sentido — por mais que o próprio Sócrates discordasse —, Crítias poderia perfeitamente afirmar que estava apenas tentando pôr em prática a doutrina socrática segundo a qual "aquele que sabe" deve governar, enquanto os outros devem obedecer. Essa fórmula era por si só um convite à tomada do poder por ideólogos decididos como Crítias, convictos de que o fim que eles buscavam justificava os meios necessários para atingi-lo.

6. UMA BUSCA INÚTIL: SÓCRATES E AS DEFINIÇÕES ABSOLUTAS

PARA SÓCRATES, quando não se podia definir uma coisa de modo absolutamente abrangente e invariável, então não se sabia o que essa coisa era. Tudo que não fosse uma definição absoluta era por ele considerada *doxa*, ou simples opinião, em oposição ao verdadeiro conhecimento, por ele denominado *episteme*. Esse último termo é com freqüência traduzido como "ciência ou conhecimento científico". Mas essa tradução é enganosa. A *episteme* socrática não é a ciência que conhecemos, nem a que Aristóteles estabeleceu — a paciente observação e compilação de dados específicos, juntamente com a organização desses dados de modo a formar sistemas gerais de conhecimento. Para Sócrates, era apenas definição, a definição absoluta.

Aristóteles reconhecia que Sócrates inaugurara a questão da definição; considerava que fora essa a maior contribuição de Sócrates à filosofia. Na *Metafísica*, Aristóteles afirma que "Sócrates, deixando de lado o universo físico e restringindo seu estudo às coisas morais, nesse âmbito buscou o universal *e pela primeira vez aplicou o pensamento às definições*".[1]

Essa ênfase nas definições, porém, por vezes levava Sócrates ao contra-senso, e com freqüência fazia-o chegar a afirmações absurdas. As definições são importantes para livrar a argumentação das ambigüidades, para deixar claro qual a questão que está sendo discutida, de modo que se evite a situação em que quase sempre se cai, na qual cada um está, na verdade, falando de coisas diferentes. A ênfase na definição também foi importante para o desenvolvimento da lógica, pois boa parte da lógica consiste em inferências feitas a partir de definições gerais.

No contexto do desenvolvimento da filosofia grega, a busca socrática da definição absoluta e imutável pode também ser encarada como uma reação à visão de mundo defendida pelo grande filósofo pré-socrático Heráclito, cujo tema era a mudança perpétua e inexorável. Heráclito observou que todas as coisas mudam e que — como ele disse — é impossível entrar duas vezes no mesmo rio.

Trata-se de uma observação profunda, que constituiu uma contribuição importante à filosofia. Mas, assim como outras grandes verdades, ela podia ser utilizada de modo a se tirarem conclusões exageradas. Heráclito era um místico e gostava de afirmar a identidade dos opostos. O caminho para cima e o caminho para baixo, disse ele uma vez, são o mesmo. No entanto, ele não levou em conta essa doutrina ao afirmar a idéia da perpétua mudança. De acordo com sua doutrina da identidade dos opostos, ela é ao mesmo tempo verdadeira e falsa. Tudo muda, num certo sentido, mas em outro muitas vezes permanece o mesmo.

Vivemos em meio a mistérios. Um deles é o mistério da mudança. O outro é o da identidade. Ambos são realidades, porém realidades inseparáveis. Os rios constantemente mudam e nunca são exatamente os mesmos. A água que neles passa está sempre fluindo e mudando. As margens e os leitos estão constantemente mudando, sob o impacto das enchentes e secas. Trata-se de fatos observáveis e inegáveis. Mas num outro sentido — apesar dessas mudanças — os rios possuem uma identidade duradoura e inconfundível. O Amazonas, o Mississipi, o Danúbio e o Ganges existem há milênios, mais ou menos no mesmo lugar, seguindo mais ou menos o mesmo curso, e permanecem claramente reconhecíveis, apesar das mudanças constantes.

Analogamente, a criança e o homem são diferentes, mas há traços específicos que persistem e são reconhecíveis. Todo ser humano está constantemente mudando, perdendo células velhas e ganhando novas, constantemente crescendo e envelhecendo. Às vezes é difícil identificar um velho amigo, porém decerto ele ainda possui traços reconhecíveis, os quais percebemos ao examiná-lo mais detidamente. A mudança é uma constante, mas a identidade também é. A verdade integral só pode ser apreendida quando ambas são levadas em conta. É essa a inspiração bá-

95

sica da dialética hegeliana, que buscava reconciliar os opostos numa síntese mais elevada. Essa idéia também se manifesta no que o filósofo Morris R. Cohen, do City College de Nova York, denominava "princípio de polaridade". Ignorar um dos pólos de um problema implica não captar a realidade integral.

Para Sócrates e para Platão, a busca de definições tornou-se a busca de uma "realidade" imutável, invariável, eterna e absoluta, por trás, acima e além desse universo heraclitiano de fluxo constante e contradições inextricáveis. A história dessa busca é a história da filosofia em ponto pequeno. Vemo-nos voltar, como se presos num labirinto metafísico, em cada século sucessivo, ainda que numa espiral de sofisticação e complexidade crescentes, ao mesmo punhado de soluções básicas desenvolvidas pelos filósofos da Grécia antiga.

A busca socrática de definições veio desempenhar um papel central nessa discussão incessante. Mas levou seus discípulos a seguir em duas direções radicalmente opostas. Uma delas foi adotada por Platão, a outra por Antístenes. Ambos partiram da constatação de que seu mestre jamais conseguira chegar às definições que buscava, como ele próprio admitia. Encontraram, porém, soluções fundamentalmente diferentes para saírem desse dilema. Essas direções opostas vêm caracterizando a filosofia desde então.

Uma das direções leva a um ceticismo completo, à negação da possibilidade do conhecimento. A outra — a de Platão — leva à criação de outro mundo, muito acima deste nosso, um mundo de "idéias" eternas e imutáveis, que é então tomado como o mundo real. Esse mundo real de Platão era repleto de objetos irreais, dotados, portanto, de uma natureza eterna e imutável muito tranqüilizadora. Platão buscou refúgio nesse paraíso metafísico.

Platão representa a quintessência do conservadorismo. Mais do que qualquer outra coisa, ele temia a mudança, e sua filosofia tentou encontrar um modo de fugir a ela. No decorrer dessa busca, ele construiu uma maravilhosa estrutura de pensamento, que é um prazer explorar. Mas essa estrutura está também cheia de jogos de palavras, contradições, incursões na teologia, êxtases místicos e encantadores absurdos, como as gárgulas que nos fitam dos cantos escuros de uma imensa catedral medieval.

Talvez o primeiro a atacar a teoria das Idéias ou Formas, que é o centro do pensamento de Platão, tenha sido o sofista Antifonte. As Formas platônicas são, naturalmente, personificações de conceitos universais, em oposição aos objetos específicos que os representam. Através de sua teoria das Formas, Platão foi o primeiro a chamar a atenção para a questão dos "universais", para usar o termo empregado posteriormente. Mas Platão levou sua idéia às últimas conseqüências, chegando às raias do absurdo, pois afirmava — como observou Aristóteles — que os objetos específicos só existem por "participação" em relação às Formas ou às Idéias.[2] Apenas as Idéias eram, para Platão, "reais". Os objetos específicos não passavam de reflexos mutáveis e evanescentes delas.

Para colocar essa idéia em termos concretos: a cama em que se dorme é "irreal". A Idéia da cama, que existe eternamente em algum empíreo longínquo, é a verdadeira realidade. Antifonte deu uma vez uma boa resposta a essa argumentação. Num fragmento de uma obra perdida, *Sobre a verdade*, ele observa que, se enterramos uma cama de madeira na terra e a deixamos apodrecer, dali brotará algum dia não uma cama, mas uma árvore. Em outras palavras, o material de que é feita a cama é anterior à forma ou à idéia. A madeira se regeneraria. Mas teria que surgir um novo artesão em uma nova geração de seres humanos para que essa madeira fosse transformada em uma nova cama. Dentro dessa perspectiva, o conceito universal, a Idéia da cama, vive apenas enquanto sombra metafísica do particular. Assim, Antifonte, com essa observação materialista de senso comum, vira de cabeça para baixo o universo platônico — ou melhor, vira-o de cabeça para cima. Foi a esse fascinante atoleiro metafísico que Sócrates levou os discípulos com sua busca de definições absolutas.

Sócrates levou a busca das definições ao absurdo. Há trechos dos diálogos platônicos que parecem ter sido extraídos de alguma comédia perdida de Aristófanes. Um deles encontra-se no *Teeteto*; nele, Sócrates, examinando o problema do conhecimento, discorre sobre o trabalho do sapateiro. Outro encontra-se no *Fedro*: nele, em meio a uma busca semelhante, Sócrates trata do comércio de cavalos.

Em ambos os diálogos, Sócrates dá início à argumentação com a afirmação óbvia de que não se pode fazer um sapato sem saber o que é um sapato, ou de que não se pode comerciar cavalos sem saber o que é um cavalo. Mas para saber o que *é* um sapato ou um cavalo, para poder fazer um sapato ou comerciar um cavalo, será mesmo necessário, segundo os padrões inatingíveis da lógica socrática, formular uma definição absoluta e perfeita de "sapato" ou "cavalo"? É necessário que o sapateiro ou o comerciante de cavalos sejam doutores em metafísica? Sócrates exige não apenas definições perfeitas de "cavalo" e "sapato" mas também — o que é mais difícil ainda — uma definição perfeita de conhecimento. Assim Sócrates coloca a questão para Teeteto, talvez o mais aparvalhado de todos os interlocutores submissos de Sócrates que há no cânon platônico:

> SÓCRATES: Então ele [o sapateiro] não entende do conhecimento de cavalos se não conhece o conhecimento.
> TEETETO: Não.
> SÓCRATES: Então aquele que ignora o conhecimento não entende da arte do sapateiro nem de qualquer outra.
> TEETETO: É verdade.[3]

Qualquer ateniense esperto poderia ter levantado uma objeção óbvia a essa tolice estratosférica: um sapateiro não precisa ser filósofo, e um filósofo não é necessariamente um bom sapateiro. Na verdade, o freguês que levava um pedaço de couro ao sapateiro não estava interessado — como diria um filósofo — em universais, mas em particulares. Ele queria um par de sapatos que se adequasse a seus pés em particular, e não uma definição metafisicamente perfeita de "sapato". Para ele, como para nós, o pé direito não era igual ao esquerdo. Assim, nem mesmo dois sapatos de um mesmo par seriam idênticos, por mais perfeita que fosse a definição de "sapato". E o freguês queria que seu par de sapatos fosse feito de modo a aproveitar ao máximo o pedaço de couro específico que ele havia escolhido. Mais uma vez, o "particular" era mais importante do que o "universal". Sob um aspecto fundamental, o sapateiro leva vantagem em relação ao filósofo. O sapateiro *sabe* fazer um sapato. Mas o filósofo continua não sabendo formular uma definição absolutamente perfeita, nem de "sapato" nem de "conhecimento". Levando-se em conta seus ofícios respectivos, o sapateiro é nitidamente melhor artesão do que o metafísico. O mesmo se aplica à discussão a respeito do comércio de cavalos. No *Fedro*, Sócrates comenta que absurdo seria "se eu o instigasse a comprar um cavalo para lutar contra os invasores, e nem eu nem você soubéssemos o que é um cavalo [...]".[4] Quem ouvisse essa conversa pelo meio poderia perfeitamente interrompê-la nesse ponto para dizer que, se nem Sócrates nem Fedro sabiam o que era um cavalo, então seu Q.I. era claramente baixo demais para que eles tivessem qualquer serventia no exército.

Como no caso da arte do sapateiro, a arte de comerciar cavalos está nos particulares e não nos universais. A primeira coisa que um vendedor de cavalos perguntaria ao freguês seria que *tipo* de cavalo ele quer. Para a guerra? Para corridas? Para trabalho pesado na fazenda? Ou um vistoso cavalo para puxar a carruagem num passeio? Por sua vez, o comprador astuto examinaria com cuidado os dentes do cavalo, suas patas, seus cascos, antes de fechar o negócio. Estaria pressuposto que o freguês não era um idiota capaz de tomar uma zebra ou um burro por cavalo. A partir dessa posição de senso comum, as profundezas da metafísica parecem baboseiras colossais. Todo mundo sabe o que é um cavalo — isto é, todo mundo, menos o filósofo.

No entanto, esse tipo de analogia falsa e confusão semântica era empregado por Sócrates e seus discípulos para ridicularizar a democracia. Essas analogias tinham implicações antipolíticas. Se mesmo profissões humildes como a arte do sapateiro e a do comerciante de cavalos não podiam ser desempenhadas corretamente sem definições inatingíveis, como se podia querer que homens comuns praticassem a arte muito mais complexa de governar cidades?

Cada discípulo de Sócrates extraiu conclusões diferentes, e diferentes sistemas filosóficos, das ambigüidades do mestre. Mas todos, sem exceção, tiraram conclusões contrárias à democracia. Se fossem levados a sério, eles teriam posto fim à vida da cidade.

O mais velho discípulo de Sócrates, Antístenes, foi o primeiro dos cínicos. Ele rejeitava a sociedade humana e suas convenções. A busca socrática das definições perfeitas levou Antístenes ao ceticismo. Ele talvez tenha sido o primeiro defensor da posição que recebeu, na Idade Média, o rótulo de nominalismo — a idéia de que os conceitos universais, enquanto definições ou categorias gerais, não passam de nomes, produtos da mente, e não realidades. Mas em termos políticos Antístenes estava totalmente de acordo com Sócrates: a democracia só lhes inspirava desdém. Em sua obra *Vidas dos filósofos*, Diógenes Laércio afirma que Antístenes "costumava recomendar aos atenienses que decidissem por voto que os burros são cavalos".[5] Essa sátira à idéia de governar uma cidade por meio do voto majoritário era, pelo visto, um lugar-comum entre os socráticos. Uma variante dela aparece no *Fedro*, de Platão. O próprio Sócrates faz uma piada sobre o tema. O trecho que transcrevemos acima, a respeito da impossibilidade de se comprar um cavalo sem se saber o que é um cavalo, tem prosseguimento com a seguinte observação irônica: "Contudo, eu só sabia a seu respeito que Fedro julga que o cavalo é um dos animais domésticos que tem as orelhas mais compridas".* Fedro — que não é *tão* bobo assim — interrompe Sócrates e diz: "Isto seria ridículo, Sócrates". Mas Sócrates ainda não terminou seu gracejo. Prossegue ele, tão cínico quanto Antístenes:

---

* Levando-se em conta que vivemos na era do automóvel, creio que cabe neste ponto explicar que é o burro, e não o cavalo, que tem orelhas mais compridas.

SÓCRATES: [...] mas se eu tentasse persuadi-lo com toda a seriedade, compondo um discurso em louvor ao asno, que eu denominaria cavalo, dizendo que esse animal era da maior utilidade, quer no lar, quer na guerra, que era possível usá-lo como montaria em batalha, e que ele era capaz de carregar bagagens e servia sob mil outros aspectos...

FEDRO: Isso seria mais ridículo ainda.

Sem dúvida. Um burro não é um cavalo. Mas é difícil imaginar um camponês estúpido a ponto de tomar um burro por cavalo, por mais eloqüente que seja o vendedor, ainda que o próprio Sócrates fosse o vendedor. Mas Sócrates utiliza essa analogia simplista para atacar a assembléia ateniense e seus oradores:

SÓCRATES: Então, quando o orador que não sabe o que são o bem e o mal resolve persuadir um Estado igualmente ignorante, não louvando uma "sombra de burro" chamando-a cavalo, mas louvando o mal chamando-o bem, e, tendo examinado as opiniões da multidão, persuadindo-a a fazer o mal ao invés do bem, que colheita imagina que sua oratória obterá doravante das sementes que ele plantou?

FEDRO: Uma colheita não muito boa.[6]

Correto, mais uma vez. Mas a assembléia e a "multidão" — palavra com conotações pejorativas nos diálogos de Platão — devem levar em conta muitas questões que pouco têm a ver com problemas simples de bem e mal: questões prosaicas a respeito da administração da cidade e por vezes questões cruciais em que mesmo os filósofos — ou, talvez, especialmente os filósofos — teriam dificuldade em distinguir o claramente bom do claramente mau. De fato, por vezes mesmo os teólogos discordam a respeito da vontade de Deus. A minoria, tal como a maioria, muitas vezes tropeça na penumbra das complexidades da vida. As questões humanas não podem encontrar mestres perfeitos, nem esperar por soluções perfeitas.

Essas homilias socráticas, que parecem tão profundas aos desavisados e acríticos, descambam com facilidade para o ridículo. Sua intenção é ridicularizar a democracia, mas muitas vezes são Sócrates e Platão que se tornam ridículos. Isso lembra uma reflexão sarcástica do filósofo inglês Hobbes, no *Leviatã*. Em sua nobre linguagem seiscentista, Hobbes afirma que "o privilégio do absurdo" é algo a que "ser vivo algum, senão o homem, está sujeito", e acrescenta, irônico: "E, dentre os homens, os que mais a ele estão sujeitos são os que professam a filosofia".* Hobbes comenta que "nada há de tão absurdo que não se possa encontrar nos livros de filosofia".[7] E na página seguinte Hobbes critica aqueles que afirmam que "a natureza de uma coisa é sua definição". Isso cai como uma luva em Sócrates. Entre os exemplos de absurdos filosóficos por ele apresentados, Hobbes inclui a idéia "de que há coisas universais". O alvo aqui é claramente a posição dos platônicos, que não apenas transformavam em "coisas" os conceitos universais, as Idéias ou Formas, como também afirmavam que tais coisas não eram meras ficções úteis criadas para fins de análise e classificação, e sim as únicas coisas verdadeiramente "reais". Assim, os platônicos, em suas sublimes meditações celestiais, viraram de cabeça para baixo o sentido comum das palavras que manipulavam e fizeram uso disso para combater a democracia.

A teoria das Formas de Platão foi desenvolvida a partir da busca socrática de definições absolutas. Mas o próprio Sócrates — segundo Aristóteles — "não separava os universais dos particulares" e "tinha razão em não separá-los".[8]

Não obstante, foi Sócrates quem deu início à busca metafísica que Platão levou mais adiante. As Formas foram por ele co-

---

* Encontrei essa citação num ensaio delicioso intitulado "Nonsens", de A. C. Baier, na *Encyclopaedia of philosophy*, organizada por Paul Edwards (Nova York, Macmillan, 1967).

locadas como substitutas das definições que Sócrates jamais encontrou.

A longevidade, complexidade e insolubilidade essencial da tarefa inaugurada por Sócrates podem ser compreendidas se examinarmos por um momento o verbete "definição" da *Encyclopaedia of philosophy*.

Esse texto demonstra que, após mais de dois milênios de intensas disputas e análises recônditas, os filósofos ainda não conseguiram entrar em acordo a respeito do que seja uma definição, muito menos determinar se alguma definição perfeita pode ser formulada.* Essa súmula magistral é o antídoto perfeito para aquele "efeito entorpecente" do qual o pobre Mênon se queixa após enfrentar a dialética negativa de Sócrates — a facilidade com que ele demole as definições propostas por todos, sem jamais propor nenhuma. O verbete assinala que "problemas de definição surgem constantemente nas discussões filosóficas", mas "não há problemas de conhecimento mais longe de uma solução do que os de definição". Assim, 2 mil anos depois, nossos "sofistas" modernos ainda ficam tão desconcertados com essas questões de definição quanto ficavam os personagens dos diálogos de Platão.

O problema não é apenas o fato de que todas as coisas estão constantemente mudando, tornando impossível uma definição absoluta, mas também o de que — como todo juiz sabe — as circunstâncias podem não apenas modificar a situação como também questionar a aplicabilidade de princípios que normalmente parecem inabaláveis.

É o que se dá em relação ao tema favorito de Sócrates — a definição de virtude. Sócrates certamente concordaria que dizer

---

* O verbete, assinado por Raziel Abelson, um dos mais longos da enciclopédia, ocupa vinte colunas. Recomenda-se sua leitura a todo aquele que estiver disposto a mergulhar nos diálogos de Platão.

a verdade é inquestionavelmente fundamental para a virtude: o mentiroso não é virtuoso. Mas será que isso se dá em todos os casos? Será que as circunstâncias jamais alteram nem mesmo essa proposição básica? Imaginemos que temos um amigo morrendo num hospital e que ele não sabe por que sua querida esposa não veio vê-lo em seus momentos finais. O que será um ato virtuoso, dizer ao pobre coitado a verdade — que ela fugiu com o belo chofer do casal — ou tranqüilizar suas últimas horas de vida com uma ficção sedativa? Trata-se de um caso extremo, mas os casos extremos — como Sócrates sabia muito bem — destroem as definições perfeitas. Nosso exemplo mostra de que modo até as noções mais fundamentais de virtude e justiça podem depender de casos específicos; não dos universais que Sócrates buscava, mas das circunstâncias particulares.

O fato de que todas as leis e proposições gerais têm exceções não anula o valor das leis e das generalizações como guias para o comportamento dos homens, do mesmo modo como a doutrina do homicídio justificável não anula a validade da lei contra o assassinato. Mas implica que, nas escolhas mais difíceis que na vida real todos os homens, juízes ou não, são obrigados a fazer, a verdadeira virtude, humanidade e bondade podem exigir que certas regras gerais sejam violadas, às vezes num grau considerável. As abstrações em si, por mais antigas e veneráveis que sejam, às vezes revelam-se insuficientes. Decidir se o caso que se vive no momento é um desses por vezes é doloroso e arriscado. Há que preservar a lei, porém a justiça deve ser feita. E as duas coisas nem sempre coincidem. O velho dilema da tragédia grega e da filosofia socrático-platônica permanece, e sempre haverá de permanecer.

Em apenas um momento, em todos os diálogos, Platão abandona o "idealismo" — a primazia da abstração e a tirania do absoluto — e reconhece a existência desse dilema básico. Mas, de modo característico, abandona uma forma de absolutismo e propõe outra. Isso ocorre no *Político*. Platão argumenta, nesse diálogo, que o Estado ideal é aquele que é governado por um monarca absoluto — absoluto no sentido de que seu poder não deve ser cerceado nem mesmo pela lei.

No *Político*, Platão apresenta um argumento completamente contrário ao idealismo que costuma defender. Ao fazê-lo, porém, revela uma compreensão aguçada e sofisticada da jurisprudência. Sintomaticamente, coloca essas palavras não na boca de Sócrates, mas na de um "Estrangeiro"; o argumento ficaria demasiadamente incongruente se partisse de Sócrates. O Estrangeiro afirma que não se pode chegar a decisões justas partindo de definições abstratas a respeito do que é *ariston* (o melhor) ou *dikaiotaton* (o mais justo); que no Estado ideal deve atribuir-se o poder absoluto não às leis, mas ao rei. Isso porque, explica ele, a lei jamais poderia determinar "o que é mais nobre e mais justo para um e para todos", por causa das "diferenças entre os homens e as ações" e do fato de que nada "na vida humana jamais permanece o mesmo". Por conseguinte, não há como "promulgar uma regra simples aplicável a todas as coisas para todas as ocasiões".

O Estrangeiro afirma que aquilo que é "persistentemente simples", ou seja, a lei, "é inaplicável a coisas que nunca são simples", ou seja, a vida e os conflitos humanos. Nem os costumes nem a lei, seja ela escrita, seja consuetudinária, são inteiramente adequados. Como o juiz Oliver W. Holmes disse certa vez, com uma concisão olímpica, "considerações gerais não decidem casos concretos". Esse é o argumento clássico em favor de se suplementar a lei com aquilo que, em diversos códigos legais, é denominado "eqüidade".

Para resolver o problema das inevitáveis limitações da lei, a solução não é, conforme Platão afirma, concentrar todo o poder arbitrariamente na mão de um único homem. De fato, o próprio diálogo de Platão culmina numa metáfora vívida que pode ser usada como argumento contra a tese que ele está defendendo. Nesse caso, a argumentação de Platão é demolida pela sua própria genialidade como escritor.

O Estrangeiro fecha sua argumentação a favor da monarquia absoluta comparando a lei a "um homem teimoso e ignorante que não permitisse a ninguém fazer nada contra suas ordens, nem mesmo fazer uma pergunta, nem quando algo de novo sucede a alguém, que seja melhor que a regra por ele próprio formulada".[9] Tanto na Antigüidade quanto no mundo moderno, é exatamente assim que os reis — e seus equivalentes modernos, os ditadores das mais variadas espécies — costumam atuar. A lei, com todas as suas limitações, revela-se um senhor mais sábio e mais flexível.

Estamos agora capacitados para compreender a missão divina que Sócrates afirmava ter recebido do oráculo de Delfos e entender como essa missão divina terminou colocando-o em apuros. Há duas versões do episódio ocorrido em Delfos, uma em Xenofonte, outra em Platão. Aquela é simples e direta, porém tão arrogante que chega a ser constrangedora; esta é sutil e cativante. Mas as duas têm um elemento essencial em comum: em ambas Sócrates afirma ser o mais sábio dos homens.

A versão mais antiga, e menos elaborada, é a que encontramos na *Apologia* de Xenofonte. A *Apologia* de Platão, ao que tudo indica, é um relato de memória, um tanto enfeitado, redigido muitos anos depois do ocorrido. O relato de Xenofonte, que é bem menos conhecido, não é nenhuma obra-prima. Trata-se de um texto curto e seco, como um memorando rascunhado às pressas, um apelo dirigido à opinião pública de sua época. Assim, é possível que ele seja mais fiel aos fatos históricos. Segundo Xenofonte, Sócrates disse aos juízes que, quando seu discípulo Querefonte "interrogava a meu respeito o oráculo de Delfos, respondeu Apolo que não havia homem mais livre, mais justo nem mais sensato que eu".

Sócrates começa dizendo aos juízes que, quando o lendário legislador espartano Licurgo entrou no oráculo sagrado, a voz profética disse não saber se deveria chamá-lo "homem ou deus". Sócrates reconhece, modesto, que Apolo "não me comparou a um deus", porém acrescenta que ele "disse que eu em muito sobrepujava os outros homens".[10]

A versão apresentada por Platão desse episódio é menos arrogante. A primeira diferença entre os dois relatos está na pergunta dirigida ao oráculo. Em Xenofonte, Sócrates diz apenas que Querefonte "interrogava" o oráculo "a meu respeito". A resposta, como já vimos, foi a de que Sócrates "em muito sobrepujava os outros homens".

Mas na *Apologia* de Platão Sócrates afirma que a pergunta feita ao oráculo era enigmática, e que a resposta por ele dada foi também enigmática; ou, ao menos, Sócrates preferiu encará-la dessa forma. A pergunta foi "se havia alguém mais sábio que eu"; a resposta foi "que não havia ninguém mais sábio".[11] A versão de Platão é mais graciosa e espirituosa, ou irônica, que a de Xenofonte; mas em termos de substância as duas são iguais. Em Platão, Sócrates relata o episódio com modéstia, como se para desarmar os juízes. Pede-lhes Sócrates: "Não tumultuem" — usando o mesmo verbo, *thorubeo*, que aparece no relato de Xenofonte — "se eu lhes der a impressão de me gabar" (o que é exatamente o que ele faz). Sócrates chega a se desculpar por tal pergunta ter sido feita ao oráculo, pondo a culpa em Querefonte, o discípulo que ousou fazê-la. Afirma aos juízes: "Os senhores sabem que tipo de homem era Querefonte, quão impetuoso em todos os seus empreendimentos". Assim, a acusação de jactância é transferida a Querefonte.

Em Xenofonte, a coisa se dá de modo bem diferente. Após o "tumulto" de protesto dos juízes, Sócrates defende o pronunciamento do oráculo a seu respeito. Diz aos juízes que não acreditem no oráculo, "nem mesmo quanto a isso, sem as devidas razões", porém os convida a "pesar bem o pronunciamento do deus". Pergunta Sócrates:

Conhecem homem menos escravo dos apetites do corpo que eu? Mais livre que eu, que não aceito de ninguém presentes nem salário? Quem poderão, em boa-fé, considerar mais justo [...] e uma pessoa razoável não me chamaria sábio? [...] E a prova de que meu labor não foi estéril, não a vêem no fato de que muitos de meus concidadãos que amam a virtude, bem como muitos estrangeiros, dão preferência a mim acima de todos os outros homens?[12]

Mas, em Platão, Sócrates encara o elogio que lhe faz o deus como um chiste divino. Diz ele aos juízes: "Pois, quando soube disso, pus-me a refletir. 'Que há de querer dizer o deus com isso? Que enigma propõe ele? Pois não me julgo nem muito nem pouco sábio; que quererá ele dizer, então, afirmando que sou o mais sábio?'".[13] Aqui Platão acrescenta o detalhe final, e a principal diferença entre seu relato e o de Xenofonte: o tema da missão divina, que não aparece no texto xenofôntico. O Sócrates platônico afirma que o deus não poderia estar mentindo, já que é um deus. Assim, a missão de Sócrates passa a ser a de questionar seus concidadãos para ver se havia entre estes alguém mais sábio que ele. E foi por isso, diz Sócrates aos juízes, que ele se meteu em apuros e tornou-se impopular. Pois constatou que, se não sabia nada, todos os outros que questionava sabiam ainda menos — nem sequer tinham consciência de sua própria ignorância! Assim, apesar de todos os elaborados argumentos em contrário, o Sócrates platônico, como o xenofôntico, realmente se julgava superior aos outros homens.

Há, nas entrelinhas do texto mais elegante de Platão, não apenas uma arrogância palpável, como também um toque de crueldade para com seus interlocutores. O que havia de mais humilhante — e irritante — no método socrático de interrogação era o fato de que, ao mesmo tempo que era demonstrada a realidade da ignorância dos outros, estes eram levados a pensar que a suposta ignorância de Sócrates era puro fingimento e ostentação. Trata-se da famosa "ironia" socrática. A palavra grega *eironeia*, da qual deriva a palavra "ironia", significava "fingimento", "dissimulação", o ato de dizer aquilo que não se quer dizer literalmente. Seus interlocutores sentiam que, por trás da "ironia", da máscara de falsa modéstia, Sócrates na verdade estava rindo deles.[14] É essa a crueldade que se esconde nas entrelinhas do relato platônico, com todo o seu fino humor aristocrático; e o efeito dessa *politesse* é torná-la ainda mais terrível.

108

Por que motivo na *Apologia* de Platão Sócrates relata a história do oráculo de Delfos? E por que Sócrates afirma que o oráculo lhe impôs uma missão divina — a missão de questionar seus concidadãos, especialmente os notáveis de Atenas, a fim de descobrir o que o oráculo queria dizer ao afirmar que não havia ninguém mais sábio do que ele?

Sócrates diz aos juízes que havia se tornado suspeito na cidade. Seus concidadãos lhe perguntavam: "Sócrates, o que há com você? De onde provêm os preconceitos contra você? [...] Diga-nos o que há, para que não ajamos de modo precipitado a seu respeito".[15] Sócrates explica que adquiriu má reputação apenas por causa de uma espécie de sabedoria, embora nem ele mesmo compreenda inteiramente que sabedoria é essa. Nesse momento, para explicar-se, ele relata o episódio do oráculo de Delfos.

Nesse ponto coloca-se uma questão que não é nem levantada nem respondida na *Apologia* de Platão. Por que motivo uma reputação de sábio causaria problemas a alguém numa cidade como Atenas, à qual acorriam filósofos de toda a Grécia, onde eram não apenas bem recebidos como também sobejamente recompensados como professores e palestradores? Atenas era a cidade mais aberta da Antigüidade, talvez de toda a história; Péricles a chamava "a escola da Hélade"; os lugares públicos da cidade, tal como aparecem nas páginas de Platão, serviam de cenário para infindáveis discussões filosóficas.

A resposta, aparentemente, é que Sócrates usava sua espécie de "sabedoria" — sua *sophia*, sua arte de lógico e filósofo — para um fim político específico: o de fazer com que todos os notáveis da cidade parecessem tolos e ignorantes. A missão divina que, segundo ele, o oráculo lhe impôs seria, então, o que hoje denominamos de *ego-trip* — uma autoglorificação para Sócrates que implicava o aviltamento dos mais respeitados líderes da cidade. Desse modo Sócrates abalava a *pólis*, difamava os homens dos quais ela dependia e alienava os jovens.

É precisamente isso que nos diz o relato de Platão. O Sócrates platônico explica — tal como é bem provável ele de fato ter feito durante o julgamento — que sua investigação inspirada pelo oráculo levou-o a interrogar as três principais classes de cidadãos atenienses. De início, examinou os *politikoi*, os estadistas, os homens que ocupavam os cargos mais elevados da cidade e que, como oradores, desempenhavam um papel de liderança na assembléia. Em seguida, examinou os poetas, inclusive — como ele mesmo afirma — os poetas trágicos, cujas obras que chegaram até nós ainda são incluídas entre as principais realizações literárias da humanidade. Por fim, examinou os artesãos de Atenas. A beleza e a qualidade de seus produtos garantiam-lhes a preferência em todo o mundo mediterrâneo, permitindo que a Ática alimentasse uma população bem maior do que sua pouca terra poderia sustentar. Foram também esses artesãos que construíram o Partenon. Sócrates constatou que todos eram ignorantes e deficientes.

Na *Apologia* de Platão, Sócrates reconhece que "além" da hostilidade causada por suas interrogações,

> os moços que dispõem de mais tempo, os filhos das famílias mais ricas, que me acompanham espontaneamente, sentem prazer em ouvir o exame dos homens, e muitas vezes se põem a imitar-me, metendo-se a interrogar os outros; e então, creio eu, descobrem muita gente que julga saber algo, mas sabe pouco, ou mesmo nada.

Pouco ou nada a respeito do quê? Que espécie de perguntas esses jovens imitadores de Sócrates apresentavam aos notáveis de Atenas para fazer com que eles parecessem saber "pouco, ou mesmo nada"? Sócrates não informa isso aos juízes. E prossegue, afirmando: "Em conseqüência, os que são por eles examinados se exasperam contra mim, em vez de contra si mesmos, e afirmam que 'Sócrates é uma pessoa odiável, que está corrompendo a mocidade'".[16]

E de fato, num certo sentido, era isso mesmo o que ele estava fazendo. Sócrates havia ensinado àqueles jovens inexperientes, meros iniciantes em sabedoria imberbe, uma maneira fácil de ridicularizar os notáveis da cidade, seus líderes, bem como

110

poetas e artesãos, e também, naturalmente, a multidão, a maioria ignorante, que votava em assembléia para decidir as questões públicas.

E como agiam esses jovens? Utilizando aquela dialética negativa que, conforme já vimos, era o forte de Sócrates. Ele pedia definições que ele mesmo jamais seria capaz de formular, e em seguida refutava com facilidade qualquer definição que seus interlocutores propusessem. E não raro isso era conseguido por meio de artifícios verbais muito semelhantes aos que ele atribuía aos sofistas — os jogos de palavras que até hoje denominamos "sofismas". Sua "sabedoria" — bem como a missão divina que lhe teria sido atribuída pelo oráculo — causou-lhe problemas porque era uma maneira fácil de fazer com que a *jeunesse dorée* da cidade se voltasse contra a democracia. O mais brilhante desses jovens foi Platão, e é esse o testemunho de seus diálogos.

Mesmo nos melhores momentos, a dialética negativa de Sócrates era um padrão irrelevante para julgar a competência de estadistas, poetas trágicos ou sapateiros em suas respectivas artes. Acima de tudo, não era uma maneira adequada de contestar o direito dos homens comuns de participar do governo da cidade em que viviam e de controlar suas próprias vidas.

Sócrates queria que fossem aprovados em provas de metafísica, que se distinguissem como lógicos. Tachava-os de ignorantes porque não conseguiam resolver os problemas mais difíceis da filosofia — o *epistemológico* e o *ontológico*, para usar os termos modernos que designam a questão da natureza do conhecimento e da natureza do ser. O próprio Sócrates não sabia como resolvê-los, e o mesmo se pode dizer dos filósofos modernos. Os próprios termos são monstruosidades metafísicas, dilemas aterradores. Se mesmo Kant, que apresentou as respostas mais sistemáticas de toda a história da metafísica, não conseguiu satisfazer plenamente os outros filósofos, como podia Sócrates ridicularizar seus contemporâneos e concidadãos, tachando-os de ignorantes, por não poderem resolver esses mesmos problemas?

Há um diálogo, o *Górgias*, em que o Sócrates platônico tira a máscara de falsa modéstia — a pretensão de só saber que nada sabe. Nesse diálogo, ele trata com desdém os quatro maiores líderes atenienses de sua geração e da anterior. Afirma que ele mesmo é um dos poucos, "senão o único", verdadeiros estadistas que Atenas jamais gerou. Essa tirada arrogante — se é verdade que Sócrates falava assim em certas ocasiões — bastaria para conquistar-lhe a antipatia de praticamente todos os políticos atenienses, salvo uns poucos inimigos empedernidos de qualquer forma de autogoverno, democrático ou oligárquico. Com uma única exceção, os quatro estadistas denegridos por Sócrates no *Górgias* eram de origem aristocrática; os ricos e bem-nascidos continuavam a ocupar os cargos mais elevados em Atenas, muito depois da conquista do sufrágio universal para os homens livres e da abolição do requisito de propriedade para a candidatura a cargos públicos. A única exceção era Temístocles, homem de origem pobre e humilde. Dois dos quatro líderes atacados por Sócrates no *Górgias* — Temístocles e Péricles — eram ídolos dos *polloi*, as massas. Mas os outros dois — Milcíades e seu filho, Címon — eram ídolos dos *oligoi*, "os poucos", as "classes melhores", os ricos, especialmente aqueles cuja riqueza era herdada, a "nobreza". Esses dois eram líderes do que denominaríamos hoje "partido conservador", o qual preferia que houvesse alguma exigência de propriedade para se exercer o direito de votar e de ocupar cargo público. Mas ambos os líderes conservadores eram leais à cidade e serviam Atenas tanto em tempo de paz quanto na guerra.

Os quatro representavam muita coisa para o orgulho ateniense. Milcíades e Temístocles estavam associados às duas mais famosas batalhas das guerras médicas — Maratona e Salamina. Milcíades era o comandante da tropa que, apesar de estar em desvantagem numérica, fez recuar os exércitos de Dario em Maratona, em 490 a.C., quando os invasores já se aproximavam dos portões de Atenas. Dez anos depois, quando os persas tentaram de novo e chegaram muito perto da vitória, semeando a destruição pela Ática, tornando necessária a evacuação de Atenas, capturando a Acrópole e incendiando os edifícios sagrados, foi Tèmístocles quem salvou Atenas, derrotando a poderosa frota persa de Xerxes na batalha de Salamina, em 480 a.C. Dez anos depois, foi o filho de Milcíades, Címon, que pôs fim às esperanças dos persas definitivamente, esmagando outra frota persa e estabelecendo as bases do império ateniense. Péricles, o último dos quatro, assumiu a liderança da cidade dez anos depois, levando-a a seu período áureo. Esses quatro grandes líderes — bem como as qualidades do povo ateniense — tornaram possível tudo aquilo que simboliza, para nós, as glórias de Atenas: o Partenon, cujas ruínas serenas ainda nos despertam a admiração, a grande experiência ateniense de democracia e liberdade de pensamento, os abrangentes debates filosóficos, tudo que fez de Atenas não apenas "a escola da Hélade" mas também a escola de toda a humanidade. São essas as realizações que o Sócrates platônico põe de lado com uma arrogância irritadiça e rabugenta no *Górgias*, ao comparar os quatro a pasteleiros e tachando-os de meros "bajuladores" da multidão ignorante.

O ataque aos quatro líderes chega a um clímax ridículo quando Sócrates acusa Péricles, o maior deles, de ter tornado os atenienses "indolentes, covardes, tagarelas e avarentos".[17] Sócrates, o ateniense mais tagarela de sua época, que descuidava dos negócios de sua família e de sua cidade para se dedicar à conversação constante, o homem que fez da conversação sua vida e sua realização, acusa Péricles de ter tornado os atenienses "tagarelas"? Sócrates bebeu a taça de cicuta com serenidade heróica e exemplar. Mas teria ele reagido com serenidade se os atenienses de repente perdessem o interesse pela conversação e se esquivassem de seus fascinantes questionamentos?

É bem verdade que não sabemos se o Sócrates histórico fez realmente tal ataque aos quatro estadistas. O *Górgias* foi escrito muito depois de sua morte, quando Platão voltou do exílio voluntário e fundou sua academia. Mas o ataque aos quatro não é incoerente com as outras informações de que dispomos a respeito de Sócrates, particularmente a passagem de Xenofonte acerca do comportamento de Sócrates diante dos juízes. Nos diálogos platônicos, a elevada imagem que Sócrates faz de si mes-

113

mo é normalmente disfarçada pela "ironia". No entanto, sua opinião negativa a respeito dos estadistas atenienses é evidente na *Apologia* e lembra a advertência feita a ele no *Mênon*, de Platão.

Nesse diálogo, Sócrates encontra-se com Ânito, mestre curtidor e líder político de classe média. O tema em discussão — para variar — é a virtude: se ela pode ser ensinada e como pode ser ensinada. Ânito afirma que os jovens aprendem a virtude na cidade pelo exemplo que lhes é dado pelos mais velhos e pelos grandes homens do passado. Isso na época já era o truísmo que é agora. Sócrates desdenha o argumento. Evidentemente, ele não gostaria de admitir que a comunidade, a *pólis*, é ela mesma uma professora, instilando virtude pelo exemplo e pela tradição. Aqui, como sempre, Sócrates é *antipolítico*, tanto no sentido grego quanto no moderno. Para refutar o argumento de que os grandes homens da cidade deram um exemplo salutar, Sócrates ataca quatro estadistas atenienses, tal como fez no *Górgias*, se bem que de modo um pouco mais suave. Mais uma vez ataca igualmente os oligarcas e os democratas. Estes últimos são os mesmos, Temístocles e Péricles. Dessa vez, porém, os representantes dos oligarcas conservadores que ele escolhe são dois outros estadistas de distinção. Um é o grande rival de Péricles, o general (não o historiador) Tucídides. O outro é o modelo de retidão da Antiguidade, Aristides, conhecido na época, e ainda hoje, como "Aristides, o Justo". Todos são tratados de modo tão depreciativo no *Mênon* quanto os outros quatro no *Górgias*.

Platão, como bom dramaturgo, atribui a Ânito um comentário profético antes de se afastar: "Sócrates, tenho a impressão de que você difama as pessoas com leviandade. Se quer um conselho, ouça-me: seja mais cuidadoso".[18] Anos depois, Ânito participaria do julgamento de Sócrates como o mais importante de seus três acusadores. Os quatro viriam a aparecer no tribunal.

Não quero dar a entender que Sócrates foi levado a julgamento por caluniar os estadistas atenienses. Insultá-los não era crime na cidade: era um verdadeiro esporte popular. Os poetas cômicos — que em Atenas desempenhavam um papel mais ou menos semelhante ao dos jornalistas independentes de nossa época — não faziam outra coisa, para deleite dos atenienses.

O que havia de realmente insultuoso no que Sócrates dizia eram as simplificações grosseiras contidas nas premissas filosóficas com base nas quais ele atacava a cidade, os líderes e a democracia.

É claro que o governante de uma cidade ou de qualquer outra comunidade deve ser "aquele que sabe". Mas o que deve saber ele? Responderia o senso comum, tanto na Antigüidade como agora: o bastante a respeito de relações exteriores, comércio, defesa, obras públicas e problemas socioeconômicos para governar com sabedoria. Mas, para Sócrates, "aquele que sabe" deveria ser um filósofo profissional. Seu "conhecimento" tinha de ser uma ficção metafísica especializada.

A fórmula socrática segundo a qual o governo cabe àquele "que sabe" já contém o germe do conceito platônico de rei-filósofo. Mas Sócrates ia mais longe que Platão. Não encontrava ninguém — nem mesmo entre os filósofos — que possuísse a *episteme*, o verdadeiro conhecimento, no sentido estrito em que ele define o termo.

Ninguém possuía as qualificações perfeitas e absolutas que Sócrates exigia — nem ele mesmo, como admitia de bom grado. Ninguém "sabia", e ninguém estava capacitado para governar. E a cidade, onde ficava? Num beco sem saída. Era a ele que a dialética socrática levava.

O que não era mais do que uma brincadeira filosófica perfeitamente legítima, ainda que por vezes um tanto pesada — baleias intelectuais rodopiando nas profundezas do mar —, tornava-se pernicioso quando aplicado aos negócios da *pólis*. Um bom exemplo é o famoso corolário da equação socrática virtude = conhecimento: o "paradoxo" segundo o qual ninguém pratica o mal voluntariamente. Isso destruiria qualquer sistema de justiça criminal. É bem verdade que às vezes os homens cometem crimes por "não saberem o que fazem". Mas como é que poderiam "saber o que fazem" no estranho mundo da lógica socrática? Se virtude é conhecimento, mas o "conhecimento" é inatingível, então ninguém jamais pode "saber o que faz". Ninguém é culpado, e todo criminoso pode ser solto.

Na jurisprudência normal, o homem que comete um incêndio criminoso ou um assassinato pode não ser condenado se seus advogados conseguirem provar que ele é louco. Na jurisprudência socrática, qualquer criminoso poderia escapar do castigo argumentando que o crime fora involuntário, por motivo de "ignorância". Como poderia alguém ser acusado de assaltar um banco se um ladrão que conhecesse filosofia podia facilmente demonstrar, segundo os critérios socráticos, que ele nem mesmo sabia o que era um banco?

Na esfera criada pelos filósofos idealistas, a busca constante da perfeição num mundo imperfeito impede que se encontrem soluções razoáveis para as complexidades que os homens têm de enfrentar na busca da ordem e da justiça. Dizer que homem algum pratica o mal voluntariamente é pressupor que ele não conhece a diferença entre o bem e o mal. Em que sentido é verdade afirmar que o homem não sabe a diferença entre o bem e o mal? Apenas no sentido em que ele não consegue formular definições de bem e mal tão perfeitas que dêem conta de toda e qualquer contingência imaginável. Mas seria muito difícil achar um homem, fora dos hospícios e asilos para retardados, que realmente não soubesse que é errado queimar a casa do vizinho ou roubá-lo e matá-lo. Em sua maioria, os criminosos sabem muito bem o que estão fazendo, e são poucos os que não sentem, no fundo, que são culpados; alguns até mesmo confessam seus crimes e buscam o castigo para se livrar do sentimento de culpa. Em muitos casos o criminoso é até superior à média em termos de conhecimento do mundo real. Às vezes ele é mais ousado e empreendedor do que a maioria das pessoas, e, longe de ignorar a diferença entre bem e mal, apenas a encara com desdém.

Além de questões básicas de moralidade, há aspectos mais simples da lei que seriam destruídos pela lógica socrática. Em

Atenas, como em qualquer outro lugar, era "errado" desobedecer à lei da cidade mesmo em casos que nada tinham a ver com questões éticas. Assim, por exemplo, em nosso século é "errado" dirigir do lado esquerdo da rua em Nova York, e é "errado" dirigir do lado direito da rua em Londres. Trata-se daquilo que os estudiosos da lei chamam de valores "normativos" e não éticos. Na Antigüidade, tal como agora, ignorar a lei não era aceito como desculpa; caso contrário, seria praticamente impossível provar o que quer que fosse. Como provar que um homem que afirma que não sabia algo na verdade o sabia?

A lei impõe ao cidadão o dever elementar de conhecer a lei. Ele não pode esquivar-se argumentando ignorá-la. Uma das primeiras vitórias da gente comum em sua luta pela justiça foi obrigar a classe dominante de grandes proprietários de terra a escrever a lei, para que todos tivessem acesso a ela e pudessem saber que lei estavam sendo acusados de violar. Em Atenas, essa vitória foi conquistada quase um século antes do nascimento de Sócrates.

As propostas de lei eram discutidas e votadas na assembléia. Na época de Sócrates, a maioria dos cidadãos era alfabetizada e as leis eram divulgadas em quadros de avisos. Em Atenas, não era necessário recorrer a um advogado para saber a lei. Nesse sentido, nenhum ateniense podia alegar ignorar o que era legalmente "certo" ou "errado". Na verdade, um cidadão que fosse acusado de tal ignorância certamente se sentiria ofendido.

Quanto às normas éticas em sentido mais amplo, em nenhuma cidade o bem e o mal eram questões discutidas mais exaustivamente do que em Atenas, como os próprios diálogos platônicos registram. É o que também mostram a tragédia grega, cujo tema central era o conflito moral, tema também dos maiores debates públicos relatados por Tucídides, e o entusiasmo das platéias atraídas pelas discussões a respeito da ética realizadas pelos sofistas e pelo próprio Sócrates.

Quando os atenienses "praticavam o mal", o faziam consciente e voluntariamente, ou porque, enquanto indivíduos, achavam que iriam permanecer impunes, ou porque, enquanto cidade, tendo de optar por uma ou outra alternativa, escolhiam o que consideravam — muitas vezes tendo chegado a essa conclusão após um debate acalorado e destrutivo — um mal menor do que uma derrota militar e a perda do império. Foi esse o caso da decisão de massacrar o povo de Melos por ter se revoltado contra Atenas durante a guerra do Peloponeso, o mais grave "crime de guerra" cometido por Atenas, o qual, porém, não é mencionado em nenhuma das discussões de Sócrates e Platão a respeito da virtude — talvez porque o fato demonstra que as complexidades da vida não cabem no universo simplista dos dois filósofos.

Nem em Xenofonte nem em Platão Sócrates é obrigado a enfrentar as questões sociais básicas levantadas por sua doutrina paradoxal. Como ensinar virtude aos homens se logo de saída a doutrina segundo a qual ninguém faz o mal voluntariamente garantia-lhes que jamais seriam punidos?

7. SÓCRATES E A RETÓRICA

COMO TUDO NA LITERATURA GREGA, a oratória, ou retórica, teve origem em Homero. No entanto, ela assumiu uma importância nova e crucial quando as cidades-Estados gregas, fossem oligárquicas, fossem democráticas, passaram a se autogovernar. Os principais órgãos de autogoverno eram a assembléia, onde se faziam as leis, e os tribunais, onde elas eram interpretadas e aplicadas. Os cidadãos, fossem eles a minoria ou a maioria da população, tinham de aprender a falar com clareza e argumentar de modo persuasivo a fim de proteger seus interesses na assembléia e nos tribunais. Uma certa proficiência em oratória e argumentação passou a ser uma necessidade política e prática, à medida que foi crescendo a participação dos cidadãos, com a evolução em direção à democracia.

A necessidade de um certo grau de formação em retórica é demonstrada pelas circunstâncias nas quais os primeiros manuais de retórica surgiram. Tomamos conhecimento disso através de um fragmento de uma obra perdida de Aristóteles, preservada por Cícero em seu ensaio sobre a oratória, o *Bruto*, cujo nome alude ao aristocrata republicano que assassinou César.

Segundo Aristóteles, os dois primeiros escritores gregos a abordar a oratória, Córax e Tísias, escreveram seus manuais depois que os tiranos foram expulsos da Sicília em meados do século V a.C. Os exilados cujas propriedades foram expropriadas pelos ditadores voltaram a sua terra e recorreram aos tribunais para que seus bens lhes fossem restituídos. Eles precisavam de uma formação em retórica para defender com êxito suas questões contra aqueles que haviam adquirido os bens confiscados, comprando-os dos tiranos. Cícero argumentava, portanto, que a arte da oratória era "filha" de uma ordem constitucional bem

119

estabelecida.[1] O Sócrates platônico, porém, desdenha a retórica e, com intuito demolidor, ataca-a duas vezes, uma no *Fedro* e outra no *Górgias*. O *Fedro* é um dos mais encantadores dos diálogos platônicos, mas ascende até uma esfera mística a meio caminho entre a poesia e a teologia. Nele é proposto um tão elevado padrão de conhecimento necessário a uma "verdadeira" retórica que poucos poderiam dele se aproximar. Segundo Sócrates, o orador deve começar a apreender a natureza da alma e suas relações com o divino, e deve vislumbrar algo das Formas ideais que existem muito acima das esferas celestiais, fora do alcance da visão da maioria dos mortais. Afirma a introdução a esse diálogo na edição Loeb: "A aquisição desse conhecimento é uma tarefa árdua, que ninguém empreenderia apenas com o fim de convencer os outros; um objetivo mais elevado, a perfeição da alma e o desejo de servir os deuses, deve animar o espírito do estudioso da verdadeira arte da retórica".[2] Também na *Apologia* Sócrates rejeita a participação na política, em nome da perfeição da alma.

Por outro lado, no *Górgias*, o mais extremado dos diálogos de Platão, Sócrates adota uma visão tão negativa da retórica tal como é praticada no mundo real, que nenhum discípulo seu gostaria de ser visto no ato de praticá-la. Compara a arte do orador à do pasteleiro, e iguala a retórica à bajulação. Sócrates diz a Górgias, um dos mais famosos professores de oratória de sua época, que a retórica é "uma atividade que não é uma questão de arte, mas de exibir um espírito astuto e galhardo* com uma tendência natural a saber lidar com os homens de modo ardiloso". Acrescenta Sócrates: "Resumo sua substância no termo *lisonja*. Essa prática, a meu ver, tem muitas divisões, e uma delas é a culinária, que parece de fato ser uma arte", porém não passa de "um hábito ou destreza [...] a retórica [é] outra divisão sua, como também o uso de enfeites pessoais e a sofística".[3]

---

* A palavra utilizada no original é *andreias*, que significa "viril" e que talvez fosse melhor traduzir, neste contexto, como "audaz".

Essa generalização é tão categórica que o leitor chega a se envergonhar por Sócrates. Parece que ele aqui está vituperando e não fazendo uma análise séria. Como acontece com tanta freqüência, nessa passagem Sócrates aborda a questão de um ponto de vista de tudo ou nada, sem admitir gradações. Nem sempre a oratória empregada nas assembléias e tribunais resumia-se a bajulação servil. O austero e aristocrático Péricles não era dado a elogios insinceros. Seu sucessor, Cléon, considerado demagogo, com freqüência repreendia seus seguidores, conforme registra Tucídides.

Sócrates sentia desprezo pelos vulgares comerciantes que freqüentavam a assembléia. Jamais admitiu que eles podiam às vezes agir de modo sensato e racional em relação a seus próprios assuntos, nem que os comerciantes astutos eram vivos o suficiente para saber reconhecer a lisonja. Nem sempre a persuasão é lisonja, e nem sempre a lisonja é persuasiva. A premissa tácita da condenação à oratória feita por Sócrates era o desdém pela gente comum de Atenas. Isso fica claro no *Górgias* quando entre os bajuladores Sócrates inclui os poetas trágicos, juntamente com os oradores. Tudo indica que Sócrates desprezava a tragédia ateniense por desprezar a platéia. Afirma ele que a poesia trágica é "uma espécie de retórica dirigida a um público composto de crianças, mulheres e homens, de escravos juntamente com cidadãos; uma arte que não aprovamos integralmente, já que a consideramos lisonjeadora". Assim, Ésquilo, Sófocles e Eurípides eram meros bajuladores de uma platéia massificada e ignorante!

Os oradores — conclui Sócrates —, "como os poetas", visam "gratificar os cidadãos [...] sacrificando o bem-estar comum em benefício de seus interesses pessoais" e comportando-se "diante dessas assembléias como se diante de crianças".[4] Se essas palavras não viessem de uma figura tão venerável quanto Sócrates, essa tirada seria tachada de mera demagogia antidemocrática. O melhor antídoto às tolices venenosas do *Górgias* é a *Retórica* de Aristóteles. Essa obra reflete a visão dominante na Grécia e em Atenas, da qual os ensinamentos de Sócrates e Platão divergiam de modo tão gritante. Como já vimos, Aristóteles começa a *Po-*

lítica e a *Ética* afirmando que a *pólis* e a vida civilizada só se viabilizaram porque os homens possuem em geral aquele mínimo de "virtude cívica" e o *logos* que lhes permitem distinguir o certo do errado, o justo do injusto. Analogamente, ele inicia a *Retórica* com a afirmação de que os homens em geral têm inteligência suficiente para compreender uma argumentação racional. Essa crença constitui uma das bases da democracia; a liberdade política não tem futuro numa terra onde os homens podem ser tratados como um rebanho irracional. Assim, desde o início da *Retórica* vemo-nos num universo muito diferente do socrático e do platônico, e respiramos outro ar. Aristóteles trata a retórica — a modalidade de argumentação usada nos tribunais e na assembléia — no mesmo nível que a dialética — a modalidade cultivada nas escolas filosóficas. Diz ele no início do tratado:

> A retórica é a contrapartida* da dialética; pois ambas dizem respeito a questões que, de certo modo, fazem parte do conhecimento de todos os homens, não estando confinadas a nenhuma ciência em particular. Daí que todo homem de certo modo tem seu quinhão de ambas (i.e., retórica e dialética); pois todo homem, até certo ponto, empenha-se em criticar ou defender um argumento.[5]

Os homens discutem, e gostam de discutir, uns com os outros. Assim, Aristóteles empreende o estudo das modalidades de argumentação empregadas na assembléia e nos tribunais.

Naturalmente, Aristóteles reconhece que a oratória popular está sujeita a abusos. Como se respondendo diretamente a Sócrates, ele afirma: "Se se argumenta que aquele que utiliza de

---

* O leitor que tenha sido preparado pelos diálogos platônicos inclina-se a entender "contrapartida" no sentido de que a retórica seria uma espécie de argumentação inferior à dialética. Mas o termo empregado por Aristóteles não tem conotações pejorativas: *antistrophos*, no teatro, refere-se à prática do coro de cantar uma "estrofe" de um lado do palco e depois deslocar-se para o lado oposto e cantar uma "antístrofe", exatamente no mesmo metro da estrofe.

modo injusto essa faculdade da fala pode causar muitos malefícios, essa objeção aplica-se igualmente a todas as coisas boas". Aristóteles acredita 1) que "a retórica é útil porque o verdadeiro e o justo são naturalmente superiores a seus opostos"; 2) que, "de modo geral, o verdadeiro e melhor é naturalmente sempre mais fácil de provar e mais persuasivo"; e 3) que "os homens têm para a verdade uma capacidade natural que é suficiente, e na maioria dos casos chegam mesmo a alcançá-la".[6] As páginas mais negras da história, algumas delas bem recentes, muitas vezes fazem com que tais idéias pareçam demasiadamente otimistas; mas sem uma fé semelhante, os homens bons fatalmente sucumbem ao desespero.

Enquanto Sócrates estava constantemente buscando a certeza absoluta na forma de definições perfeitas, o que ele jamais conseguia encontrar, e enquanto Platão abandonava o mundo real em favor de uma estratosfera celestial de Idéias ou Formas imutáveis, Aristóteles abordava o problema do conhecimento a partir de um ponto de vista próximo àquilo que denominamos senso comum. Ao sistematizar pela primeira vez a lógica, inventando seu principal instrumento, o silogismo, Aristóteles distingue duas formas de silogismo, o dialético e o retórico. Ambos partem de proposições consideradas verdadeiras: o silogismo dialético, de proposições tomadas como necessariamente sempre verdadeiras; o retórico, de proposições consideradas provavelmente verdadeiras, mas nem sempre. Aristóteles chama o silogismo retórico de *enthymeme*, e o *Greek-English lexicon* de Liddell, Scott e Jones define o termo como "silogismo que parte de premissas prováveis".[7]

A distinção decorre não da diferença entre as capacidades de doutos dialéticos e as de homens comuns, mas da natureza do material de que tratam os homens comuns nas assembléias e tribunais. A natureza das decisões tomadas nesses lugares é tal que os cidadãos, na qualidade de legisladores e juízes, têm de argumentar com base em probabilidades e não em inatingíveis certezas absolutas. A assembléia tem de tomar decisões a respeito de políticas adotadas para eventualidades futuras, e o futuro é imprevisível. Os tribunais têm de determinar o que realmente aconteceu numa situação passada, sendo que os depoimentos de testemunhas honestas muitas vezes apresentam discrepâncias notáveis. Em relação a tais questões problemáticas, nem mesmo os reis-filósofos de Platão poderiam chegar à certeza, exatamente como o mais comum dos cidadãos de Atenas. Nessas questões, o governante ideal de Sócrates, "aquele que sabe", não conseguiria fazer jus a seu título.

Os homens são obrigados a deliberar não em relação ao que é certo, mas ao que é incerto, coisas sobre as quais seus juízos não podem ser mais que probabilidades. É esse o melhor guia que eles encontram, explica Aristóteles ao discorrer sobre o *enthymeme*, porque "nenhuma ação humana, por assim dizer, é inevitável".[8]

A visão aristotélica é esclarecedora e estimulante, enquanto as de Sócrates e Platão são frustrantes e têm o objetivo de solapar a fé na capacidade de autogoverno dos homens.

O respeito que tem Aristóteles pela observação e a desconfiança com que encara os absolutos talvez sejam reflexos do fato de que ele era filho de um médico. Em sua obra filosófica, Aristóteles com freqüência pensa como um médico e reflete a experiência médica. Assim, na *Ética a Nicômacos*, ao rechaçar a concepção idealista do conhecimento, Aristóteles diz que o médico não trata a doença, mas o paciente, um paciente específico, pois cada paciente tem seus problemas peculiares. Não há dois pacientes iguais, ainda que sofram do mesmo mal.

É bem verdade que o médico era obrigado a aprender as definições e as regras gerais de tratamento para as diversas doenças. Mas isso era apenas o começo da arte de curar. Foi ao associar a teoria geral à observação particular que a medicina tornou-se ao mesmo tempo ciência e arte na Grécia antiga — de fato, foi ela o primeiro ramo de investigação a se tornar, na Grécia, realmente científico, no sentido moderno do termo. Seu maior representante, Hipócrates, que se tornou uma figura lendária ainda em vida, era — para empregar uma terminologia moderna —

empirista e pragmático. Suas inúmeras obras, diz o verbete a seu respeito no *Oxford companion to classical literature*, "revelam um verdadeiro espírito científico, na ênfase dada à permanência da relação entre efeito e causa *e à necessidade de se observarem com cuidado os fatos*" (o grifo é meu).

No direito, dá-se o mesmo que na medicina. A desconfiança de Aristóteles em relação aos absolutos vem à tona mais uma vez em sua grande contribuição ao direito. Foi ele o primeiro a formular o conceito de eqüidade como componente necessário de qualquer sistema legal justo, e isso séculos antes que o conceito denominado "eqüidade" no direito anglo-americano surgisse nos tribunais dos reis ingleses como corretivo do direito consuetudinário.*

Afirma Aristóteles na *Retórica* que os legisladores "são obrigados", ao formular uma lei, "a fazer uma declaração universal não aplicável a todos os casos, mas apenas à maioria deles", já que "é difícil elaborar uma definição" (i.e., uma definição absoluta) "devido ao número infinito de casos", cada um com suas próprias peculiaridades.[9] Assim, a eqüidade "dobra" a lei de modo a fazer justiça no caso específico. O termo que Aristóteles usou para se referir à eqüidade é *epieikeia*; significa "imparcialidade". Aristóteles define o conceito como "o espírito da lei, em oposição a sua letra".[10] Na *Ética a Nicômacos*, Aristóteles afirma que a eqüidade é "uma retificação da lei quando ela é deficiente em razão da sua generalidade".[11] A generalidade era o objetivo socrático, como é, aliás, o objetivo de todo conhecimento. A generalidade é uma necessidade fundamental do direito, mas na mesma passagem Aristóteles observa que "há casos em torno dos quais não é possível legislar". Certamente, Aristóteles não foi o primeiro a constatar esse fato. A observação de Aristóteles reflete mais de dois

---

* Quando o Código Napoleônico foi formulado na França, seus criadores recorreram a Aristóteles para estabelecer um sistema de eqüidade.

125

séculos de experiência dos tribunais populares atenienses — os *dikasteries* —, onde cidadãos de todas as classes podiam atuar simultaneamente como jurados e juízes.

O conceito de eqüidade estava implícito no juramento feito pelos *dikasts* (jurados-juízes) atenienses. Eles juravam "votar segundo as leis onde leis houver, e, onde não as houver, votar com tanta justiça quanto tivermos em nós".[12]

O que Aristóteles diz a respeito da insuficiência inerente de toda lei geral já fora dito antes — como vimos — no *Político*, o único lugar em todo o cânon platônico em que Platão abandona por completo o idealismo absoluto. É surpreendente ouvir o "Estrangeiro" — o porta-voz de Platão no *Político* — utilizar quase as mesmas palavras que Aristóteles emprega ao argumentar que as leis não podem determinar o que é "mais justo" porque "as diferenças entre os homens e as ações" inviabilizam "qualquer regra simples que se aplique a tudo e para todo o sempre". Isso, para Platão, era afastar-se completamente de seu lado metafísico. Tal posição constitui um rompimento com a tirania das Formas e definições absolutas.

Como diz o Estrangeiro, embora a legislação faça parte da "ciência da realeza" (i.e., o rei é quem faz as leis da comunidade), o ideal é ele mesmo estar acima das leis. Afirma o Estrangeiro: "O melhor não é que as leis detenham o poder, mas sim que o homem sábio e de natureza real seja o governante",[13] uma nova versão da doutrina socrática segundo a qual "aquele que sabe" deve mandar e os outros devem obedecer. Assim, esse conceito antiabsolutista de lei — inesperado em Platão — é usado como argumento em favor do absolutismo como forma ideal de governo! Contudo, a experiência humana, na Antigüidade e na era moderna, demonstrava que o absolutismo gera a injustiça, e que os ditadores criam políticas repressivas, tal como o demonstram as carreiras recentes de Stalin e Mao Tsé-Tung.

Em Aristóteles, a observação que deu origem à idéia de eqüidade torna-se uma maneira de escapar dos becos sem saída metafísicos e políticos, combinando elementos de idealismo com elementos do que veio a ser denominado empirismo ou pragmatismo. A solução de Aristóteles foi a de não ficar na posição de ter de escolher ou isso ou aquilo, mas sim de optar por ambas as alternativas — fugir à tirania dos extremos, combinando elementos de ambos. Era essa uma aplicação da doutrina do justo meio.

A eqüidade parte das definições gerais da lei para as particularidades do caso. Adapta então a lei de modo a fazer "justiça". Ao fazê-lo, retorna ao padrão transcendental e universal que Sócrates e Platão destacaram. Embora não possamos definir "justiça" de modo absoluto, e os homens freqüentemente discordem dessa definição, ela permanece enquanto "ideal" — conceito que nos foi apresentado por Platão.

Tal como o conceito de limite inatingível no cálculo diferencial, a noção de ideal de justiça constitui um componente indispensável da análise dos problemas sociais e políticos. Essa é a grande contribuição de Platão, que parte de Sócrates. Mas Aristóteles acrescentou um componente que os dois filósofos anteriores não estavam dispostos a reconhecer, porque apontava no sentido da democracia e dava dignidade ao homem comum. Aristóteles reconhecia que o próprio conceito de "justiça", longe de ser algo que apenas uns poucos podiam atingir, tinha raízes profundas na experiência humana comum e na própria natureza do homem enquanto "animal político".

Assim, o juramento dos jurados atenienses — de agir com "justiça" — implicava a existência de um sentimento inato de justiça nos indivíduos. Acrescentar "quanto tivermos em nós" era reconhecer que, embora fossem imperfeitos — mas seriam perfeitos os reis ou os filósofos? —, eles se esforçariam para fazer o melhor de que eram capazes. Esse fundo comum de "virtude cívica" era a base sobre a qual se assentavam a democracia ateniense e o conceito aristotélico de eqüidade.

A dialética negativa de Sócrates — se a cidade a tivesse levado a sério — teria tornado inviáveis a eqüidade e a democracia. Ao identificar a virtude com o conhecimento inatingível, Sócrates privava de esperança os homens comuns e negava sua capacidade de se autogovernarem.

8. O IDEAL DE VIDA:
A TERCEIRA DIVERGÊNCIA SOCRÁTICA

ARISTÓTELES AFIRMA QUE UM HOMEM sem cidade é como "uma pedra solitária no jogo de damas".[1] Uma pedra de dama sozinha no tabuleiro não tem função. Ela só adquire significado quando se associa a outras pedras num jogo. Essa expressiva metáfora implica que os homens só se realizam numa *pólis*. O indivíduo só pode viver bem quando se associa a outros numa comunidade. Essa idéia não surgiu com Aristóteles: era a visão geral dos gregos. Tornar-se um homem "sem cidade" — *apólis* — já era um destino trágico em Heródoto e Sófocles um século antes de Aristóteles. E isso nos leva a uma terceira questão filosófica fundamental, em relação à qual Sócrates divergia de seus concidadãos.

Sócrates pregava e praticava a não-participação na vida política da cidade. Na *Apologia* de Platão, ele defende essa abstenção por ser necessária para "a perfeição" da alma.[2] Os atenienses e os gregos em geral acreditavam que o cidadão se educava e se aperfeiçoava através de uma participação integral na vida e nos negócios da cidade.

Escreve Aristóteles: "O homem, quando aperfeiçoado, é o melhor dos animais; mas quando isolado da lei e da justiça, é o pior de todos [...] quando desprovido de virtude, é um ser perverso e selvagem".[3] O sentimento de justiça sem o qual ele não pode elevar-se acima de seus impulsos selvagens, diz Aristóteles, "pertence à *pólis*; pois a justiça, que é a determinação do que é justo, é uma ordenação da associação política".

O homem solitário vive num mundo em que a própria palavra "justiça" não tem significado. Onde não há "outros", não surgem conflitos que exijam uma solução "justa". O problema da justiça só se coloca numa comunidade. A *pólis* era uma escola constante, que moldava seus habitantes por meio de leis, festivais, cultura, ritos religiosos, tradições; do exemplo dado pelos cidadãos mais notáveis, do teatro e da participação no governo, particularmente nos debates da assembléia e dos tribunais, onde as questões referentes à justiça eram discutidas e resolvidas.

Os atenienses viviam numa cidade cuja beleza era tamanha que até hoje suas ruínas nos impressionam. Os poetas trágicos e cômicos de Atenas ainda nos fascinam. Os maiores oradores políticos da cidade ainda nos inspiram. Ainda aprendemos com eles lições válidas para nosso tempo, tal como os homens de tantos séculos atrás. Se algum dia existiu uma cidade merecedora da energia e da devoção integrais de seus cidadãos, essa cidade foi Atenas. A participação na "política" — na administração da cidade — era um direito, um dever e uma educação. Porém todos os socráticos, de Antístenes a Platão, defendiam a idéia de que se devia abster-se dessa participação.

No início do século VI a.C., o reformador social e legislador ateniense Sólon, o primeiro a permitir que pessoas das classes sociais mais pobres participassem da assembléia e dos tribunais, promulgou uma lei segundo a qual todo cidadão que permanecesse neutro e não tomasse nenhum partido em época de *stasis* ou de lutas políticas e conflitos de classes acirrados seria punido com a perda da cidadania.[4] Em sua *Vida de Sólon*, Plutarco explica que o grande legislador acreditava que "homem algum devia permanecer insensível ou indiferente ao bem comum, cuidando de seus assuntos pessoais com segurança e comprazendo-se com o fato de não ter nenhuma participação nos distúrbios e sofrimentos de seu país".[5] Essa mesma atitude se manifesta no discurso fúnebre de Péricles, talvez a mais eloqüente exposição do ideal democrático. Após afirmar que os conselhos de Atenas estavam abertos a todos, ricos ou pobres, Péricles acrescenta que os atenienses "consideram o homem que não participa dos negócios públicos, não como alguém que cuida de sua própria vida, mas sim como um inútil".[6] Os negócios da cidade, para os atenienses, diziam respeito a todos os cidadãos.

Segundo esses padrões, Sócrates não era um bom cidadão. Ele cumpriu suas obrigações militares, revelando-se um soldado valoroso. Mas é extraordinário constatar que um ateniense tão notável conseguiu, ao longo de setenta anos de vida, não ter praticamente nenhuma participação nos negócios cívicos. Se a lei de Sólon contra a não-participação em tempos de conflitos cívicos estivesse ainda em vigor no século V a.C., Sócrates poderia ter perdido a cidadania. As duas maiores convulsões políticas ocorridas durante a vida de Sócrates — que foram as piores de toda a história da cidade — foram a derrubada da democracia em 411 e novamente em 404 a.C. Em ambas as ocasiões, Sócrates não teve participação alguma nem na derrubada da democracia, nem em sua restauração. Não tomou o partido dos aristocratas descontentes que se assenhorearam do poder nem o dos democratas que foram por eles mortos ou expulsos da cidade, nem mesmo o dos moderados que passaram a fazer oposição aos ditadores pouco depois que estes assumiram o governo. Com exceção de um único ato corajoso — porém silencioso — de desobediência civil durante a segunda ditadura, a dos Trinta, Sócrates permaneceu alheio ao conflito.

Numa célebre e deliciosa passagem da *Apologia* de Platão, Sócrates diz aos juízes: "Se me matardes, não achareis com facilidade outro que, para usar uma expressão um tanto ridícula, se aferre à cidade como um moscardo a um cavalo" — um cavalo "lerdo", acrescenta ele, que precisa de uma boa "ferroada" para seu próprio bem.[7] Eis aí a origem do clichê um pouco pejorativo que hoje em dia designa os jornalistas críticos e radicais.* Mas o moscardo socrático nunca se manifestava quando seu ferrão se fazia mais necessário. Sócrates jamais elevou a voz na assembléia quando as decisões mais importantes da época estavam sendo tomadas. Para a maioria de seus concidadãos, Sócrates certamente era menos um moscardo do que, para usar um termo empregado por Péricles em seu discurso fúnebre, um *idiotes* — termo pejorativo que designava o cidadão que não participa-

---

* Em inglês, *gadfly* ("moscardo") é comumente usado nesse sentido figurado. (N. T.)

va da vida pública. Por isso traduzimos *idiotes* como "inútil" no trecho do discurso citado acima. (Etimologicamente, a palavra grega é a origem de nosso termo "idiota", mas na época ela não conotava incapacidade mental.)

Na *Apologia* de Platão, estabelece-se um contraste semelhante entre os verbos *idioteuo* e *demosieuo*.[8] O segundo significa participar dos assuntos da cidade, do *dêmos*. Sócrates sabia que era criticado por não participar da política. Esses verbos são usados no segundo dos diversos pronunciamentos que ele faz para se desculpar por não participar da vida cívica da cidade. Diz ele aos juízes: "Pode parecer estranho que eu circule por todo canto a dar conselhos particulares,* mas não me aventure a vir à sua assembléia para dar conselhos à cidade". É sintomático o emprego de "sua" em vez de "nossa". Na linguagem de Sócrates reflete-se o distanciamento em que ele vivia.

A primeira desculpa que ele apresenta na *Apologia* é o fato de que seu famoso *daimônion* — sua voz interior que o alertava e guiava — o advertira no sentido de não se envolver com a política. O *daimônion* jamais explicava seus presságios. Mas Sócrates os explica. "Não se irritem com as verdades que digo", afirma Sócrates no tribunal; "o fato é que nenhum homem se salva quando se opõe bravamente aos senhores ou a qualquer outra multidão [o termo grego usado é *plethos*] para evitar que aconteçam na cidade muitas coisas injustas e ilegais."

Essa desculpa era uma afronta à cidade e uma admissão de covardia, como Sócrates deixa claro em seguida: "Quem se bate pelo que é certo, para preservar sua vida ainda que apenas por pouco tempo, deve atuar em particular e não em público".[9] A tradução desse trecho atenua o impacto do original. O que Sócrates diz é: *idioteuein alla me demosieuein* — era necessário ser um *idiotes* e abster-se dos assuntos do *dêmos* para salvar a própria pele.

---

* O termo grego usado aqui é *polypragmono*, que também significa "intrometer-se na vida alheia".

Minutos antes, porém, Sócrates dissera que se considerava um moscardo e orgulhava-se de ferrar o cavalo lerdo de Atenas para seu próprio bem! Como podia um homem bater-se pelo que era certo, como Sócrates afirmara, sem arriscar sua própria segurança na luta? E como impedir que acontecessem coisas "injustas e ilegais" sem se manifestar e votar contra elas na assembléia? A cidade permitia a liberdade de expressão e concedia a todos o direito de votar na assembléia como meio de impedir a adoção de políticas injustas. De que modo tais salvaguardas poderiam ser eficazes se os cidadãos não tinham a coragem de exercer esses direitos? Sócrates dava uma lição de oportunismo, não de virtude.

Ninguém pedia a Sócrates que abandonasse a filosofia para se dedicar à vida pública. Mas havia momentos na vida da cidade em que se enfrentavam questões urgentes de caráter moral. Em tais ocasiões, a voz de um filósofo na assembléia podia ser importante. E, para um filósofo, haveria melhor foro para dramatizar o combate pela virtude do que a assembléia? Ocorreram dois debates memoráveis desse tipo no tempo de Sócrates, durante a guerra do Peloponeso, com resultados opostos. Ambos diziam respeito ao destino de aliados de Atenas que haviam se rebelado. O primeiro debate foi a respeito de Melos; o outro, de Mitilene. O resultado do primeiro tornou-se uma nódoa para a reputação de Atenas. O do segundo veio a honrar o nome da cidade. Em ambos foi testada a virtude de Atenas; ambos mereciam a participação de um filósofo.

Fica-se a desejar — tanto pela reputação da cidade quanto pela do filósofo — que Sócrates não se houvesse omitido. Embora negasse ser professor, Sócrates não podia negar sua condição de pregador. Vivia exortando seus concidadãos no sentido de se tornarem virtuosos. Nessas duas ocasiões, a virtude estava em jogo. Para compreender os debates em relação a Melos e Mitilene, é preciso relembrar o que acontecera com as cidades-Estados gregas após a vitória sobre os persas, na primeira metade do século V a.C. Essa vitória foi conquistada sob a liderança de Atenas, então aliada a Esparta. Mas, após a guerra, a aliança protetora entre Estados iguais logo se transformou numa espécie de império ateniense.

"Império" talvez seja uma palavra forte demais, quando evoca imagens de impérios como o persa e o romano. Mas o fato é que cada vez mais o poder decisório da aliança protetora, não apenas com referência à defesa, mas também a outras questões, foi se concentrando nas mãos do membro mais poderoso, Atenas. O mesmo se deu com o tesouro comum. As contribuições para a manutenção da marinha ateniense, responsável pela defesa mútua, logo se transformaram em tributo. Com esse dinheiro, Atenas enriqueceu-se e embelezou-se. Foi ele que financiou a construção do Partenon, símbolo majestoso dessa transformação de protetorado em império.

Isso gerou uma rebelião. Atenas e Esparta separaram-se, e cada uma organizou um bloco de aliados. Alguns Estados menores buscaram a proteção de Esparta contra Atenas, outros agregaram-se a Atenas para se protegerem de Esparta. O mundo helênico dividiu-se em dois, e o próximo grande conflito armado do século V a.C. se deu entre essas duas forças. O conflito culminou na longa e desastrosa guerra do Peloponeso. Essa luta intestina, mutuamente destrutiva, entre povos irmãos que tinham em comum uma mesma civilização, foi uma versão em miniatura das duas guerras mundiais de nosso século, bem como da terceira e última conflagração planetária que talvez já esteja se configurando.

Na "guerra mundial" do mundo helênico, havia guerras dentro da guerra maior. No interior de cada aliança constantemente ocorria que membros menores se revoltassem contra seus protetores, os quais se tornavam cada vez menos populares entre aqueles que supostamente eram por eles protegidos — como ocorre na Otan e no Pacto de Varsóvia hoje em dia. A luta de classes também entrou no conflito de impérios. Em cada cidade-Estado havia uma guerra incessante entre ricos e pobres. Muito antes da Guerra Civil espanhola, Atenas e Esparta tinham "quintas-colunas": os democratas atenienses eram coniventes com os democratas descontentes das cidades sob jugo espartano; a Es-

133

parta oligárquica conspirava com os aristocratas descontentes das cidades dominadas por Atenas, e dentro da própria Atenas havia uma quinta-coluna pró-espartana de antidemocratas ricos. As cidades mudavam de lado, ou tentavam mudar, quando o poder era tomado por uma facção rival. E por toda parte grassava a desumanidade.

Melos entrou para a história como exemplo clássico da injustiça brutal gerada pela guerra e pela política de força — o que os alemães denominavam *Realpolitik* e que ainda é praticada por todas as potências do mundo, qualquer que seja sua ideologia. Melos ilustra a lógica cruel imposta tanto aos fortes quanto aos fracos pelas relações entre Estados supostamente soberanos, num mundo em que não há leis que governem tais relações. Essa lógica atua ainda hoje. As superpotências gregas, para impedir ou sufocar rebeliões entre seus satélites, com freqüência agiam com brutalidade, temendo demonstrar fraqueza — como um valentão de rua, com medo de que os outros meninos o julguem medroso. Para as grandes potências, cometer injustiças com os aliados menores parecia uma necessidade ditada pela autopreservação. Essa é a história relatada nas páginas extraordinárias de Tucídides, uma parábola política válida para todos os tempos.

Melos era uma cidade-Estado insular, uma colônia espartana que havia muito irritava Atenas por situar-se num trecho do Egeu sob domínio ateniense. Embora simpatizasse com Esparta e fosse governada por uma oligarquia, Melos não ousou tomar o partido dos espartanos na guerra do Peloponeso. Em vez disso, permaneceu neutra, o que, para os atenienses, era imperdoável. Durante a guerra contra os persas, os navios de Melos participaram da decisiva vitória naval grega de Salamina. A esquadra e os recursos financeiros de Melos seriam úteis para Atenas na luta contra Esparta. E havia ainda o perigo de que Melos abrisse seus portos para a esquadra espartana, dando-lhe uma base no Egeu.

Em 426 a.C., Atenas atacou Melos, sem sucesso; dez anos depois, ameaçou atacar a ilha outra vez, a menos que Melos se aliasse a ela. Quando os habitantes da ilha recusaram-se a aliar-se a Atenas, propondo em vez disso permanecerem neutros, os atenienses sitiaram a cidade. Após um inverno de fome, Melos rendeu-se, entregando-se à clemência de Atenas. A reação de Atenas foi matar todos os homens, escravizar as mulheres e crianças e entregar a ilha a colonos atenienses. Foi o episódio mais cruel de uma guerra cruel.

Isso se deu em 416 a.C. Na época, Sócrates tinha cerca de 53 anos, era um dos mais notáveis personagens da cidade e vivia cercado de discípulos entusiásticos vindos de todas as regiões da Grécia. Sócrates acharia que nesse episódio houve justiça? Julgaria virtuoso destruir uma cidade que já havia se rendido? Acharia que essa política era sensata? Certamente, numa ocasião tão traumática, a cidade tinha o direito de pedir a Sócrates que participasse do debate. Onde estava o "moscardo" da cidade? O massacre de Melos não é mencionado nem em Xenofonte nem em Platão. Essa omissão é particularmente estranha por ser o episódio uma nódoa inegável no nome da democracia tão desprezada pelos socráticos. Por outro lado, é possível que eles também achassem que o massacre era justificável por razões de *Realpolitik*. Os filósofos muitas vezes não são mais imunes às paixões nacionalistas despertadas pela guerra do que os homens comuns.

Talvez Sócrates não mencione Melos nas páginas de Xenofonte nem nas de Platão por lhe ser doloroso pensar no papel lamentável desempenhado no massacre pelo seu querido discípulo Alcibíades. Sabemos, graças a Plutarco e a um orador ateniense, que Alcibíades foi um dos que mais influenciaram a assembléia no sentido de não demonstrar nenhuma piedade pelos habitantes de Melos.[10] As mesmas fontes informam também que Atenas escandalizou-se quando Alcibíades teve um filho com uma das mulheres aprisionadas em Melos, cujo marido fora morto no massacre.

Nessa ocasião, a voz de Sócrates na assembléia talvez tivesse evitado a chacina em Melos. Dez anos antes, num debate semelhante a respeito de Mitilene, foi uma única voz que fez a assembléia demonstrar piedade em vez de realizar um massacre. Mitilene era a cidade mais importante da rica e populosa ilha de Lesbos, tornada famosa pelos poetas líricos Safo e Alceu. A cidade liderou em 428 a.C. uma rebelião contra Atenas da qual apenas uma das cidades da ilha não participou. Mitilene não poderia ter escolhido hora pior para romper com os atenienses durante a guerra do Peloponeso. Todas as terras da Ática fora dos muros da cidade tinham sido devastadas pelos invasores espartanos. O cerco de Atenas tinha resultado numa epidemia de peste, com a cidade superpovoada devido à presença de refugiados oriundos do interior. Com as condições sanitárias primitivas da época, Atenas vivia dias de horror. Para culminar, Péricles morreu de peste.

A cidade mal começara a recuperar-se dessas terríveis desgraças quando chegou a notícia de que estourara uma rebelião em Lesbos. Os espartanos, que a haviam incentivado, imediatamente deram início à quarta invasão da Ática. Atenas temia — e Esparta esperava — que o exemplo de Mitilene e a desgraça de Atenas espalhassem a infecção da revolta. No ano seguinte, quando Mitilene finalmente capitulou diante da fome e do conflito entre as classes causados pelo cerco da cidade, Atenas estava sequiosa de vingança.

Na assembléia, no primeiro dia do debate a respeito do que se faria com Mitilene, a facção linha-dura obteve uma vitória fácil. Mitilene seria esmagada para aterrorizar as outras cidades prestes a se rebelar. A assembléia, aceitando proposta de Cléon, sucessor de Péricles no governo, decidiu destruir Mitilene, matar toda a população masculina e vender as mulheres e crianças como escravos. Era a lógica do terror como intimidação.

Uma trirreme foi enviada imediatamente para dar esse destino à cidade derrotada. Mas uma reação ocorreu durante a noite, forte o bastante para obrigar a assembléia a se reunir novamente no dia seguinte e reconsiderar aquela decisão cruel e precipitada. Cléon ficou furioso. Afirmou que qualquer indecisão era sinal de fraqueza e falta de resolução, e ameaçava a solidez da aliança e a segurança de Atenas. O argumento é bem conhecido em nosso século, e não é totalmente inválido. Cléon ficou irritadíssimo. O "demagogo" repreendeu o *dêmos*. Disse à assembléia que o caso de Mitilene servira para deixar mais claro do que nunca algo que ele já constatara muitas vezes: que a democracia era incapaz de governar outros povos.[11] Advertiu a assembléia dos perigos da piedade. Lembrou os atenienses de que a aliança era, na verdade, uma forma de despotismo. O humanitarismo era um luxo ao qual um império não podia dar-se.

O discurso de Cléon nos apresenta uma imagem vívida, ainda que hostil, dos atenienses de seu tempo. Queixa-se ele: "Repetidamente sois enganados por propostas inusitadas em vez de seguir conselhos comprovados". Afirma que os atenienses são "escravos [...] de todas as novidades paradoxais e zombam do que já é conhecido", e estão sempre dispostos "a aplaudir um comentário engenhoso, antes mesmo que ele tenha sido pronunciado".[12] Não se trata da descrição de uma assembléia que se recusa a ouvir opiniões contrárias. O líder dessa oposição inesperada era um homem chamado Diodoto, a respeito do qual nada mais se sabe. Ele em vão defendera a clemência no primeiro dia do debate, e aproveitou a mudança geral de sentimento para desafiar a liderança de Cléon. O remorso já surgira e a compaixão se manifestava. Diodoto tentou então conquistar, através de uma lógica fria e objetiva, aqueles que ainda estavam indecisos. Argumentou que, mesmo do ponto de vista dos interesses do império, a clemência era uma política mais sensata do que o terror impiedoso. Diodoto utilizou três argumentos principais. O primeiro deles era que destruir uma cidade prestes a se render era uma insensatez. Não era fácil tomar uma cidade murada disposta a resistir. As muralhas de Mitilene permaneciam intactas. Fora a fome que derrotara a cidade. Ela ainda não havia sido tomada quando seus líderes decidiram render-se. Ela podia ter continuado a lutar, aguardando os reforços prometidos por Esparta. A destruição da cidade, agora, mostraria aos outros aliados rebeldes que era inútil esperar compaixão de Atenas, que de nada lhes adiantaria render-se. Desse modo, ficaria mais difícil sufocar rebeliões futuras.

O segundo argumento fundava-se na lógica da luta de classes. A estratégia de Atenas era apelar para os democratas no sentido de lutarem contra os oligarcas que governavam as cidades aliadas a Esparta. Se Atenas sujeitasse Mitilene a um massacre e a um cativeiro em massa, estaria tratando do mesmo modo oligarcas e democratas, ricos e pobres.

A situação interna de Mitilene era complexa. A cidade era governada com mão de ferro por uma oligarquia pró-espartana. A virada em favor da paz ocorrera quando os líderes, em desespero, armaram as massas. O povo estava passando fome, farto da guerra, disposto a fazer da cidade uma aliada de Atenas. Uma vez armado, o povo desafiou os oligarcas e tentou obter a paz. Em conseqüência, os oligarcas renderam-se, para evitar que o poder passasse para um governo democrático em Mitilene. Qual o sentido — perguntou Diodoto à assembléia ateniense — de matar aliados em potencial juntamente com inimigos naturais?

O terceiro argumento de Diodoto em favor da clemência era igualmente racional e prático. Por que destruir uma cidade cuja esquadra, força de trabalho e recursos financeiros poderiam contribuir muito para a sobrevivência e a vitória de Atenas? A briga entre Atenas e Mitilene tivera início quando Mitilene tentou abandonar a aliança. Por que destruir a cidade justamente agora, quando sua rendição indicava que ela estaria disposta a se unir a Atenas? Concluiu Diodoto: "Aquele que delibera com prudência é mais forte contra o inimigo do que aquele que imprudentemente investe com a força bruta".[13]

Tal como se dá em tantos casos cruciais na política, a escolha não era fácil. Ambas as alternativas — a vingança e a clemência, o endurecimento e a conciliação — ofereciam riscos; nenhuma assegurava o sucesso. A conciliação poderia ter o efeito de tornar a revolta uma possibilidade menos perigosa para outros aliados descontentes. Mas um massacre aumentaria o ódio contra Atenas e geraria revoltas ainda mais acirradas. Os argumentos de Diodoto venceram. A assembléia voltou atrás, ainda que por uma estreita margem, e dessa vez votou a favor da clemência.

Infelizmente, a trirreme que recebera as ordens anteriores já havia partido em direção a Mitilene. Quando a assembléia tomou a decisão contrária no dia seguinte, o navio que partira com ordens de realizar um massacre geral já estava, segundo Tucídides, a "cerca de um dia e uma noite" de viagem de Atenas. Num dos episódios mais dramáticos da história de Tucídides, a segunda trirreme, com ordens de suspender o massacre, saiu a toda velocidade, na esperança de chegar antes que Mitilene fosse destruída. Os remadores revezavam-se, "ora dormindo, ora remando". Assim mesmo, a primeira trirreme já havia chegado. A sentença de morte já fora lida em voz alta. Os primeiros emissários de Atenas estavam prestes a cumprir suas ordens quando o segundo navio chegou. Afirma Tucídides: "Por um triz, Mitilene escapou da destruição", e Atenas conservou sua honra.[14] A decisão revelou-se acertada: Mitilene tornou-se fiel aliada de Atenas. Não seria isso virtude posta em prática, muito embora os homens que agiram nesse caso não fossem capazes de formular uma definição de "virtude" que satisfizesse Sócrates?

Na *Apologia*, Sócrates apresenta uma desculpa indigna por nunca ter participado na vida política da cidade. Indaga ele aos juízes: "Julgais que eu teria vivido tantos anos se houvesse tomado parte na política atuando como homem de bem, batendo-me pela justiça e dando a essa atitude a máxima importância?".[15] O debate a respeito de Mitilene mostra que Sócrates não tinha razão. O *dêmos* que ele desprezava tinha uma consciência para a qual se podia apelar. Um cidadão obscuro, "atuando como homem de bem", conseguiu fazer com que a piedade prevalecesse, apesar da oposição furiosa do principal líder democrático da cidade, Cléon. O exemplo de Diodoto faz com que nos envergonhemos por Sócrates.

Em épocas posteriores da Antigüidade, quando os escritos de Platão já haviam transformado Sócrates num herói, num verdadeiro santo, certamente alguns autores devem ter se intrigado com o porquê de Sócrates não ter colocado seu gênio à disposição da cidade, ao menos nos momentos mais críticos. Nos textos históricos e biográficos da Antigüidade, muitas vezes a realidade misturava-se à ficção. Era muito comum um escritor inventar incidentes interessantes para tornar mais vivo o retrato do herói por ele esboçado. É possível que tais escritores achassem que essas invenções tinham uma certa verdade apócrifa, mas

139

elas *deveriam* ter acontecido, se os heróis tivessem feito jus a suas reputações.

Há dois incidentes, porém imaginários, em que Sócrates atua como um bom cidadão, um na obra do biógrafo Plutarco, outro na do historiador Diodoro da Sicília. Ambos os autores escreveram suas obras meio século após o julgamento de Sócrates. Ambos eram moralistas, dados a relatar histórias que promovem a virtude. A história contada por Plutarco se passa no episódio da grande derrota da marinha ateniense em Siracusa, um dos piores momentos da guerra do Peloponeso para Atenas. Aparentemente, Plutarco ficou a imaginar se o *daimônion* de Sócrates, sua voz interior ou espírito guardião, não o teria alertado a respeito dessa catástrofe, e por que motivo Sócrates não transmitira a advertência a seus concidadãos. Esse tipo de especulação parece ocorrer na biografia de Nícias, um dos generais atenienses encarregados da expedição contra Siracusa. Plutarco, homem supersticioso, afirma que haviam ocorrido vários presságios a respeito do desastre. Escreve ele: "Também a Sócrates, o sábio, seu divino guia [*daimônion*], utilizando os sinais costumeiros, indicou com clareza que a expedição causaria a ruína da cidade". Sócrates "informou seus amigos íntimos", prossegue Plutarco, "e a história foi amplamente divulgada".[16]

Essa advertência de Sócrates não é mencionada em Tucídides nem nos escritos de nenhum escritor da Antigüidade anterior a Plutarco. Em seu comentário ao *Nícias*, Bernadotte Perrin afirma que a história "contém todos os indícios de que se trata de uma invenção dedutiva".[17] Se essa advertência tivesse realmente ocorrido, Xenofonte ou Platão a teriam mencionado. Na verdade, Sócrates não precisava de um aviso de seu *daimônion* para que se preocupasse com a expedição à Sicília. Um dos principais promotores da expedição era seu favorito Alcibíades, e o projeto caracterizava-se pelo brilho estratégico e a *hybris* perigosa que eram típicos de Alcibíades, homem totalmente desprovido da virtude da *sophrosyne* — moderação — que Sócrates enfatiza na *República* de Platão. Mas não há dados que indiquem ter Sócrates comparecido à assembléia para avisar que aquela expedição era mais grandiosa que prudente.

A menção à moderação traz à baila o segundo incidente imaginário que envolve Sócrates. Diz respeito a suas relações com um malogrado líder político ateniense chamado Terâmenes, líder da facção moderada das duas conspirações oligárquicas que derrubaram a monarquia, primeiro em 411 e depois em 404 a.C., logo após a derrota ateniense na guerra do Peloponeso, cerca de cinco anos antes do julgamento de Sócrates.

Nas duas ocasiões, Terâmenes era líder daqueles que queriam substituir a democracia por uma oligarquia moderada, e em ambas as vezes ele rompeu com os aristocratas quando estes levaram seus aliados da classe média à oposição, ao estabelecer uma oligarquia estreita — a dos Quatrocentos em 411 e a dos Trinta em 404 a.C. Crítias, líder dos Trinta e rival de Terâmenes, ordenou sua execução quando ele ousou opor-se à ditadura.

Talvez fosse de se esperar que Sócrates e Platão considerassem Terâmenes um herói, pois certamente ele tentava praticar a *sophrosyne*. Mas nas páginas de Platão, em que Crítias aparece tantas vezes de modo tão elogioso, Terâmenes jamais é mencionado. Tampouco aparece no trecho das *Memoráveis* de Xenofonte em que o autor fala das relações entre Sócrates e os Trinta. Os aristocratas oligárquicos consideravam Terâmenes um vira-casaca. Mas Aristóteles o encara com consideração em sua *Constituição de Atenas*, na qual Terâmenes parece encarnar a doutrina do justo meio defendida por Aristóteles, como um estadista que procurava uma solução intermediária entre uma oligarquia demasiadamente estreita e uma democracia excessivamente ampla.

Diodoro da Sicília, em sua história, aparentemente imagina que Sócrates deveria simpatizar com Terâmenes, o moderado. Diodoro apresenta um relato fictício a respeito do que ele *achava* que deveria ter acontecido quando Terâmenes — segundo o relato de Xenofonte, que era contemporâneo de Terâmenes, em sua obra *Helênicas* — foi arrastado para o local da execução após enfrentar Crítias numa discussão acalorada. Diodoro afirma que, quando os capangas de Crítias agarraram Terâmenes, "ele aceitou a catástrofe corajosamente" porque "havia levado a fundo seus estudos filosóficos com Sócrates". Nenhum outro escritor identi-

141

ficou Terâmenes como discípulo de Sócrates. Diodoro enfeitou seu relato com uma cena dramática. Diz ele, a respeito dos que viram Terâmenes sendo arrastado: "De modo geral, a multidão ficou desgostosa com a queda de Terâmenes, mas não se aventurou a intervir, tendo em vista o grupo de homens armados" a mando de Crítias; porém "o filósofo Sócrates e dois membros de seu círculo aproximaram-se correndo na tentativa de deter os agentes" do ditador.

Terâmenes então implorou que não resistissem. "Aplaudiu sua lealdade e coragem", mas disse que "seria para ele causa de grande tristeza" se aquela tentativa de salvá-lo o tornasse responsável "pela morte de homens que tinham por ele sentimentos tais". Assim, "Sócrates e os seus", diz Diodoro, concluindo seu relato um tanto insosso, "tendo em vista que ninguém mais vinha ajudá-los e que as autoridades tornavam-se cada vez mais intransigentes, afastaram-se".[18]

Nada semelhante a esse incidente é relatado por Xenofonte na passagem das *Helênicas* em que o autor fala da morte de Terâmenes. Tampouco encontramos nenhuma alusão a ele nos discursos do orador Lísias, amigo de Sócrates, a fonte contemporânea mais completa a respeito do período da ditadura dos Trinta. Também não há menção a essa cena no relato de Aristóteles, da geração seguinte.

A falta de participação política de Sócrates era algo extraordinário. Com exceção de um discreto ato de desobediência civil ocorrido no período dos Trinta, o qual examinaremos adiante, a impressão que se tem é de que ele simplesmente não estava presente nos momentos mais críticos da história da cidade. Alguma manifestação pública de protesto teria ajudado muito no sentido de dissipar a suspeita que começou a se formar em torno de Sócrates depois desses acontecimentos terríveis, pouco mais de dez anos antes de seu julgamento. Havia uma grande necessidade de deixar clara a sua posição. Pois a derrubada da democracia em 411 a.C. foi uma iniciativa de seu favorito Alcibíades, e a de 404 a.C. foi liderada por Crítias e Cármides, que aparecem como membros do círculo socrático nos diálogos de Platão, que era primo de Crítias e sobrinho de Cármides. Os seguidores de Crítias e Cármides — seus capangas e tropas de choque — provinham do mesmo meio de jovens aristocratas de simpatias próespartanas que, em 414 a.C., em sua comédia *Os pássaros*, Aristófanes qualificara de "socratizados".[19]

Há uma ligação — à qual raramente se dá atenção — entre a morte trágica de Terâmenes e a do próprio Sócrates. O mais influente dos três acusadores de Sócrates em seu julgamento — um homem chamado Ânito — era lugar-tenente de Terâmenes. Ânito era um dos moderados de classe média que fugiram de Atenas após a execução de Terâmenes; juntou-se aos democratas no exílio e tornou-se um dos generais a liderar a coalizão de moderados e democratas que derrubou os Trinta e restaurou a democracia. Certamente Ânito não esqueceu que Sócrates não se unira nem aos moderados nem aos democratas em oposição aos Trinta.

Sócrates reagiu à acusação de que sempre permanecera indiferente à vida política da cidade. Segundo a *Apologia* de Platão, em seu julgamento ele citou dois episódios em que participou da política, uma vez opondo-se à democracia, outra à ditadura dos Trinta. Segundo o próprio Sócrates, foram essas as únicas ocasiões em que ele participou ativamente dos negócios da cidade. Em ambos os casos, as circunstâncias o obrigaram a participar. No entanto, quando esse dever lhe foi imposto, ele agiu com justiça e com coragem.

A primeira ocasião, em 406 a.C., foi durante o julgamento dos generais que haviam comandado a frota ateniense na batalha das Arginusas. Eram acusados de não ter recolhido os sobreviventes e os corpos dos mortos após a batalha. Os generais argumentavam que teria sido impossível fazer tal coisa porque o mar estava agitado. Sócrates era membro da *prytaneis*, a comissão de cinqüenta membros que presidia ao julgamento, os quais haviam sido escolhidos por sorteio. A questão que pôs em jogo a coragem de Sócrates era esta: os generais teriam o direito de ser julgados separadamente?

143

Julgá-los todos juntos era claramente uma injustiça. Cada um tinha o direito de ser julgado com base nos atos que praticara nas circunstâncias específicas da área sob sua responsabilidade. O *boule* (conselho) ateniense, ao preparar o caso para ser julgado pela assembléia, cedendo às pressões da indignação popular, havia decidido que eles seriam julgados juntos. Mas quando teve início o julgamento perante a assembléia, um dissidente teimosamente questionou a legalidade do julgamento conjunto, de acordo com a legislação e as tradições atenienses.[20]

Esse questionamento era realizado através de uma moção denominada *graphe paranomon*, equivalente ao que hoje chamaríamos moção de inconstitucionalidade. Normalmente — até onde podemos saber com base na parca documentação legal do século V a.C. (embora exista uma abundância de dados referentes ao século IV) — o julgamento dos generais seria adiado até que a moção fosse debatida e votada. Mas o populacho ficou tão irritado com a possibilidade de adiamento do julgamento, que obrigou a comissão presidente a pôr de lado a moção de "inconstitucionalidade" e a permitir que fosse imediatamente votada a resolução de julgar todos os generais ao mesmo tempo. Enquanto os outros membros da comissão foram intimidados pelas ameaças da assistência, apenas Sócrates protestou até o fim contra esse procedimento ilegal e injusto. Mas a unanimidade não era necessária para uma decisão da presidência, e a maioria se impôs.

Ao falar sobre sua participação no julgamento dos generais, Sócrates reconhece, na *Apologia*, que essa foi a única ocasião em que ocupou um cargo público na cidade. Afirma:

> Eu, atenienses, jamais exerci um cargo público na cidade; apenas [...] coincidiu de caber a minha tribo a presidência quando os senhores queriam julgar em bloco, e não individualmente, os dez generais que deixaram de recolher os mortos da batalha naval, o que era ilegal, conforme todos os senhores reconheceram depois. Naquela ocasião fui o único [dos membros da comissão] que me opus a qualquer ação

contrária às leis, e, embora os oradores estivessem prontos a processar-me e prender-me, e aos brados os senhores os incitassem a tal, achei de meu dever correr o risco até o fim, permanecendo do lado da lei e da justiça, em vez de estar ao seu lado quando seus desígnios eram injustos, por medo da prisão ou da morte.[21]

Mas Sócrates, apesar desses medos por ele confessados, não foi punido por se opor à maioria. Pelo contrário, quando chegou a hora do arrependimento, "todos os senhores reconheceram depois", como disse o próprio Sócrates, que o que haviam feito era ilegal. Assim, Sócrates deve ter sido elogiado por defender corajosamente o que era direito.

A segunda ocasião em que Sócrates se viu forçado a enfrentar suas obrigações de cidadão envolvia um rico meteco, isto é, um estrangeiro fixado em Atenas, Leão de Salamina, durante a ditadura dos Trinta. Era tão reduzido o apoio popular à ditadura que ela só podia sobreviver com a presença intimidadora de uma guarnição espartana em Atenas. Para arcar com as despesas da guarnição, a ditadura resolveu "liquidar" alguns ricos comerciantes estrangeiros que residiam em Atenas, para em seguida expropriar seus bens e entregá-los em pagamento às tropas de ocupação espartanas.

"Após a instauração da oligarquia" — diz Sócrates a seus juízes na *Apologia* de Platão — "fui chamado à Rotunda, com mais outros quatro, pelos Trinta, os quais nos ordenaram que fôssemos buscar Leão de Salamina [...] para matá-lo." Os Trinta não precisavam de uma força civil de cidadãos para efetuar a prisão. Eles dispunham de grupos de capangas armados de chicotes e punhais, que espalhavam o terror. Esses grupos poderiam prender Leão com facilidade. Por que motivo queriam que Sócrates participasse? "Eles davam a muitas outras pessoas ordens semelhantes", explica Sócrates, "a fim de comprometer o maior número possível com seus crimes." Como sabemos, Sócrates conhecia bem os líderes dos Trinta. Crítias e Cármides, os chefes da facção aristocrática dominante, faziam parte do círculo socrático.

145

Que fez Sócrates? Resistiu, porém com um gesto mínimo de resistência, um ato mais privado que político. Em vez de protestar contra a ordem, simplesmente saiu da Rotunda e foi para casa, sem participar da prisão. É essa, se excluirmos as bazófias, a substância de seu próprio relato. Diz ele:

> Nessa ocasião, demonstrei novamente, por atos e não por meras palavras, que — perdoem a rudeza da expressão — para mim a morte não vale mais que um figo podre, mas que tem a maior importância não fazer nada que seja injusto ou ímpio. A mim aquele governo, apesar de todo o seu poder, não conseguiu me obrigar a cometer uma injustiça; e quando, ao sairmos da Rotunda, os outros quatro foram [...] e prenderam Leão, eu fui para casa.[22]

Sócrates — ao contrário de Ânito, seu acusador — não partiu de Atenas para se juntar aos exilados que já planejavam a derrubada da ditadura, e que certamente o receberiam calorosamente; simplesmente foi para casa. Desse modo estava cumprindo seu dever cívico contra a injustiça ou estava apenas — para usar uma expressão sua — salvando a própria alma?

Essa era uma das diversas razões apresentadas por Sócrates para justificar sua abstenção da política. Na *Apologia* de Platão, ele diz que se abstinha da política a fim de cuidar da alma, de mantê-la pura. Indiretamente, estava dizendo que os assuntos cívicos eram de algum modo sujos, ou, para empregar um termo cristão, "pecaminosos". Aliás, era justamente essa a posição dos monges que, séculos depois, se refugiariam no deserto, afastando-se do mundo, para levar uma vida à parte, coletiva ou solitária. Se existissem mosteiros na Grécia clássica, Sócrates e seus seguidores teriam se sentido atraídos por eles. Os ensinamentos socráticos a respeito da alma têm um teor que viria a ser característico do cristianismo medieval, porém era muito diferente da visão solar e jubilosa — ao mesmo tempo corpórea e espiritual — da Grécia clássica.

Na concepção clássica, corpo e alma estavam unidos. Os socráticos e os platônicos os separaram, menosprezando o corpo e elevando a alma. Uma mente saudável num corpo saudável — *mens sana in corpore sano*, para usar as palavras com as quais o poeta latino Juvenal posteriormente o resumiu em sua famosa *Décima sátira*[23] — era o ideal clássico.

Uma nova tendência surge com Sócrates — talvez antes dele, com os pitagóricos, que eram admiradores seus, como sabemos com base nas discussões entre eles e Sócrates em seu último dia de vida, relatadas nas belas páginas do *Fédon* de Platão. Atribui-se aos pitagóricos ou aos órficos um movimento análogo, o dito — baseado num jogo de palavras, pois *soma* é "corpo" e *sema* é "túmulo" — segundo o qual o corpo é o túmulo da alma. Havia uma transição natural da idéia de se abster da vida da cidade para a idéia de se abster da própria vida. Vemos essa tendência mais claramente em Antístenes e na filosofia cínica que ele derivou — de modo exagerado — de um aspecto do ensinamento socrático. Sócrates não apenas não participava da vida da cidade como também pregava a não-participação. Era essa — conforme ele diz aos juízes na *Apologia* — sua missão. Afirma ele: "Outra coisa não faço senão andar por aí convencendo-os, moços e velhos, a não cuidar do corpo, mas proteger a alma".[24] Comenta Burnet a respeito dessa passagem da *Apologia*: "Sócrates parece ter sido o primeiro grego a falar da *psyché* (alma) como a sede do conhecimento e da ignorância, da bondade e da maldade. Daí decorria que o principal dever do homem era 'cuidar de sua alma'; esse é um aspecto fundamental da doutrina socrática".[25]

Mas isso, tanto para um grego quanto para um homem moderno, não explica nada. De que modo se pode aperfeiçoar a alma? Abstendo-se da vida ou mergulhando nela e se realizando como parte da comunidade? O ideal clássico era o aperfeiçoamento do indivíduo concomitante com o aperfeiçoamento da cidade.

Aristóteles estava mais próximo do ideal clássico. Como já vimos, sua política e sua ética partem da premissa de que a virtude não era "solitária" mas política, cívica. Para ele, a alma era o princípio animador de todos os seres vivos, plantas e animais. Afirma ele: "Alma e corpo formam o ser vivo".[26] Para Aristóteles, a alma individual desaparece juntamente com o corpo. Ele retira a questão da "alma" do campo da teologia e a coloca no da fisiologia; tira-a do misticismo e a traz para a ciência.

De acordo com a visão ateniense, uma atuação justa no caso de Leão de Salamina envolvia dois aspectos. O que Sócrates enfatizava era o de agir com justiça enquanto indivíduo. Isso era essencial e admirável, mas apenas metade do dever do indivíduo. A outra metade era esforçar-se ao máximo no sentido de fazer com que as leis e a atuação da cidade se adequassem aos padrões de justiça. Sócrates não podia simplesmente ir para casa e lavar as mãos de toda e qualquer responsabilidade. Enquanto cidadão, era responsável pelo que a cidade fazia. Se ela cometia o mal, ele também compartilhava a culpa, a menos que se esforçasse ao máximo no sentido de impedi-lo.

A injustiça grassava durante a ditadura dos Trinta. Eles começaram expulsando da cidade os pobres, os democratas. Sócrates poderia ter partido com eles, para demonstrar a importância que dava à justiça. Ou então poderia ter participado da segunda leva de exilados, na qual moderados de classe média, como Ânito, afastaram-se de Atenas e aliaram-se aos democratas para derrubar a ditadura. Sócrates teria merecido um lugar de honra na democracia restaurada. Suas antigas ligações com Crítias teriam sido perdoadas. Ânito não levantaria acusações contra ele. Não teria havido julgamento.

E sua experiência no período dos Trinta, em que era perigoso manifestar idéias discordantes, não o fez dar mais valor às instituições democráticas de Atenas. Sócrates não dava sinal de modificar sua atitude desdenhosa em relação à democracia. Pelo contrário: conforme veremos, não era totalmente infundado o temor de que seus ensinamentos pudessem levar uma nova geração de jovens voluntariosos e violentos a tentar mais uma vez derrubá-la.

9. OS PRECONCEITOS DE SÓCRATES

UMA VEZ — MAS APENAS UMA — Sócrates aconselha um discípulo a entrar para a política. Esse conselho nada habitual foi dado — por estranho que pareça — a Cármides, tio de Platão, que veio a se tornar o principal lugar-tenente de Crítias durante o regime dos Trinta. Nas *Memoráveis*, de Xenofonte, Cármides, na época um jovem promissor, é incentivado por Sócrates a atuar na política participando dos debates da assembléia.

Cármides mostra-se relutante. Então Sócrates lhe faz uma pergunta que poderia perfeitamente ter sido dirigida ao próprio Sócrates: "Se um homem se recusasse a se dedicar aos negócios públicos, embora capaz de fazê-lo de modo a engrandecer o Estado e cobrir-se de glória", argumenta Sócrates, "não seria razoável julgá-lo covarde?".

Cármides confessa que a timidez o faz relutar em aparecer publicamente. Sócrates diz que muitas vezes já ouviu Cármides dar ótimos conselhos a homens públicos em conversas pessoais. Cármides retruca que "uma coisa é conversar em particular, outra bem diversa é participar de um debate público".

Sócrates, discordando, revela o grau de desprezo que sente pela assembléia ateniense. Diz a Cármides: "Não se intimida diante dos mais sábios, mas se envergonha de falar perante os mais ignorantes e fracos".

Por trás da atitude desdenhosa de Sócrates para com a democracia ateniense encontra-se claramente uma postura de esnobismo social. Quem são essas pessoas, ele pergunta a Cármides, que o fazem ter vergonha de falar diante delas? Então põe-se a enumerar as profissões comuns e — para ele — vulgares que são representadas na assembléia.

149

"Os pisoeiros, os sapateiros, os pedreiros, os ferreiros, os agricultores, os negociantes" — Sócrates os enumera com desdém — "ou os cambistas de praça pública, que só pensam em comprar barato para vender caro? [...] Hesita em falar diante de homens que jamais se preocuparam com os negócios públicos".[1] Então por que motivo eles interrompiam seu trabalho para participar da assembléia? Trata-se do tipo de preconceito — e de discurso bombástico — que não se espera ouvir da boca de um filósofo. O que se torna ainda mais estranho quando se levam em conta as origens sociais de Sócrates.[2]

Sócrates não era um aristocrata rico. Era de classe média. A mãe era parteira, o pai, canteiro, talvez também escultor — a distinção entre artesão e artista não era clara na Antigüidade. Até mesmo o mais destacado artista era considerado um homem que realizava trabalho braçal e que precisava trabalhar para ganhar o sustento.

Como Sócrates se sustentava? Tinha mulher e três filhos. Chegou aos setenta anos de idade. Ao que se sabe, no entanto, jamais teve emprego ou ofício. Passava os dias no ócio, conversando. Sócrates zombava dos sofistas por receberem pagamento dos alunos e orgulhava-se de jamais cobrar nada de seus discípulos. De que modo sustentava a família? Essa pergunta, bastante natural, jamais é respondida nos diálogos platônicos. Na *Apologia*, Sócrates afirma ser pobre, e certamente o era em comparação com os aristocratas ricos, como Platão, que tanto se destacavam em sua *entourage* de admiradores. Mas nunca foi pobre a ponto de ter que arranjar um emprego ou praticar um ofício.

Aparentemente, ele vivia de uma pequena herança que lhe foi legada pelo pai, que teve algum sucesso em sua profissão. A renda de Sócrates era pequena, ao que parece. Sua pobre esposa, Xantipa, a esquecida heroína da saga socrática, ficou com a reputação de megera, talvez por ser obrigada a criar os filhos com pouco dinheiro. Mas o dinheiro era bastante para permitir a Sócrates uma vida de ócio.

É possível que sua renda fosse menor que a dos artesãos que ele encarava com tanta condescendência. Há versões diferentes a respeito da herança de Sócrates. A estimativa mais antiga que conhecemos aparece num diálogo de Xenofonte, o *Econômico*, ou *Como administrar uma propriedade*. Nessa obra, numa conversa com o rico amigo Critobulo, Sócrates comenta, de brincadeira, que é o mais rico dos dois, porque precisa de muito pouco para se satisfazer. É uma pena que a sofrida Xantipa não tivesse permissão de participar desse diálogo.

Quando lhe pedem que calcule sua fortuna, Sócrates responde: "Se encontrasse um bom comprador, creio que todas as minhas propriedades, incluindo bens móveis e escravos, mais a casa, poderiam facilmente ser vendidas por cinco minas. As suas, com certeza", diz Sócrates a Critobulo, "valeriam mais de cem vezes essa quantia".[3] Duas fontes posteriores dão um valor mais elevado às propriedades de Sócrates. Segundo Plutarco, "Sócrates possuía não apenas a casa onde morava, mas também setenta minas",[4] que ele emprestou "a juros a Críton", um amigo íntimo seu, que deu nome a um diálogo de Platão. No século IV d.C., o orador Libânio apresenta uma estimativa semelhante; em sua *Apologia*, Sócrates afirma ter herdado oitenta minas do pai, mas perdeu o dinheiro em maus investimentos.[5]

O que melhor indica o status social de Sócrates é seu serviço militar. Ele não lutou na cavalaria, com aristocratas como Alcibíades. Também não combateu ao lado dos pobres, na infantaria leve ou na marinha como remador. Sócrates lutou como hoplita, isto é, na infantaria pesada. O ateniense arcava com os custos do equipamento militar que usava, e apenas a classe média de artesãos e comerciantes podia pagar a armadura pesada do hoplita. Ao enumerar os componentes da assembléia, Sócrates estava debochando da classe social a que ele próprio pertencia. Os diferentes ofícios que ele menciona são os que compunham a classe média.

Graças à democracia, a classe média ateniense conquistara a igualdade política — ainda que não a social — em relação à aristocracia rural de que provinham Platão e Xenofonte.

Como todos sabem, no entanto, às vezes os piores esnobes são os de origem pequeno-burguesa. O esnobismo de Sócrates certamente despertava simpatias entre os jovens aristocratas ricos e ociosos que constituíam seus seguidores, como ele próprio afirma na *Apologia* de Platão. No diálogo com Cármides, Sócrates manifesta o desdém típico do aristocrata em relação aos "vulgares artesãos" que estavam começando a atuar na política, de "berço vil" mas, às vezes, mais ricos do que os aristocratas.

Uma causa particular defendida por Demóstenes, cerca de meio século após a morte de Sócrates, revela que fazer comentários depreciativos a respeito da origem humilde ou da profissão de uma pessoa era, na Atenas da época, uma infração à lei contra *kakegoria* ("falar mal"), que cobria diversas formas de difamação. Na causa defendida por Demóstenes, uma das queixas contra Eubúlides, pequeno funcionário público, era a de que ele havia zombado da mãe do querelante por ter ela se sustentado como vendedora de fitas e ama-de-leite; não era uma condição muito inferior à da mãe de Sócrates, que era parteira. O querelante se arroga o direito de processar "todo aquele que faz da ocupação individual motivo de crítica a qualquer cidadão, homem ou mulher".[6]

A atitude de Sócrates em relação aos "cambistas de praça pública" talvez tenha sido um dos fatores que provocaram seu principal acusador, Ânito, que era mestre curtidor. A *Apologia* de Xenofonte dá a entender que Sócrates o insultara ao falar com desdém de seu ofício e ao criticá-lo por estar ensinando a seu próprio filho essa profissão vulgar. Segundo Xenofonte, ao ver Ânito passar após sua condenação, Sócrates comentou: "Vejam como vai orgulhoso aquele homem, que julga ter realizado uma grande e nobre façanha em me matar, por eu lhe ter dito, vendo-o alçado às maiores dignidades da cidade, que ele não deveria limitar a educação do filho ao ofício de curtidor".[7]

No *Mênon*, Platão apresenta um encontro entre Ânito e Sócrates no qual Ânito o adverte dos perigos que corre por "difamar" (*kakagorein*) estadistas atenienses. Quando Ânito, irritado, se afasta, Sócrates faz um comentário ferino, dizendo que o outro se ofendeu "por considerar-se um deles".[8] O verbo *kakago-rein* — "difamar" — usado no *Mênon* é cognato do termo legal que, em Demóstenes, qualifica os comentários depreciativos.

No *Teeteto*, de Platão, o esnobismo de Sócrates passa do plano social para o filosófico. Ele divide os filósofos em duas classes e explica a visão que os filósofos superiores têm das instituições políticas de Atenas. Afirma estar falando apenas dos "principais" filósofos, pois — pergunta — "por que falar dos inferiores?". Diz que os filósofos superiores, "desde a juventude, desconhecem o caminho que leva à ágora [assembléia]", e nem sequer tomam conhecimento de sua existência. Prossegue Sócrates: "Nem mesmo sabem onde fica o tribunal, ou a câmara do conselho, ou qualquer outro lugar de reuniões públicas. [...] Quanto às leis e aos decretos", diz ele, "nem ouvem os debates a seu respeito nem os lêem quando publicados".

Platão faz Sócrates reduzir os negócios públicos à categoria de frivolidades vulgares. "E as disputas entre associações políticas por cargos públicos", conclui ele, "e as reuniões [...] e pândegas com coristas — jamais lhes ocorre [i.e., aos filósofos superiores], sequer em sonhos, entregar-se a tais práticas." A política é reduzida ao nível de sonhos eróticos. O moralismo do filósofo o preserva do contato com essas coisas. E nem nos surpreendemos mais quando Sócrates diz, a respeito do verdadeiro filósofo: "Na verdade, é apenas seu corpo que reside na cidade; sua mente, julgando todas essas coisas mesquinhas e irrelevantes, as despreza".[9] Nessa passagem, o Sócrates platônico, como o aristofânico, realmente anda com a cabeça nas nuvens.

Sócrates é admirado por seu inconformismo, mas poucos se dão conta de que ele se rebelava contra uma sociedade aberta e admirava uma sociedade fechada. Era um dos atenienses que desprezavam a democracia e idealizavam Esparta.[10] A mais antiga referência a esse fato encontra-se numa divertida comédia de Aristófanes, *Os pássaros*, montada em 414 a.C., quando Sócrates tinha cerca de 51 anos. Aristófanes o mostra como ídolo dos atenienses descontentes que eram favoráveis a Esparta. Com sua inventividade exuberante, o poeta cômico chega a criar duas palavras para qualificá-los.

No verso 1281 da comédia ele rotula esses dissidentes de *elakonomanoun*, "laconômanos", termo supostamente derivado do verbo *lakanomaneo*, ser louco pelas coisas da Lacônia, isto é, Esparta. No verso 1282, Aristófanes cunha outro termo — *esokrotoun*, como se derivado do verbo *sokrateo*, imitar Sócrates. Os jovens em questão eram

> [...] *Laconômanos; andavam cabeludos,*
> *Famélicos, sujos, socratizados,*
> *Com scytales nas mãos* [...][11]

Os espartanos eram famosos por sua austeridade à mesa — até hoje falamos em "dieta espartana" — e pela falta de refinamento quanto a indumentária, boas maneiras e aparência. Usavam o cabelo longo e despenteado e não aprovavam a prática de tomar banho com freqüência. A palavra *scytales*, no final do trecho citado, designa os bastões ou porretes que os espartanos levavam consigo. Segundo Aristófanes, também o faziam os atenienses que os admiravam.

Vemos que essa caricatura não era demasiadamente exagerada quando nos deparamos com uma passagem da *Vida de Alcibíades*, de Plutarco. No tempo em que vivia em Atenas, Alcibíades era um dândi refinado. Mas quando fugiu para Esparta, porque estava sendo processado por parodiar os sagrados mistérios atenienses numa orgia de aristocratas em Atenas, ele conquistou a simpatia dos espartanos ao abandonar seu refinamento ateniense, adotando o modo de vida espartano.

"Quando [os espartanos] o viram de cabelos longos, tomando banhos frios, habituado a pão grosso e mingau preto", escreve Plutarco, "mal puderam acreditar no que viam." Plutarco rotula Alcibíades de "camaleão", dizendo que "em Esparta, ele era defensor extremado dos exercícios físicos, da austeridade e da severidade de expressão".[12]

O próprio Platão era um dos aristocratas atenienses descontentes que admiravam e idealizavam Esparta. Ele acrescenta mais um detalhe ao retrato dos atenienses pró-espartanos. Platão tinha talento cômico. Há uma passagem do *Górgias* que bate com a descrição apresentada por Aristófanes. Nesse diálogo, depois de Sócrates zombar de todos os grandes estadistas atenienses, oligarcas e democratas, o clímax de sua diatribe — como já dissemos acima — é a acusação de que Péricles tornou os atenienses "indolentes, covardes, tagarelas e avarentos, ao criar o sistema de remuneração pública" —, ou seja, pagamento para os que participavam dos tribunais. Nesse momento, o interlocutor de Sócrates, Cálicles, comenta com sarcasmo: "É o que dizem os que têm as orelhas amassadas, Sócrates".[13] Trata-se de uma referência aos boxeadores, cujas orelhas ficam deformadas com a prática do esporte.

Esse trecho certamente faria rir o leitor ateniense, mas exige uma explicação para um público moderno. Em seu comentário ao diálogo, E. R. Dodds explica que se trata de uma referência aos "jovens oligarcas do final do século V que proclamavam suas tendências políticas adotando hábitos espartanos — um dos quais era (ou imaginava-se que era) a prática do boxe".[14]

Tanto em Xenofonte quanto em Platão fica claro que Sócrates era admirador de Esparta. O trecho mais famoso que evidencia esse fato está no *Críton*, de Platão. A tendência pró-espartana de Sócrates é mencionada no diálogo imaginário entre o filósofo e as Leis de Atenas personificadas.

Críton, um dos mais dedicados discípulos de Sócrates, vai visitar o mestre na prisão depois do julgamento. Críton revela-lhe que ele, juntamente com outros amigos do filósofo, estão tramando sua fuga. Já levantaram os fundos necessários e pagaram "alguns homens dispostos a salvá-lo, tirando-o daqui".[15]

Sócrates recusa-se a ser salvo. Diz que não retribuirá o mal com o mal. Recusa-se a violar a lei, mesmo para salvar sua vida ameaçada por um veredicto que considera injusto. Sócrates pede a Críton que imagine o que lhe diriam as Leis de Atenas se elas lhe aparecessem na cela para discutir a questão com ele. Nessa conversa imaginária com as Leis, expõe-se o conceito de que a lei é um contrato entre o Estado e o cidadão individual. Essa é, provavelmente, a primeira aparição da teoria do contrato social na literatura profana; a Bíblia menciona uma aliança semelhante entre Jeová e Israel.

As Leis argumentam que Sócrates, tendo gozado da proteção das Leis de Atenas durante toda a sua vida, estaria agora rompendo o contrato se fugisse, em vez de obedecer a um decreto legal, simplesmente por considerá-lo injusto. O argumento, ainda que elevado e de peso, está longe de ser decisivo. Aqui, como acontece com tanta freqüência nos diálogos platônicos, Sócrates não é obrigado a enfrentar a contra-argumentação em sua íntegra.

Como tantos outros interlocutores de Sócrates, Críton simplesmente não está a sua altura. As contradições reais da posição socrática vêm intrigando os estudiosos desde então.[16] Contudo, esse aspecto do debate imaginário, ao qual voltaremos adiante, não nos interessa no momento. O relevante agora é a referência, feita pelas Leis, às tendências pró-espartanas de Sócrates.

As Leis argumentam que Sócrates poderia ter mudado de cidade a qualquer momento de sua vida, "se não o aprazíamos e o senhor julgava injusto o acordo", porém ele não o fez. As Leis dizem que ele poderia ter migrado para uma das duas outras cidades-Estados cujas leis ele tanto admirava. "Mas não preferiu a Lacedemônia nem Creta", dizem as Leis, "cujos governos o senhor sempre elogiou."[17] Em seu comentário, Burnet observa que "não haveria sentido" em colocar esse trecho no *Críton* "se o Sócrates 'histórico' não tivesse de fato elogiado as leis de Esparta e Creta".[18]

A admiração de Sócrates por Esparta e Creta, mencionada ironicamente no *Críton*, é um dado desconcertante. Esparta e Creta eram, cultural e politicamente, as duas regiões mais atrasadas da Grécia antiga. Nessas duas cidades-Estados, as terras eram cultivadas por servos, os quais eram mantidos submissos (ao menos em Esparta, a respeito da qual sabemos mais do que em relação a Creta) por uma polícia secreta e uma casta militar governante que praticava uma espécie de *apartheid*, como o da moderna África do Sul. A predileção socrática por Esparta e Creta é confirmada em outros trechos de Xenofonte e Platão, sendo que esses dois autores também preferiam Esparta à sua cidade natal. Nas *Memoráveis*, Sócrates tacha os atenienses de "degenerados" e afirma a superioridade dos espartanos, elogiando em especial sua formação militar.[19] Na *República* de Platão, Sócrates elogia as "constituições de Creta e Esparta" como a melhor forma de governo, preferível à oligarquia, que ele põe em segundo lugar, e, naturalmente, à democracia, que para ele vem em terceiro.[20]

Sabemos que Esparta — e provavelmente Creta também — restringia a liberdade de seus cidadãos de viajar para o estrangeiro, tal como fazem a União Soviética e a China. O objetivo, na época assim como agora, era impedir o perigo da "poluição espiritual" (como diz o governo chinês) causada pelas idéias estrangeiras. Nas *Leis* de Platão, propõe-se uma cortina de ferro semelhante. Nesse diálogo, o porta-voz do autor é o "Estrangeiro ateniense" (porém suas idéias sem dúvida deviam parecer coisa de estrangeiro em Atenas), e seus interlocutores são um cretense e um espartano. O próprio conjunto de personagens é tão fechado quanto o tipo de sociedade que os três aprovam. Todos são favoráveis a uma cortina de ferro que impeça a entrada de visitantes e idéias do estrangeiro e restrinja as viagens dos cidadãos. Propõem até mesmo uma espécie de quarentena espiritual para os poucos que tiverem permissão de viajar, com o fim de descontaminá-los, para que não tenham mais nenhuma idéia perigosa antes de se misturarem com seus concidadãos.

O diálogo entre Sócrates e as Leis é interrompido cedo demais. As Leis deviam ter perguntado a ele por que motivo não emigrou para Esparta. A resposta, óbvia na época, teria sido constrangedora. Sócrates era filósofo, e os filósofos não eram bem recebidos em Esparta. Vinham para Atenas dos quatro cantos da Grécia, mas nunca iam para Esparta nem para Creta. Essas duas cidades-Estados não eram mercados de idéias e encaravam a filosofia com desconfiança.

Pelo visto, nem Críton nem nenhum dos outros discípulos que tramavam a fuga de Sócrates jamais pensaram em levá-lo para se refugiar em Esparta. Afirma Críton: "Onde quer que vá, será bem recebido". Chega a mencionar a atrasada Tessália como refúgio possível; lá Críton diz ter amigos "que o tratarão com muitas honras e o protegerão",[21] mas não toca nos dois lugares que Sócrates tanto admirava — Esparta e Creta.

Muitos atenienses pró-espartanos refugiavam-se em Esparta. Xenofonte, discípulo de Sócrates, passou lá o resto da vida depois que se exilou de Atenas. Alcibíades, como já vimos, refugiou-se lá uma vez. Mas estes eram bem recebidos porque podiam auxiliar Esparta em seus conflitos militares com Atenas. Xenofonte serviu os espartanos como soldado mercenário; Alcibíades foi recebido de braços abertos como traidor de sua própria cidade. Mas Sócrates era filósofo. Aí estava a diferença. Não sabemos de nenhum filósofo que tenha morado em Esparta ou Creta. Platão fugiu de Atenas após a condenação de Sócrates. Viajou extensamente, tendo visitado o Egito; sua admiração pelo sistema de castas adotado pelos egípcios transparece nas *Leis* e no *Crítias*; porém não conhecemos nenhuma menção a sua passagem por Esparta ou Creta.

Por fim, Platão desistiu do exílio voluntário e voltou para Atenas. Fundou sua academia e passou os quarenta anos de vida que lhe restavam ensinando sua filosofia antidemocrática sem que ninguém jamais o molestasse, e sem jamais dizer uma palavra de agradecimento à liberdade que Atenas lhe proporcionava.

É fácil entender por que certos membros da aristocracia rural ática admiravam e idealizavam Esparta. Em Esparta, a classe média de artesãos e mercadores, que desempenhavam um papel tão dinâmico na história de Atenas, não tinha o direito de cidadania. Eram *perioikoi* — "residentes periféricos" de Esparta — com direitos limitados e baixo status social. Mas a existência de uma ditadura de casta militar, necessária para impedir a ascensão de uma classe média e manter a maioria de servos (hilotas) submissos, implicava uma profunda pobreza cultural. Esparta era uma oligarquia militar, em que a casta dominante levava uma vida de caserna austera, sob disciplina e treinamento militar constante, em que os homens faziam as refeições juntos numa cantina, como soldados mobilizados. A educação que recebiam era limitada.

Em Esparta não havia teatro; não havia poetas trágicos a refletir sobre os mistérios da existência, nem poetas cômicos que ousassem zombar dos notáveis da cidade. A música era marcial; o único poeta lírico, Álcman, era, ao que tudo indica, um escravo greco-asiático. O mais famoso poeta de Esparta, Tirteu, era também general, e um de seus fragmentos que chegaram até nós "refere-se a ordens para disposições táticas e diz respeito a um cerco".[22] Quanto à filosofia, Esparta era um vácuo absoluto, como também era Creta. Se Sócrates esboçasse uma de suas interrogações filosóficas em Esparta, seria preso ou expulso. A filosofia dos espartanos foi resumida séculos depois num poema de Tenyson, "The charge of the light brigade" [A carga da brigada ligeira]:

> *Não cabe a eles perguntar por quê,*
> *E sim agir apenas, e morrer.*

O antiintelectualismo e a rudeza dos espartanos constituíam um dos temas favoritos da comédia ateniense; alguns atenienses talvez tenham se intrigado ao ver um filósofo tão deslumbrado com uma cidade tão hostil à filosofia. No *Protágoras*, Sócrates tenta responder a essas críticas com uma pilhéria: afirma que os espartanos no fundo são — para usar uma expressão atual — filósofos enrustidos.

Sócrates não nega que Esparta pareça ser uma cidade fechada, que encara todas as idéias com desconfiança. Contudo, argumenta que isso não se dá porque os espartanos temam as idéias ou não gostem dos filósofos. Pelo contrário, diz Sócrates, os espartanos fecham suas portas às idéias e aos professores de filosofia porque não querem que o mundo exterior descubra como eles dão valor à filosofia! Sócrates chega mesmo a dizer que a dominação militar em Esparta não se deve ao seu lendário treinamento militar incessante e sua disciplina rigorosa, mas a sua dedicação secreta à filosofia.

Afirma Sócrates: "A filosofia floresce há mais tempo e com mais abundância na Creta e na Lacedemônia do que em qualquer outra parte da Grécia, e os sofistas [aqui o termo é empregado em sentido positivo] são mais numerosos nessas regiões".[23] Isso era pura bobagem, é claro; a filosofia grega surgiu nas cidades da Ásia Menor, fundadas por gregos jônios, que também fundaram Atenas. Os espartanos eram dórios.

Segundo Sócrates, os espartanos e cretenses "fingem-se de ignorantes a fim de impedir que se descubra que é por meio da sabedoria [*sophia*, no sentido de "filosofia"] que eles têm ascendência sobre os outros gregos. [...] Preferem que se pense que sua superioridade se deve à guerra e à bravura, pois crêem que, se sua verdadeira origem fosse revelada, todos seriam levados a praticar essa sabedoria".

E Sócrates prossegue: "Eles guardaram esse segredo tão bem que puderam enganar os seguidores dos preceitos espartanos em nossas cidades". O resultado, diz ele, lembrando o diálogo semelhante com Cálicles no *Górgias*, é que "alguns terminam com orelhas amassadas por imitá-los, atam correias em torno das mãos [como o "soco inglês" moderno], fazem exercícios para desenvolver os músculos e usam mantos elegantes, como se fosse por meios tais que os espartanos se tornaram senhores da Grécia".

Sócrates até propõe uma explicação engenhosa para a cortina de ferro espartana. Diz ele: "Quando os espartanos querem recorrer livremente a seus sábios, cansados de se encontrarem com eles em segredo [...] expulsam todos os estrangeiros, sejam eles simpatizantes do modo de vida espartano ou não, e conversam com os sofistas, sem que nenhum estrangeiro saiba".[24] A. E. Taylor, um dos maiores e mais entusiásticos estudiosos de Platão do século XX, comenta a respeito dessa passagem: "Escusado será dizer que essa representação de Esparta e Creta, as menos 'intelectuais' entre todas as comunidades da Hélade [...], é mera pilhéria".[25]

A referência à expulsão dos estrangeiros é uma alusão à *xenelasia*, uma lei de expulsão que, segundo o *Greek lexicon*, de Liddell e Scott (uma versão anterior do volume de Liddell, Scott e Jones), era uma peculiaridade de Esparta. Os gregos eram marinheiros, comerciantes e exploradores. Em Homero, a hospitalidade para com estranhos é uma virtude. Suspeitar dos forasteiros é uma característica dos selvagens, como os ciclopes. As cidades gregas, Atenas em particular, eram abertas a homens e idéias. Sob esse aspecto, Esparta e Creta eram exceções. Isso era fato bem sabido em Atenas. Nos *Pássaros*, Aristófanes zomba da paranóia espartana com relação aos estrangeiros. O excêntrico astrônomo Méton é aconselhado a fugir do reino dos Pássaros, porque seus governantes estão envolvidos numa histérica campanha de caça aos estrangeiros, "tal como na Lacedemônia".[26] A mentalidade ateniense por trás dessa brincadeira encontra expressão numa passagem do discurso fúnebre de Péricles, registrado por Tucídides, em que o estadista diz com orgulho: "Abrimos nossa cidade para todo o mundo e jamais impedimos, por meio de leis de exclusão, que qualquer um aprenda ou veja qualquer coisa que pudesse trazer proveito a um inimigo [...]".[27] Atenas orgulhava-se de permanecer imune àquela mesma paranóia que já começa a infectar a sociedade em que vivemos, nesta era de doutrinas de segurança nacional.

Esparta era o protótipo da sociedade fechada. Xenofonte fala sobre as leis contra os estrangeiros de Esparta, as *xenelasiai*, em seu tratado *Constituição dos lacedemônios*. Mas pelo visto ele admirava essa legislação excludente. Escreve, num tom desiludido, que os espartanos dos tempos de seu exílio na cidade deles estavam começando a gostar dos costumes estrangeiros! "Antigamente havia *xenelasiai*, e viver no estrangeiro era ilegal", diz Xenofonte, "e estou certo de que o propósito de tais normas era impedir que os cidadãos se desmoralizassem com o contato com estrangeiros." Mas "agora", acrescenta Xenofonte, com tristeza, escrevendo após a vitória espartana na guerra do Peloponeso, quando os generais passaram a gozar de um domínio muito lucrativo sobre as cidades derrotadas, "estou convicto de que a ambição única dos que se julgam os principais entre eles é viver seus últimos dias como governador de uma terra estrangeira".[28] Para compreendermos essa referência, lembremos que, enquan-

161

to Atenas rapidamente recuperou-se de sua derrota na guerra do Peloponeso, Esparta, corrompida pelos frutos dos saques, jamais se recuperou inteiramente da vitória.[29]

Há no *Protágoras* uma passagem análoga, que nada tem de bem-humorada, em que Sócrates afirma que os espartanos "não permitem que seus moços viajem para cidades estrangeiras, temendo que desaprendam o que aprenderam em sua terra".[30] A cortina de ferro espartana atuava nos dois sentidos: impedia a entrada dos estrangeiros e a saída dos cidadãos. Como já vimos, essa era uma das pouquíssimas características das constituições espartana e cretense adotadas por Platão nas *Leis*, em que as viagens ao estrangeiro eram restritas a uns poucos cidadãos escolhidos a dedo, que já passassem dos quarenta anos de idade, e assim mesmo apenas a serviço, como mensageiros ou embaixadores, ou em "certas missões de inspeção".[31] Parece tratar-se de uma referência a atividades de espionagem. Sob esse aspecto, como outros — particularmente o controle estatal da literatura e das artes —, Platão oferece às ditaduras leninistas um precedente que não pode ser encontrado em Marx nem em Engels.

É sintomático que na *Apologia*, na qual Sócrates reclama do preconceito que têm contra ele os poetas cômicos, ele se refira exclusivamente às *Nuvens* de Aristófanes. Não menciona as suas tendências pró-espartanas apontadas nos *Pássaros*. Essa peça tem relevância imediata para a acusação de que Sócrates subverteu a lealdade dos jovens para com Atenas. *Os pássaros* dava razão a essa acusação, ao dizer que os jovens "laconômanos" de Atenas eram "socratizados".

Ao escrever a *Apologia*, anos depois do julgamento, e deixar de mencionar *Os pássaros*, Platão estava protegendo a si próprio tanto quanto a Sócrates. O principal exemplo de descontente "socratizado" era o próprio Platão. No século IV a.C., ele deu continuidade à campanha contra a liberdade e a democracia de Atenas que fora iniciada por seu mestre no século V.[32]

Segunda parte
A PROVAÇÃO

10. POR QUE ESPERARAM TANTO?

AS NUVENS **FOI ENCENADA** 25 anos e *Os pássaros* dezoito anos antes do julgamento de Sócrates. As peças de Aristófanes e os fragmentos de obras de outros poetas cômicos revelam que o inconformismo socrático — político, filosófico e religioso — era notório. Sócrates não agia clandestinamente. Não era nenhum dissidente sobressaltado a publicar *samizdat* — para empregar o termo russo — e a distribuir seus escritos de mão em mão, ou enviá-los para o estrangeiro. Suas opiniões eram manifestadas "em qualquer esquina": na *palaestra*, onde os jovens atletas treinavam, ou no mercado. Onde quer que os atenienses se reunissem, tinham liberdade para ouvi-lo. Não havia KGB — nem FBI nem CIA, aliás — a grampear seu telefone para conhecer suas idéias. Embora instituições desse tipo já existissem em outras regiões da Grécia, em Atenas não havia nada semelhante. Esparta, conforme sabemos de várias fontes, tinha uma *krypteia*, isto é, uma polícia secreta, que não apenas espionava os hilotas que "não conheciam seu lugar", mas também assassinava os rebeldes e dissidentes potenciais que havia entre eles.[1]

Tudo leva a crer que a espionagem política não demorou para surgir, com o advento das tiranias em cidades-Estados gregas como Siracusa, onde Platão certa vez tentou transformar o tirano Dionísio II, que era seu amigo, num "rei-filósofo" modelo. Lá, segundo Aristóteles, um dos precursores de Dionísio, Hierão, usava *agents provocateurs*, bem como espiões, para investigar "todo e qualquer pronunciamento ou ato" que indicasse dissidência. Mulheres conhecidas como "ouvidos aguçados" eram enviadas para "todas as reuniões e congressos". Sua missão consistia não apenas em relatar todo pronunciamento perigoso mas também, por sua própria presença — ou pela possibilidade de estarem presentes —, inibir os que criticavam o regime. Observa Aristóteles: "Quando os homens temem espiões desse tipo, eles controlam a língua".[2] Em Atenas, todos usavam suas línguas para dizer o que bem entendiam; e ninguém usufruía desse direito mais que Sócrates.

Em Atenas, o teatro desempenhava a função da imprensa numa democracia moderna. Os poetas cômicos eram "jornalistas", espalhando mexericos maliciosos e picantes e criticando os que cometiam irregularidades no exercício de cargos públicos. A maior parte da produção abundante desses teatrólogos se perdeu. As únicas comédias completas que chegaram até nós são as de Aristófanes. Sócrates aparece em quatro delas, e conhecemos fragmentos de quatro outros poetas cômicos que mencionam a estranheza da figura e das idéias de Sócrates.[3] Sabemos que havia também uma outra peça, perdida, intitulada *Konnos*, de autoria de um poeta cômico chamado Amêipsias, cujo personagem principal era Sócrates. São essas as únicas referências ao filósofo feitas no tempo em que ele ainda era vivo.

No entanto, o fato de Sócrates ser um dos alvos favoritos dos poetas cômicos não significa que tivesse má fama; pelo contrário, indica que era um personagem famoso e popular. Os atenienses gostavam de seus concidadãos excêntricos. Gostavam também de rir dos mais altos funcionários da cidade. Os poetas cômicos não poupavam nem mesmo o olímpico Péricles, com sua namorada intelectualizada, Aspásia, e o círculo de intelectuais que os freqüentavam. Mas as piadas grosseiras, até mesmo licenciosas, que Péricles inspirava não impediam que os atenienses o reelegessem tantas vezes que Tucídides chegou a dizer que ele se transformara praticamente em monarca. O sucessor de Péricles, Cléon, embora considerado um "demagogo", ou seja, um líder popular, também era alvo de inúmeras pilhérias. Mas nem por isso deixou de ser reeleito também.

Como já vimos, o próprio Sócrates tinha muito senso de humor e com freqüência zombava de si mesmo. É pouco provável que se irritasse com as gozações de que era alvo. Em seus ensaios, as *Obras morais*, Plutarco conta que certa vez perguntaram a Sócrates se ele se indignava com a maneira como Aristófanes o tratara nas *Nuvens*. Respondeu ele: "Quando sou alvo de alguma pilhéria no teatro, sinto-me como se estivesse numa grande festa, entre amigos".[4] De fato, no *Banquete*, um dos mais belos diálogos de Platão, aparecem Sócrates e Aristófanes conversando, na mais perfeita amizade.

Contudo, na *Apologia* Sócrates dá a impressão de que atribui a origem do preconceito contra ele aos poetas cômicos. Bem no início de sua defesa, Sócrates afirma que, muito antes de lhe serem dirigidas as acusações que o levaram ao tribunal, havia sofrido uma série de ataques caluniosos. Diz que jamais pôde confrontá-los e refutá-los porque os acusadores eram anônimos, de modo que "nem foi possível trazê-los aqui" — isto é, ao tribunal — "e interrogá-los". Assim, ele foi obrigado "a lutar, por assim dizer, com sombras, e interrogá-las sem ter resposta". Diz Sócrates: "Nem sequer se pode saber ou dizer seus nomes, salvo quando se trata, porventura, de um comediógrafo". Mas isso é ambíguo. Pode ser interpretado — como normalmente se faz — como uma referência a Aristófanes e às *Nuvens*. Mas pode também ser uma referência a qualquer um que fosse comediógrafo.

Sócrates afirma que esses acusadores antigos "atingiram-nos quando, em sua maioria, ainda eram crianças".[5] Isso não era exagero. Também as crianças freqüentavam o teatro, e sabemos, com base nas datas das encenações, que as primeiras paródias de Sócrates apareceram em 423 a.C., quando muitos de seus juízes ainda eram, de fato, crianças. Naquele ano, no festival anual da cidade de Dionísia, estrearam duas comédias sobre Sócrates, e as duas ganharam prêmios: em segundo lugar ficou a de Amêipsias, *Konnos*; em terceiro, *As nuvens*.

Só conhecemos dois fragmentos do *Konnos*, mas é possível que as piadas a respeito de Sócrates fossem parecidas com as que encontramos nas *Nuvens*. Nessa comédia, Sócrates preside um *phrontisterion*, ou "pensatório". Também no *Konnos* havia um coro de *phrontistai*, "pensadores". Ninguém sabe exatamente o significado do título da peça, mas o verbo *konneo* significava "saber".

Tal como *As nuvens*, o *Konnos* era uma sátira aos intelectuais; talvez o título significasse "o sabedor", "aquele que sabe".

Parece que um terceiro poeta cômico, Êupolis, fez uma sátira semelhante. Num fragmento seu, Sócrates é mencionado num contexto em que há um jogo de palavras com o verbo *phrontizo* — "pensar" ou "contemplar". Afirma um dos personagens de Êupolis: "Sim, e abomino esse Sócrates pobretão e falastrão, que *contempla* tudo que há no mundo mas não sabe como há de conseguir fazer sua próxima refeição". Não sabemos nem o nome nem o assunto da comédia da qual esse fragmento fazia parte. Mas o professor Ferguson, da Open University, Inglaterra, que traduz esse fragmento no livro em que se reúnem menções a Sócrates, diz que há um comentário marginal às *Nuvens* que remonta à Antigüidade e afirma que, "embora Êupolis não apresentasse Sócrates com freqüência [em suas peças], ele o satiriza melhor do que o faz Aristófanes em toda a peça *As nuvens*".[6]

A genialidade e o amor de Platão fizeram de Sócrates uma espécie de santo profano da civilização ocidental. Mas os fragmentos que chegaram até nós da chamada "comédia antiga" ateniense do século V mostram que seus concidadãos sempre o consideraram um excêntrico, um esquisitão, embora simpático, um "personagem" local. Era assim que o viam seus contemporâneos, e não pelas lentes douradas dos diálogos platônicos. O humor da comédia antiga é grosseiro e obsceno; não é humor para puritanos. É a fonte original do Minsky's.* Encontrei nas páginas de Aristófanes os protótipos dos mesmos quadros e piadas grosseiras que me lembro de ter visto e ouvido, ainda menino, semiclandestinamente, em espetáculos de revista nos Estados Unidos — até os mesmos gestos obscenos, como, por exemplo, o de esticar o dedo médio e apontá-lo para cima.

Mas só mesmo um pedante desprovido de senso de humor poderia achar que as gozações dos poetas cômicos teriam leva-

---

* Nome de uma companhia teatral nova-iorquina que apresentava espetáculos de revista. (N. T.)

167

do ao julgamento de Sócrates. Quando Êupolis o representava como um homem que "contemplava" tudo mas não sabia de onde viria sua próxima refeição, estava fazendo uma piada grosseira e um pouco cruel — como o humor tantas vezes é, aliás —, mas estava longe de acusar Sócrates de algo que pudesse levá-lo ao tribunal. Dizer que Sócrates foi condenado por causa dos poetas cômicos é como dizer, hoje em dia, que a derrota de um político se deve ao modo como os cartunistas "deturparam" sua imagem nos jornais.

Na *Apologia*, Sócrates faz duas referências incisivas à maneira como é caricaturado nas *Nuvens*. Afirma ele que "na comédia de Aristófanes" seus juízes viram "um Sócrates carregado pela cena, apregoando que caminhava pelo ar". Sócrates está exagerando quando afirma que isso é o mesmo que chamá-lo de "criminoso e abelhudo". Aristófanes estava fazendo graça e não acusando ninguém de coisa alguma.

Sócrates queixa-se também de que seus juízes desde a infância eram levados pelos poetas cômicos a ver "um certo Sócrates, um sábio, a pesquisar as coisas que há no céu e sob a terra, a fazer com que o argumento mais fraco prevaleça sobre o mais forte". São esses, diz ele, "meus perigosos inimigos".

Mas não se tem notícia de ninguém que tivesse sido processado em Atenas por causa do que foi dito a seu respeito pelos poetas cômicos. Se as gozações desses escritores fossem levadas a sério, a maioria dos homens públicos da cidade teria terminado na cadeia. Isso é verdade não apenas em relação ao século V, o de Sócrates, como também ao IV, o de Platão, quando também esse filósofo tornou-se alvo freqüente dos comediantes de seu tempo.

O Sócrates platônico queixa-se de que seus concidadãos acham que aqueles que pesquisam "as coisas que há no céu e sob a terra" são livres-pensadores que "nem sequer acreditam nos deuses".[7] Afirma que o que lhe trouxe má reputação foram tais calúnias. Mas os atenienses, como os próprios diálogos de Platão afirmam, vinham em multidão — e pagavam bom dinheiro — para ouvir filósofos e "sofistas" livre-pensadores, oriundos de todas as regiões da Grécia, a expor idéias radicais.

Quanto à acusação de não acreditar nos deuses, os atenienses estavam acostumados a ouvir afirmações desrespeitosas em relação aos deuses no teatro, tanto em comédias quanto em tragédias. Desde dois séculos antes de Sócrates que os filósofos vinham lançando os fundamentos da ciência natural e da investigação metafísica. O extraordinário pioneirismo dos gregos no livre-pensamento ainda nos surpreende quando examinamos os fragmentos dos chamados pré-socráticos. Quase todos os conceitos básicos da ciência e da filosofia podem ser encontrados neles, em forma embrionária. Foram eles os primeiros a falar em evolução e a conceber o átomo. E, nesse ínterim, os deuses antigos eram — se não exatamente destronados — rebaixados e deixados de lado, reduzidos à condição de fábulas veneráveis ou personificações metafóricas de forças naturais e idéias abstratas.

Esses filósofos eram racionalistas, e raramente se interessavam por aquilo que entendemos por "teologia". Nem sequer conheciam esse termo, que surgirá na Grécia apenas no século seguinte ao de Sócrates. A palavra *theologia* — o discurso sobre os deuses — surge pela primeira vez na *República*, quando Platão explica o que os poetas em sua utopia terão o direito de dizer a respeito dos poderes divinos.[8] Em sua sociedade ideal, um Sócrates certamente seria punido por divergir da *theologia* oficial do Estado, mas não em Atenas.

As divindades olímpicas de Homero e Hesíodo haviam perdido importância e estatura diante das forças materiais e abstrações imateriais que os pré-socráticos identificavam como as forças básicas do universo. Os deuses foram relegados a um papel secundário no drama cósmico. Quando alguns desses primeiros livres-pensadores resolveram ocupar-se da natureza dos deuses, os resultados foram devastadores. Em nossa Bíblia, Deus cria o homem à Sua imagem. Mas um século antes de Sócrates, Xenófanes virou de cabeça para cima essa concepção antropomórfica e afirmou que os homens criavam os deuses à sua imagem humana. Observou ele que os etíopes tinham deuses com "narizes achatados e cabelos negros", enquanto os trácios adoravam deuses que tinham "olhos cinzentos e cabelos vermelhos" como eles.

Acrescentou que se bois, cavalos e leões tivessem mãos e pudessem esculpir imagens, também adorariam deuses semelhantes a eles. Xenófanes ousou até mesmo criticar Homero e Hesíodo, as duas "bíblias" da religião grega tradicional; escreveu: "Eles contam as histórias mais ímpias que pode haver a respeito dos deuses: histórias de roubo, adultério e fraude mútua".[9] É uma queixa bem semelhante à feita por Platão, quando ele se propõe a censurar os poetas.

Tudo indica que Xenófanes era uma espécie de panteísta, enquanto Platão concedia aos deuses olímpicos uma existência obscura e irrelevante em alguma esfera entre a terra e a estratosfera de suas Idéias eternas. Mas nem Xenófanes no século VI a.C. nem Platão no IV a.C. foram processados por atacarem a religião.

O politeísmo, por sua própria natureza pluralista, espaçosa e tolerante, estava sempre aberto para deuses novos e novas concepções a respeito dos velhos. Sua mitologia personificava as forças naturais e podia ser facilmente adaptada, através da alegoria, de modo a expressar conceitos metafísicos. Os velhos deuses apareciam com roupas novas e eram objetos de um culto semelhante, mas renovado.

O ateísmo era pouco conhecido, sendo difícil de ser apreendido pelos pagãos, que viam divindade em tudo que os cercava; não apenas no Olimpo, mas também na lareira e no marco de fronteira, que também eram divindades, ainda que de espécie mais humilde. Era possível, na mesma cidade e no mesmo século, cultuar Zeus como um velho devasso e promíscuo, dominado e traído pela mulher, Juno, ou como a deificação da Justiça.

Sócrates meteu-se em apuros por causa de suas idéias políticas, e não de suas concepções filosóficas ou teológicas. Discutir suas idéias religiosas é desviar a atenção das questões mais relevantes. Em toda a *Apologia*, não há nenhuma passagem em que Sócrates sequer mencione as pilhérias a respeito de suas tendências pró-espartanas e dos jovens pró-espartanos que o idolatravam e imitavam. O problema que temos de abordar, portanto, é o seguinte: por que motivo essas velhas gozações políticas de repente perderam a graça?

170

11. OS TRÊS TERREMOTOS

Não havia promotor público em Atenas. Qualquer cidadão podia apresentar uma acusação em juízo. Se durante toda a vida de Sócrates vinha se formando um preconceito contra ele devido a acusações anônimas e comédias, tal como ele afirma na *Apologia*, então por que motivo ninguém apresentou queixa contra ele antes que o filósofo completasse setenta anos de idade? A resposta parece conter duas partes. Em primeiro lugar, Atenas devia ser extraordinariamente tolerante em relação a opiniões dissidentes. Em segundo lugar, alguma coisa deve ter acontecido durante a velhice de Sócrates que fez com que a cidade se tornasse bem menos tolerante.

O que aconteceu que teve o efeito de fazer com que as velhas piadas perdessem a graça? O que fez com que o preconceito contra Sócrates gerasse uma acusação formal? A resposta, a meu ver, encontra-se em três "terremotos" políticos que ocorreram durante um período de pouco mais de dez anos antes do julgamento, que abalaram a sensação de segurança interna da cidade e tornaram apreensivos seus cidadãos. Não fosse por tais acontecimentos, Sócrates jamais teria sido acusado, nem mesmo se outros tantos poetas cômicos se pusessem a satirizá-lo.

As datas desses acontecimentos alarmantes são 411, 404 e 401 a.C. Em 411 e em 404, elementos descontentes, em conivência com o inimigo espartano, derrubaram a democracia e estabeleceram ditaduras, instaurando o terror. Em 401 a.C., apenas dois anos antes do julgamento, houve mais uma tentativa de golpe. Em todas as três convulsões cívicas, desempenharam um papel importante jovens ricos como os que se destacavam na *entourage* de Sócrates.

171

Os personagens parodiados nas *Nuvens* e nos *Pássaros*, já tão conhecidos, certamente passaram a ser encarados sob um novo ângulo, tornando-se sinistros. O jovem aristocrata perdulário, Feidípides, que vai estudar no "pensatório" socrático em *As nuvens*, já não parecia mais um janota inofensivo. Agora uma realidade dolorosa transparecia por trás de sua fala exultante, antes da cena em que ele dá uma surra no pai: "Como é bom aprender idéias novas e engenhosas e poder olhar com desdém as leis estabelecidas".[1] Os jovens "socratizados" dos *Pássaros*, com seus porretes à espartana, já não pareciam mais tão engraçadinhos. Haviam se transformado nas tropas de choque utilizadas pelos Quatrocentos em 411 e pelos Trinta em 404 para espalhar o terror pela cidade.

Nos períodos elegantes e sedutores de sua *Apologia*, Platão não deixa que esses acontecimentos políticos se imponham à consciência do leitor, embora fossem lembranças ainda bem nítidas para os juízes. Tampouco os menciona em nenhuma passagem de seus numerosos diálogos.[2] Como uma das principais preocupações de Platão era concretizar uma política virtuosa, essa curiosa lacuna nos diálogos era claramente fruto de uma amnésia política seletiva.

Conhecemos relatos bem vívidos do que aconteceu. Tucídides é a melhor fonte para os eventos de 411, e Xenofonte para os de 404, em suas *Helênicas*. A primeira ditadura — a dos Quatrocentos — durou apenas quatro meses; a segunda — a dos Trinta — oito meses. Mas em ambos os casos foram muitos os horrores que ocorreram num intervalo de tempo curto e inesquecível.

Nem todos esses horrores foram acidentais. Em todo o decorrer da história, quanto menor a base de sustentação de uma ditadura, maiores as atrocidades que ela julga necessárias para se preservar no poder. Tanto em 411 quanto em 404, a democracia foi derrubada não por uma onda de descontentamento popular, mas por um punhado de conspiradores. Eles tiveram de apelar para a violência e a trapaça e colaborar com o inimigo espartano, porque tinham muito pouco apoio em Atenas. É nesse contexto que podemos entender melhor uma curiosa negação feita por Sócrates na *Apologia* de Platão. Diz ele que durante toda a vida sempre evitou participar de *synomosias*. O termo é traduzido por *plots* ["conspirações"] tanto na edição Loeb quanto na versão de Jowett.[3] Mas é necessário explicar melhor o sentido da palavra para entendermos exatamente o que Sócrates está negando. O termo é derivado de um verbo que significa fazer um juramento juntos.* Era usado para designar os clubes ou conspirações mais ou menos secretos em que aristocratas juravam ajudar-se mutuamente e atuar contra a democracia. Essas *synomosias*, explica Burnet em uma nota a essa passagem da *Apologia*, "visavam originariamente garantir a eleição de membros do partido oligárquico e sua absolvição quando eram julgados, e haviam desempenhado um papel da maior importância nas revoluções do final do século V a.C.".[4]

Esses clubes aristocráticos eram tristemente famosos. A mais antiga menção a eles que se conhece está nos *Cavaleiros* de Aristófanes, no trecho em que o paflagônio diz: "Vou nesse mesmo instante até o Conselho/ Denunciar estas vis conspirações [*synomosiai*]".[5] A comédia ganhou o primeiro prêmio em 424 a.C., treze anos antes da primeira derrubada da democracia.

É sintomático que Sócrates julgasse necessário negar ter participado de tais conspirações. Não há por que duvidar de sua palavra. Mas ele tinha em comum com as *synomosiai* uma antipatia pela democracia. Essa sua negação é o único trecho da *Apologia* em que Sócrates toca — ainda que muito de leve — nas questões que, a meu ver, constituem as verdadeiras razões políticas do julgamento. Sócrates, no entanto, não nega — e infelizmente não poderia negar — que alguns de seus mais famosos discípulos e amigos haviam desempenhado um papel fundamental nessas conspirações.

A estratégia subversiva dos clubes aristocráticos em épocas de normalidade política é exposta com total franqueza por Adimanto no segundo livro da *República*. Adimanto é normalmente

---

* As palavras portuguesas "conjurar" e "conjuração" têm precisamente as acepções em questão. (N. T.)

identificado como irmão de Platão. Diz ele a Sócrates: "Para permanecermos escondidos, organizaremos sociedades [*synomosiai*] e clubes políticos [*hetaireias*], e há também professores de lisonja que ensinam a arte de convencer assembléias populares e tribunais. Assim, graças à persuasão e também à força, poderemos nos impor impunemente".[6]

Nas *Leis*, Platão propõe a pena de morte para todo aquele que organizasse conspirações ou clubes com o fim de subverter a cidade ideal por ele imaginada.[7] Mas Atenas era mais tolerante. O direito de associação era garantido por uma lei que remontava aos tempos de Sólon. Esses "clubes" aristocráticos jamais foram alvo de nenhuma punição, embora fosse verdade — como afirma Gomme em seu monumental comentário à história de Tucídides — que "somente os inimigos da democracia precisavam de sociedades secretas".[8] A primeira menção às *synomosiai* em Tucídides aparece na passagem referente à famosa questão da mutilação das hermas no momento exato em que uma esquadra ateniense preparava-se para atacar Siracusa.[9] Na frente dos lares em Atenas havia estátuas de Hermes, que era, entre outras coisas, o protetor das viagens; uma noite todas elas foram mutiladas. Suspeitava-se que uma conspiração (*synomosiai*) oligárquica que visaria trazer azar à expedição militar estivesse por trás dessa afronta ao deus.

E, de fato, após a catástrofe de Siracusa, teve início uma conspiração de aristocratas. Segundo Tucídides, um general traidor, Pisandro, começou a alterar a política ateniense nas cidades controladas por Atenas, abolindo as instituições democráticas e substituindo-as por regimes oligárquicos. Essas controladas revoluções nas cidades logo deram origem a um exército de simpatizantes da oligarquia, que derrubaram o regime democrático em Atenas em 411.

Afirma Tucídides que, ao chegar em Atenas, os conspiradores descobriram que boa parte de sua tarefa "já fora realizada" pelos clubes secretos de aristocratas. "Alguns dos jovens" desses clubes haviam organizado grupos de assassinos, que mataram os líderes do povo e criaram uma atmosfera de terror. Tais grupos "mataram em segredo um certo Ândrocles", escreve o historiador, por ser ele "o principal líder do partido popular. Outros que se opunham a seus planos foram eliminados do mesmo modo". O terror disseminou-se. As pessoas não mais ousavam "falar contra eles, por medo e por constatarem que a conspiração se espalhara; e se alguém assim mesmo se opunha" aos conspiradores, diz Tucídides, "era imediatamente morto de modo conveniente". Esses grupos de assassinos eram os protótipos dos esquadrões da morte utilizados pelos militares na Argentina, em El Salvador e no Chile, em nosso tempo.

Não havia mais segurança no lar. Prossegue o historiador: "Não se tentava encontrar os que cometiam tais feitos e tampouco tomavam-se medidas legais contra suspeitos." Pelo contrário: "O populacho [*dêmos*] mantinha-se em silêncio, e era tamanha sua consternação que os que não sofriam nenhuma violência, ainda que não dissessem palavra alguma jamais, julgavam-se afortunados". O terror tinha um efeito multiplicador. "Imaginando que a conspiração fosse bem maior do que era de fato", os democratas "intimidavam-se".

"Todos os membros do partido popular", explica Tucídides, "abordavam-se mutuamente com desconfiança." Não se tratava de mera paranóia. Ocorriam traições imprevisíveis, e alguns mudavam de lado por covardia ou oportunismo. "Entre eles havia homens que ninguém jamais imaginaria que viessem a mudar de posição e defender uma oligarquia."

Foram esses vira-casacas, afirma o historiador, "que causaram mais desconfiança entre as massas e mais auxiliaram a minoria, no sentidso de garantir-lhe a segurança, confirmando a suspeição com que o povo encarava seus próprios defensores".[10] Tais eventos ainda estavam muito vívidos na memória dos atenienses quando Sócrates foi a julgamento.

Outra conspiração semelhante ocorreu depois que Atenas se rendeu no final da guerra do Peloponeso. O general espartano Lisandro "aliou-se ao partido oligárquico", afirma Aristóteles. Era tal o medo do que os vitoriosos pudessem fazer que a própria assembléia ateniense votou a favor da extinção da democracia. Explica Aristóteles: "O povo, intimidado, foi obrigado a votar a favor da oligarquia".[11] Assim, em 404 a.C. os Trinta subiram ao poder. Muitos deles eram exilados antidemocráticos. Alguns haviam lutado ao lado dos espartanos. Os vitoriosos precisavam desses homens para manter Atenas sob o jugo espartano. Para a maioria dos atenienses, a legitimidade do regime estava desde o início comprometida por suas relações com a traição e a derrota.

A segurança dos Trinta era garantida por uma guarnição espartana. Além disso, eles organizaram um exército particular de jovens simpatizantes para aterrorizar os cidadãos. Aristóteles diz que os Trinta arregimentaram "trezentos seguidores, armados de açoites, e desse modo conservaram em suas mãos o poder sobre o Estado".[12] Esses jovens truculentos certamente lembravam aos atenienses os jovens "socratizados" e "laconômanos" satirizados por Aristófanes nos *Pássaros*. Sócrates não podia ser responsabilizado pelo seu comportamento, mas quando foi julgado, pouco depois desses eventos, em 399 a.C., sem dúvida foi feita uma associação entre esse exército particular e os jovens que ele teria inclinado contra a democracia.

Na verdade, o próprio Sócrates parece estar respondendo a tais suspeitas quando, na *Apologia*, diz a seus juízes que, após sua morte, "serão mais numerosos que antes os que lhes pedirão contas, homens que até agora eu continha, ainda que os senhores não o percebessem; e eles serão mais severos".[13] Esse comentário enigmático aparece na terceira e última seção da *Apologia*, depois que já foram realizadas as duas votações cruciais, a primeira para decidir o veredicto, a segunda para determinar a pena; assim, já era tarde demais para influenciar qualquer decisão. Por que Sócrates fez essa afirmação quando já não adiantava mais? Ela indicava que, embora se opusesse à democracia, Sócrates jamais incitou ninguém a derrubá-la por meios violentos. Nesse caso, porém, ele teria de admitir que era, de fato, um professor, e que, de fato, inculcava nos discípulos idéias antidemocráticas.

Sócrates não queria admitir tais coisas. Preferia manter a imagem de homem acima de todas as disputas, totalmente afastado da política, só intervindo quando o obrigavam a tomar uma decisão; e em tais casos optava por resistir em vez de participar, qualquer que fosse o regime, tal como fez no julgamento dos generais, no período democrático, e na prisão de Leão, durante a ditadura dos Trinta.

Para compreender como os eventos de 411 e 403 devem ter modificado a atitude do povo em relação a Sócrates, basta levar em conta as circunstâncias sob as quais a democracia foi restaurada ambas as vezes. Como no caso de tantas outras revoluções — a queda do czar e do cáiser no fim da Primeira Guerra Mundial, a derrubada dos coronéis gregos e da ditadura militar na Argentina na década de 1980 —, a reviravolta política seguiu-se ao desastre militar. No caso de Atenas em 411, foi a derrota em Siracusa; em 404, a perda da esquadra ateniense — devido à traição ou a uma incompetência inacreditável — em Egos-Pótamos, obrigando Atenas a se render a Esparta.

Após essas derrotas, surgiu não apenas um conflito entre oligarcas ricos e democratas pobres, mas também uma luta de classes triangular. A facção liderada por Crítias era constituída de aristocratas que haviam se organizado em conspirações clandestinas e que estavam aguardando uma oportunidade de derrubar a democracia. Havia uma segunda facção, que representava a classe média; e uma terceira, a dos pobres, os quais constituíam a força de trabalho e haviam conquistado a igualdade política graças ao papel que desempenharam como marinheiros e soldados na infantaria leve — o equivalente aos fuzileiros navais de hoje — na marinha ateniense, da qual dependiam o poder imperial e a supremacia comercial da cidade.

Tanto em 411 quanto em 404, a democracia foi derrubada por uma coalizão entre a aristocracia e a classe média, unidas contra os pobres, cujos direitos políticos foram extintos. Contudo, nas duas ocasiões a coalizão se desfez quando os aristocratas tentaram desarmar e privar do direito de voto a classe média juntamente com os pobres, e estabelecer uma ditadura em vez de um governo oligárquico ou "republicano" em que o direito de voto fosse limitado aos que possuíam propriedades. Em 411 e em 404, os ditadores aristocratas revelaram-se cruéis, gananciosos e sanguinários. Nunca, em toda a história de Atenas, os direitos básicos dos cidadãos e suas propriedades ficaram em situação tão precária quanto durante os dois períodos de ditadura. Em ambas as ocasiões, a classe média foi levada, por interesse próprio, a se aliar aos pobres e restaurar a democracia.

Em 403, a democracia restaurada agiu com magnanimidade. Uns poucos líderes aristocráticos foram mortos, mas as diferentes classes e facções em conflito foram reconciliadas através de uma ampla anistia, admirada durante todo o período da Antiguidade. O próprio Aristóteles, que era favorável a um regime liderado pela classe média, com direito de voto limitado, elogiou a restauração da democracia. Escreveu ele, cerca de meio século após a derrubada dos Trinta: "Os atenienses, tanto em particular quanto em público, parecem ter agido em relação aos desastres do passado de modo mais honrado e politicamente acertado do que qualquer outro povo na história". Em outras cidades, os derrotados muitas vezes eram massacrados, e os proprietários de terras aristocráticos perdiam todas as suas propriedades para os sem-terra. Mas os democratas atenienses, observa Aristóteles, nitidamente admirado, "nem mesmo redistribuíram as terras".[14]

Sócrates, durante esses conflitos históricos e durante os períodos em que eles foram resolvidos de modo civilizado, não tomou nem o partido dos aristocratas, nem o da classe média, à qual ele próprio pertencia, nem o dos pobres. O homem mais tagarela de Atenas calou-se quando sua voz era mais necessária. Um dos motivos possíveis para seu comportamento é a indiferença pura e simples. Ao que parece, Sócrates era totalmente desprovido de compaixão. Nietzsche, que começou sua carreira como estudioso da literatura clássica, certa vez qualificou a lógica socrática de "gélida". Gregory Vlastos, um dos maiores estudiosos da obra de Platão de nossa época, escreveu que, enquanto Jesus chorou por Jerusalém, Sócrates jamais verteu uma única lágrima por Atenas.

* * *

A falta de compaixão de Sócrates evidencia-se no *Eutífron* de Platão, se relermos o diálogo com atenção. Esse texto normalmente é publicado — juntamente com a *Apologia*, o *Críton* e o *Fédon* — sob o título "Julgamento e morte de Sócrates". Mas o *Eutífron*, embora à primeira vista prometa revelar muitas coisas que gostaríamos de saber, termina dizendo muito pouco a respeito da acusação. O diálogo começa com Sócrates no pórtico do *basileus archon*, ou rei-magistrado, para onde fora convocado para o inquérito preliminar ao julgamento. Seria interessante saber o que aconteceu lá. No sistema ateniense, tal como no sistema legal adotado na Europa séculos depois, o inquérito preliminar diante de um magistrado tinha mais ou menos a mesma função que o *grand jury* no direito anglo-americano. O magistrado ouvia ambas as partes e resolvia se seria necessário o caso ir a julgamento.

Os acusadores nem sequer aparecem no diálogo. A primeira cena é apenas um recurso para introduzir um diálogo que quase nada tem a ver com o julgamento de Sócrates. Somos apresentados a Eutífron, outro queixoso, envolvido numa outra questão judicial. Durante o diálogo, no entanto, ocorrem algumas revelações casuais a respeito de Sócrates.

O que há de extraordinário quanto à questão de Eutífron é que ele levantou acusação contra seu próprio pai, devido a um duplo assassinato ocorrido em sua fazenda na ilha de Naxos. Um dos escravos da família fora morto numa briga por um empregado. O pai de Eutífron jogou o homem, de pés e mãos amarrados, dentro de uma vala, e mandou um mensageiro para Atenas a fim de perguntar a um consultor religioso como agir em relação ao assassinato do escravo. Enquanto aguardava a volta do mensageiro, o trabalhador morreu de fome e abandono. Eutífron resolveu levantar acusação contra o pai pela morte do trabalhador.

Sócrates utiliza o encontro com Eutífron para dar início a mais uma investigação metafísica — e semântica — que termina inconclusa. Ele quer saber se um filho que levanta uma acusação contra o próprio pai não estaria agindo de modo "ímpio" ou "profano". O diálogo então se dedica à busca de uma definição de "piedoso" ou "sagrado".

Em todo esse longo diálogo, complexo e às vezes enfadonho, nem uma única vez Sócrates manifesta sentimento algum de piedade em relação ao pobre trabalhador sem terra. Seus direitos jamais são mencionados. Teria sido uma atitude "piedosa" deixá-lo exposto ao frio e à fome, enquanto o proprietário resolvia, sem nenhuma pressa, o que fazer com ele? Não teria ele o direito de se apresentar num tribunal? Talvez conseguisse provar que a briga na qual o escravo foi morto fora provocada pelo outro, ou que agira em legítima defesa, ou que matara o escravo por acidente. Todos esses argumentos eram reconhecidos pela legislação ateniense referente ao homicídio. E, agora que o trabalhador estava morto, a justiça não exigiria que o pai de Eutífron fosse a julgamento para que se determinasse se o comportamento dele não constituíra homicídio?

A essa altura, Sócrates poderia argumentar que não estava discutindo uma questão de direito nem de justiça, mas de lógica. Mas seria possível contra-argumentar que sua falta de compaixão tornava-o cego para uma deficiência de sua própria lógica e para as implicações globais da questão. O problema mais sério, que mais preocupava Sócrates, era se, dadas as circunstâncias, Eutífron agira de modo "piedoso" ao levantar acusação contra o próprio pai. Mas não havia definição de "piedoso" que resolvesse o problema. Eutífron estava envolvido num clássico conflito de obrigações, como os que são tão freqüentes na tragédia grega. Enquanto filho, tinha certas obrigações para com seu pai. Enquanto ser humano e cidadão, também tinha a obrigação de agir de modo a que se fizesse justiça.

Na *Orestéia* de Ésquilo, Orestes termina enlouquecido por causa de um conflito de obrigações desse mesmo tipo. Enquanto filho, tinha a obrigação de vingar o assassinato do pai. Mas seu pai fora morto pela mãe de Orestes, Clitemnestra, e ele também tinha obrigações filiais em relação a ela. Qual delas era mais sagrada? Em Ésquilo, Clitemnestra exibe o próprio seio e resume a questão num gesto terrível: como poderia seu filho cravar o punhal no seio que o havia amamentado?

O problema não poderia ser resolvido por nenhum silogismo baseado numa definição perfeita de um termo moral ou legal. Ésquilo colocava o matricídio num plano mais elevado que o da lei e o da lógica. Como quer que se definisse justiça, não seria possível fazer justiça naquelas terríveis circunstâncias. No final da tragédia, o júri chega a um impasse. É Atena, a deusa protetora de Atenas, que decide a questão, votando a favor da absolvição. A misericórdia transcende a justiça.

Contudo, apenas a piedade nos permite enxergar isso. No *Eutífron*, é necessário sentir compaixão pelo pobre trabalhador — cujo nome nem mesmo é mencionado — para sair do impasse lógico a que chega o diálogo. Como Orestes, Eutífron estava preso num conflito — mais, num labirinto — de obrigações morais, legais e políticas. Nada disso é explorado na semântica árida da investigação socrática. Enumeremos as questões que Sócrates deixa de lado:

1. É bem verdade que Eutífron tinha obrigações filiais em relação a seu pai. Mas mesmo dentro desse relacionamento ele enfrentava um conflito de obrigações. Sem dúvida, é terrível um filho levar o pai a julgamento. Mas, segundo os critérios atenienses e gregos, o pai não podia inocentar-se em relação à morte do trabalhador sem ter sido julgado. No julgamento, ele podia ser julgado inocente, ou então, se fosse considerado culpado, seria purificado pela pena imposta pelo tribunal. Se ninguém mais ia levar aquele proprietário à cerimônia de purgação que representava o julgamento, então não seria dever de seu filho assumir essa tarefa dolorosa?

2. Enquanto cidadão, Eutífron tinha o dever de levantar a acusação, até mesmo contra o próprio pai. Não havia promotor público em Atenas. Todo cidadão tinha o direito — e o dever — de recorrer à justiça quando julgava que a lei fora infringida; é algo semelhante à doutrina americana da *citizen's arrest*, a qual permite que qualquer cidadão efetue uma prisão quando vê um crime sendo cometido. Em Atenas, o cidadão podia não apenas

181

prender como também processar. Isso estava de acordo com a concepção ateniense de governo democrático com participação popular.

3. Estava em jogo também uma terceira obrigação, que qualquer observador ateniense perceberia de imediato. Essa obrigação decorria de sentimentos humanitários comuns, e era de natureza tanto moral quanto política, quando encarada de um ponto de vista democrático. Esse aspecto da questão entra em jogo — indiretamente —, mas só bem no final do diálogo. Nesse trecho, Sócrates diz a Eutífron, a essa altura já exausto, que a menos que soubesse claramente o que era sagrado e o que não era, ele "certamente não teria decidido processar seu próprio pai por assassinato, *por causa de um criado*".[15] Fazia alguma diferença — do ponto de vista legal, ou ético — o fato de o morto ser apenas um criado?

Há uma diferença política importante entre o termo usado na tradução, "criado", e a palavra grega que aparece no original. O tradutor da edição Loeb optou pelo termo *servant* ["criado"] para simplificar, e também porque desse modo não se perde a conotação de desdém existente no original. Mas o termo que Platão pôs na boca de Sócrates, *thes*, tinha um sentido especial na Atenas democrática.

Havia dois séculos que os cidadãos de Atenas eram divididos em quatro classes, para fins de tributação e para indicar sua elegibilidade para cargos públicos. A divisão baseava-se na situação econômica do cidadão, conforme a avaliação de sua propriedade. A mais baixa e maior das quatro classes, os *thetes* (plural de *thes*), tinha pouca ou nenhuma propriedade. Eram homens livres, pobres, mas não necessariamente criados. Originariamente, não eram cidadãos, nem mesmo em Atenas. Simplesmente era como se não existissem.

A palavra *thes* já aparece em Homero, para designar o trabalhador assalariado, em oposição ao escravo.[16] Há uma passagem da *Ilíada* que vem à mente do leitor do *Eutífron*. Ela mostra que o *thes* podia ser tratado por seu empregador, o proprietário de terras dos tempos homéricos, de modo tão arrogante quanto a maneira como o pai de Eutífron tratou seu empregado.

No 21º livro da *Ilíada*, Posídon lembra Apolo da maneira vergonhosa como foram trapaceados por um nobre proprietário troiano, Laomedonte. Disfarçados de *thetes*, os deuses desceram à terra, por ordem de Zeus, e trabalharam para Laomedonte "durante um ano, por um salário fixo",[17] construindo muros e cuidando de seus rebanhos. Contudo, quando chegou a hora de receberem o pagamento, Laomedonte não apenas se recusou a pagá-los como também ameaçou cortar-lhes as orelhas e vendê-los como escravos, se insistissem. Segundo Homero, os deuses voltaram para o Olimpo sem ter recebido, "com ira nos corações". A situação do empregado assalariado era até mais precária e desprotegida que a do escravo, o qual, por constituir propriedade, recebia ao menos um mínimo de atenção.

Esse episódio é uma das únicas passagens de Homero em que temos não a visão aristocrática, mas o ponto de vista dos que estão por baixo. Nesse trecho, Homero, por um momento, é mais sensível em relação à justiça social do que o Sócrates platônico. No *Eutífron*, o status do trabalhador livre em Naxos não parece ser muito melhor do que era nos tempos homéricos. O pai de Eutífron ficou tão indignado com a perda de seu escravo que não teve nenhuma consideração com os direitos do empregado, e deixou-o amarrado numa vala até a morte. O que ele fez jamais poderia ser considerado "sagrado", como quer que se definisse o termo. Mas esse aspecto da questão jamais entra no campo de visão de Sócrates; para ele, trata-se de "um mero criado".

Eutífron diz a Sócrates que a morte do trabalhador ocorreu quando "nós" — isto é, Eutífron e seu pai — "estávamos cuidando da fazenda em Naxos" e "ele estava lá, trabalhando em nossas terras".[18] O que ocorreu em Naxos não poderia ter acontecido em Atenas. Naxos era uma ilha de solo fértil no Egeu, que foi libertada por Atenas nas guerras contra os persas e foi incluída na Liga de Delos, sob hegemonia ateniense. Naxos foi uma das primeiras cidades a se revoltar contra o pesado jugo ateniense; foi derrotada e suas terras foram distribuídas entre colonos (*cleruchs*) atenienses. Quanto aos antigos proprietários, os que tiveram mais sorte tornaram-se meeiros ou empregados, trabalhando nas terras que antes eram suas. Quando Atenas perdeu a guerra contra Esparta, Naxos foi um dos primeiros Estados dominados a serem libertados, e os colonos atenienses tiveram que fugir. As terras foram devolvidas aos antigos proprietários. É por isso que Eutífron usa o pretérito quando se refere ao tempo em que cuidava de suas terras em Naxos.

Durante o período de dominação ateniense, os *thetes* em Naxos não eram considerados cidadãos nem gozavam dos direitos que tinham os trabalhadores sem terra em Atenas. Na Ática, o trabalhador seria levado a julgamento por ter assassinado o escravo. Se um proprietário jogasse o trabalhador numa vala e o deixasse lá até morrer, os amigos ou parentes do morto teriam processado o proprietário por homicídio. E é isso que Eutífron está fazendo agora, em prol do pobre trabalhador, que não tem amigos que façam isso por ele.

Eutífron é ridicularizado no diálogo, sendo encarado como uma espécie de fanático supersticioso, mas sua atitude é mais humana e mais esclarecida que a de Sócrates. Logo no início do diálogo, antes de saber dos fatos em questão, Sócrates, pressupondo que Eutífron não levantaria acusação contra o próprio pai por ter este matado um "estranho", pergunta se a vítima era seu parente próximo. Eutífron fica surpreso com tal atitude. Diz ele:

> É absurdo, Sócrates, julgar ter alguma importância o fato de o homem que foi morto ser um estranho ou um parente, em vez de perceber que a única coisa a se considerar é se o ato daquele que o matou foi ou não justificado, e que, se foi justificado [...], e se não foi, é necessário levá-lo a julgamento, ainda que a pessoa em questão more no mesmo lar e coma à mesma mesa que nós.[19]

Evidentemente, Eutífron julgava que o que estava em questão era um dever que transcendia as obrigações filiais e diferenças de status e classe. Sócrates deixa de lado esse aspecto da questão. A idéia de que todos são iguais diante da lei, ou de justiça social, jamais é discutida no diálogo. Mas em 399 a.C., a época em que o diálogo com Eutífron teria ocorrido, às vésperas do julgamento de Sócrates, o *dêmos* ateniense estava mobilizado justamente em relação a essa questão, devido aos recentes conflitos com a repressão oligárquica em 411 e 404. Os *thetes* constituíam a classe que mais sofrera. Haviam perdido o direito de cidadania, conquistado dois séculos antes, com as reformas de Sólon. Seus líderes foram mortos. Os pobres foram expulsos de Atenas. Perderam seus lares e sua cidade. Se a derrubada da democracia tivesse sido definitiva, tornar-se-ia tão fácil na Ática quanto em Naxos para um proprietário fazer justiça com as próprias mãos, tal como fizera o pai de Eutífron. Os trabalhadores não teriam direitos.

A indiferença manifestada por Sócrates em relação ao empregado teria parecido a seus concidadãos semelhante à indiferença com que ele havia encarado a situação dos *thetes* em 411 e 404. Concluiriam talvez que essa indiferença era reflexo do desprezo que Sócrates sentia pela democracia. Isso explicaria por que ele não se exilara durante nenhum dos períodos de ditadura, nem participara da restauração do regime democrático. Sócrates não manifestava nenhum interesse pelos direitos dos pobres, nem pela justiça social. A atitude de Eutífron é que era democrática.

Em sua defesa, Sócrates teria encontrado um argumento poderoso se conseguisse provar que nem todos os seus seguidores eram aristocratas antidemocráticos como Crítias e Cármides, mas que também havia entre eles alguns democratas. É um dado revelador o fato de que, durante o julgamento, ele só pôde mencionar um.

Platão certamente percebeu a importância desse fato, porque na *Apologia* faz Sócrates falar desse discípulo e destacar suas tendências democráticas. Chamava-se Querefonte. Não pôde ser chamado para depor porque já havia morrido.

"Decerto conheceram Querefonte", diz Sócrates aos juízes. "Era meu amigo desde jovem, e também amigo de seu partido

185

democrático; foi seu companheiro de exílio recentemente e voltou com os senhores."[20]

Observe-se que Sócrates não diz "nosso" — nem mesmo "o" — "partido democrático", mas "seu", como se quisesse dissociar-se claramente da tendência política que predominava entre os juízes. Observe-se também que Sócrates não diz — o que talvez tivesse dito, se fosse verdade — que, apesar do preconceito político contra ele, vários de seus discípulos pertenciam ao partido do povo, citando em seguida Querefonte como exemplo; ele era claramente uma exceção. Querefonte é o único discípulo democrata mencionado em Platão e em Xenofonte. A maioria de seus seguidores, como o próprio Sócrates afirma, eram "moços que dispõem de mais tempo, os filhos das famílias mais ricas".[21]

Sócrates piorou sua própria situação quando comentou que Querefonte "foi seu companheiro de exílio recentemente e voltou com os senhores". Com tristeza, Burnet escreve, em seu comentário à *Apologia*: "Observe-se que o próprio Sócrates permaneceu em Atenas". E acrescenta: "Era bem mais imprudente lembrar esse fato aos juízes do que era vantajoso lembrar as opiniões democráticas de Querefonte".[22] A menção a Querefonte teve apenas o efeito de ressaltar a diferença que havia entre ele e Sócrates, bem como os outros discípulos — Platão inclusive — que também permaneceram na cidade durante a ditadura dos Trinta.

Com a restauração da democracia, tornou-se motivo de desonra ter "ficado na cidade", conforme deixam claro as inúmeras referências ao fato que encontramos nos discursos de Lísias e de outros oradores do século IV. A anistia que se seguiu à derrubada dos Trinta não removeu o estigma dos que não haviam participado da resistência. Com a anistia, depois que os líderes foram julgados, ninguém mais podia ser processado por ter cometido qualquer infração à lei durante a ditadura ou antes dela. Passou-se a borracha sobre o que ocorrera, a fim de solidificar a reconciliação cívica. Também não se podia mais entrar com processo a fim de recuperar propriedades confiscadas pelos ditadores e por eles vendidas, para pagar dívidas ou acumular riquezas. Muitos cidadãos de classe média e estrangeiros ricos haviam sido vítimas de expropriações desse tipo. Mas com a anistia perderam o direito de recorrer à justiça para reaver seus bens.

No entanto, em outros tipos de questões judiciais ocorridas depois de a paz ser restabelecida, o rancor contra os réus e querelantes que haviam "ficado na cidade" era com freqüência utilizado para influenciar os tribunais, como fica evidente nos discursos de Lísias, amigo de Sócrates. Lísias foi o mais famoso "advogado" do período imediatamente após a restauração. Tais advogados não atuavam no julgamento, porém preparavam os discursos dos litigantes. Eram chamados *logographoi*, ou seja, redatores profissionais de arrazoados.

Lísias descendia de uma família rica e ilustre de estrangeiros radicados em Atenas. Seu pai, Céfalo, atua como anfitrião nas discussões da *República* de Platão. A família de Lísias, como outras famílias estrangeiras ricas, foi vítima da voracidade dos ditadores, "em parte por causa de suas tendências democráticas", diz o *Oxford classical dictionary* em relação a Lísias, "mas principalmente por causa de sua riqueza". Lísias salvou a própria vida fugindo de Atenas, mas seu irmão Polemarco, um dos interlocutores de Sócrates na *República*, foi executado. Suas propriedades foram confiscadas. Lísias uniu-se aos exilados que em pouco tempo derrubaram os Trinta. Voltou a Atenas como herói da resistência.

Com base nos discursos de Lísias, sabemos que os litigantes eram com freqüência questionados ou atacados de acordo com seu comportamento durante o regime dos Trinta. Numa questão, o réu fez os juízes se voltarem contra o acusador com uma revelação inesperada. Admitiu que havia de fato ficado na cidade, porém afirmou que seu pai tinha sido executado pelos Trinta e que ele próprio tinha apenas treze anos na época. "Nessa idade", disse ele, indignado, "eu nem sabia o que era uma oligarquia, nem teria conseguido salvar" o pai.[23] Outro indivíduo, evidentemente um aristocrata — pois havia servido na cavalaria —, foi por engano considerado soldado dos Trinta; ele provou que estava no estrangeiro na época da ditadura.[24]

Poderiam ter perguntado a Sócrates por que motivo ele não saíra da cidade, principalmente depois que a execução de Leão de Salamina deixou claro que se tratava de um regime injusto. Não bastaria esse incidente para convencê-lo — tal como fora convencido um oligarca moderado como Terâmenes — de que a democracia era, na pior das hipóteses, um mal menor, mais seguro e mais justo que uma oligarquia estreita?

Mas Sócrates também estava protegido pela anistia. Ele não poderia ser processado por nada que fizera ou dissera antes da restauração da democracia, nem por ter sido mestre ou amigo de Crítias e Cármides. Se alguém levantasse tais acusações, isso seria denunciado no tribunal como uma violação gritante da anistia, e tanto Platão quanto Xenofonte teriam mencionado o fato.

Para que a acusação fosse válida, ela só poderia referir-se às atividades ou ensinamentos de Sócrates durante o período de quatro anos entre a derrubada dos Trinta e o julgamento. Sócrates deve ter voltado a ensinar as mesmas idéias e a atrair o mesmo tipo de seguidores que antes da ditadura. E é bem possível que seus acusadores temessem que esses jovens mais uma vez tentassem derrubar a democracia recém-restaurada. Apenas dois anos depois da anistia e dois antes do julgamento de Sócrates, em 401, ocorreu uma tentativa desse tipo.

Os atenienses pensavam que seus problemas estavam resolvidos em 403 quando as facções inimigas fizeram a paz. Mas havia uma brecha no acordo de anistia que viria a causar mais conflitos. Alguns dos aristocratas que tinham se aliado aos Trinta recusaram-se a aceitar a reconciliação. Em vez de recomeçar a guerra civil e tentar dominá-los à força, os atenienses permitiram que eles se retirassem para a cidade vizinha de Elêusis e lá fundassem uma cidade-Estado independente.

Os oligárquicos intransigentes ao que parece estavam aguardando justamente uma oportunidade dessas, com presciência e ferocidade características. Quando a resistência armada contra os Trinta, cada vez mais forte, conseguiu conquistar sua primeira posição na Ática, ao capturar uma fortificação no alto de uma colina na fronteira, em File, Crítias e seus seguidores resolveram preparar um refúgio onde pudessem resistir até o fim, caso fossem expulsos de Atenas. Escolheram Elêusis, porém a população era hostil. Controlaram Elêusis à força e executaram trezentos homens — provavelmente a totalidade dos cidadãos da cidade, que era pequena.

Esse massacre, bem ao estilo de Crítias, é mencionado em duas fontes da época, uma pró-democrática, outra antidemocrática. A primeira é Lísias;[25] a segunda é Xenofonte. Ambos concordam quanto aos motivos de Crítias, e o número de vítimas é apresentado em Xenofonte, cujo relato é mais detalhado. Nas *Helênicas*, Xenofonte conta que Crítias prendeu ardilosamente os trezentos homens e em seguida intimidou uma assembléia ateniense, obrigando-a a dar uma aparência de legalidade às execuções, aprovando uma sentença de morte para todos os trezentos sem julgamento.[26]

Esse horror perpetrado pela ditadura, cujos dias já estavam contados, abriu caminho para os eventos de 401, que envenenaram a atmosfera de Atenas com mais suspeitas e — creio eu — determinou a abertura do processo contra Sócrates.

Não muito depois do massacre em Elêusis, Crítias e Cármides foram mortos na luta contra as forças crescentes da resistência. A ditadura começou a ruir, e foi se abrindo o caminho para a reconciliação. Quando por fim se fez a paz, os aristocratas intransigentes, uma pequena minoria, recuaram para Elêusis. Os atenienses achavam que seus problemas estavam resolvidos. Mas homens desse tipo não desistem com facilidade. Os que não aceitaram a reconciliação contavam-se entre as maiores fortunas de Atenas, e portanto dispunham de dinheiro para contratar soldados mercenários. Dois anos depois da queda da ditadura, Atenas soube que em Elêusis estava sendo preparado um ataque à cidade.

Segundo Xenofonte, os atenienses imediatamente mobilizaram "todas as suas forças contra eles", mataram os chefes "e então, enviando aos outros seus amigos e parentes, convenceram-nos a se reconciliarem". Assim, a guerra civil finalmente terminou. "E,

189

tendo se comprometido, sob juramento, que verdadeiramente se esqueceriam de seus rancores passados", escreve Xenofonte, "os dois partidos até hoje convivem como cidadãos, e os comuns [*dêmos*] cumprem seu juramento", no sentido de não se vingarem.[27]

Isso foi em 401 a.C., apenas dois anos antes do julgamento de Sócrates. A meu ver, não teria havido nenhum julgamento se também ele houvesse demonstrado ter se reconciliado com a democracia, se tivesse, como Xenofonte, de algum modo reconhecido a magnanimidade da maioria no acordo de paz. Se uma tal mudança tivesse ocorrido em sua atitude, ele teria atenuado os temores de que uma nova safra de jovens "socratizados" e alienados surgisse entre seus seguidores e mais uma vez desencadeasse uma guerra civil na cidade.

Mas nem em Platão nem em Xenofonte encontramos nenhum indício de que tenha ocorrido qualquer mudança nesse sentido em Sócrates após a queda do regime dos Trinta. Sócrates retomou seus ensinamentos antidemocráticos e antipolíticos. Como antes, o tom por ele adotado era mais ofensivo do que sua doutrina; nada mudou. Por trás de sua ironia, permanecia a atitude de escárnio. Sócrates jamais se reconciliou com a democracia. Aparentemente, não aprendeu nada com os acontecimentos de 411, 404 e 401.

Era como se ele continuasse vivendo isolado de Atenas, pairando nas nuvens, encarando a cidade a seus pés com desdém. Não demonstra, nem em Platão nem em Xenofonte, nenhuma consciência de que seus concidadãos tinham motivo para se reconciliarem.

12. XENOFONTE, PLATÃO E OS TRÊS TERREMOTOS

XENOFONTE E PLATÃO ERAM ADOLESCENTES quando foi estabelecida a ditadura dos Quatrocentos em 411 a.C.; tinham idade suficiente para ter consciência política, mas eram jovens demais para participar quer da derrubada da democracia, quer de sua restauração. Quando, sete anos depois, foi instaurada a ditadura dos Trinta, ambos estavam na faixa dos vinte, mas não se tem notícia de que se tenham engajado em qualquer um dos lados do conflito. Com base nos relatos de que dispomos, aparentemente os dois não se afastaram da cidade com os democratas, o que seria impensável, em se tratando de dois jovens aristocratas. Seus nomes não são mencionados em relação aos acontecimentos de 401. Nesse mesmo ano, Xenofonte partiu de Atenas para atuar como oficial em comando de mercenários no exército persa. Nunca mais voltou a Atenas. Diz o *Oxford classical dictionary*: "Foi provavelmente em 399 a.C., o ano da morte de Sócrates e uma época difícil para o círculo socrático, que Xenofonte tornou-se formalmente um exilado". Passou o resto da vida em Esparta.

Platão, ao contrário de Xenofonte, estava presente no julgamento de Sócrates, conforme consta na *Apologia*, mas tudo indica que fugiu da cidade antes da execução. Talvez temesse que movessem alguma ação contra ele também. Diz o *OCD* que, "juntamente com outros socráticos", Platão refugiou-se num primeiro momento em Mégara, uma cidade vizinha. Permaneceu afastado da cidade por doze anos, e em suas viagens esteve até no Egito.

As *Helênicas*, obra escrita por Xenofonte em Esparta, são uma continuação da história de Tucídides, que só vai até 411. Xenofonte cobre o período até 400 a.C. Quaisquer que fossem suas origens e tendências políticas, Xenofonte escreve com uma ob-

191

jetividade admirável, e seu relato do debate entre Crítias e Terâmenes antes da execução deste é do nível dos grandes debates da história de Tucídides. Xenofonte vê Crítias de modo muito diverso da visão de Platão. Nos diálogos platônicos, Crítias é um personagem simpático; nas *Helênicas*, é um déspota repelente, ainda que obedeça a uma lógica fria.

Em suas *Memoráveis*, Xenofonte mostra um Sócrates mais contrário ao regime dos Trinta que o Sócrates platônico. Na *Apologia*, seu único gesto de desafio é recusar-se a participar da prisão de Leão de Salamina, mas sua indignação não é tanta que ele passe a fazer oposição ativa ao regime. Nas *Memoráveis*, Sócrates critica a ditadura publicamente em uma ocasião. Escreve Xenofonte: "No tempo em que os Trinta estavam mandando matar muitos cidadãos dos mais ilustres e levando muitos outros ao crime", Sócrates utilizou uma de suas analogias favoritas para criticar a ditadura. Disse ele: "Parece-me estranho que um vaqueiro que deixa seus bois diminuírem em número e emagrecerem não admita ser um mau vaqueiro; porém mais estranho ainda é que o estadista que torna seus cidadãos menos numerosos e piores não sinta vergonha nem se considere um mau estadista".[1]

Considerando-se as circunstâncias, esse pequeno sermão parece um protesto um tanto tímido. Segundo as *Helênicas* de Xenofonte, Crítias e seus asseclas assassinaram 1500 atenienses durante o curto período de oito meses em que estiveram no poder, "número quase superior" ao dos que tinham sido mortos pelos espartanos durante os últimos dez anos da guerra do Peloponeso.[2] Esse mesmo número aparece no tratado aristotélico sobre a Constituição ateniense. Afirma Aristóteles que, tendo se livrado dos democratas, os Trinta voltaram-se contra "as classes melhores" e "mandaram matar os que se destacavam por fortuna, berço ou reputação", a fim de eliminar possíveis focos de oposição e saquear os bens de suas vítimas.[3]

Xenofonte relata que o comentário de Sócrates chegou até os ouvidos dos ditadores e causou um confronto, no qual Sócrates teve oportunidade de atuar como opositor direto ao regime. Ele foi chamado a se apresentar a Crítias e a Cáricles, os

192

dois membros dos Trinta encarregados de reformar as leis atenienses para o novo regime. Eles mostraram ao filósofo o texto de uma nova lei que proibia o ensino da *téchne logon* — a arte do discurso racional — "e proibiram-no de conversar com os jovens".

Não estavam apenas proibindo Sócrates de conversar fiado com os jovens, mas dizendo-lhe que não poderia continuar com aquele tipo de ensino filosófico por ele iniciado, e que aguçara a inteligência de ao menos dois membros dos Trinta, Crítias e Cármides, ambos ex-discípulos de Sócrates. Era uma ótima oportunidade para Sócrates fazer uma eloqüente defesa de seus direitos enquanto professor e cidadão, e dizer o que achava da ilegalidade do regime.

Em vez disso, Sócrates perguntou: "Posso lhes perguntar a respeito do que me parece obscuro nesta proibição?".

"Sim", responderam.

"Estou disposto a obedecer às leis", disse Sócrates. "Mas para que não me aconteça infringi-las por ignorância, gostaria de saber certos pormenores com clareza. A arte da palavra [*téchne logon*] que me proíbem diz respeito ao raciocínio correto ou ao errôneo? Porque se se referem ao raciocínio correto, devo me abster do correto; mas se têm em vista o incorreto, devo tentar raciocinar corretamente."

"Já que é tão ignorante, Sócrates", disse Cáricles, irritado, "vamos falar em linguagem bem clara, mais fácil de entender. Está proibido de ter qualquer tipo de conversação [*dialegesthai*] com os jovens."

"Nesse caso", disse Sócrates, "para que não reste nenhuma dúvida em relação ao que é proibido, digam-me até que idade devo considerar um homem jovem."

Respondeu Cáricles: "Até que ele tenha permissão de se tornar membro do conselho, por não ter siso suficiente. Assim, não fale com ninguém que tenha menos de trinta anos".

"Então, se eu quiser comprar alguma coisa de alguém, não poderei sequer lhe perguntar 'quanto custa isto?', se o vendedor tiver menos de trinta anos?"

"Sim, isso é permitido", disse Cáricles. "Mas a questão, Sócrates, é que você tem o hábito de fazer perguntas cujas respostas já conhece: é disso que o proibimos."

Sócrates indaga se não pode mais falar em seus assuntos prediletos: "Justiça, Piedade, coisas assim?".

"Isso mesmo", disse Cáricles. "E vaqueiros também: senão você também verá diminuir o número dos bois."[4]

E assim, com uma ameaça velada, termina esse confronto não exatamente heróico.

O que temos aqui é um minijulgamento diante de dois importantes membros dos Trinta, análogo ao julgamento de Sócrates no regime democrático, quatro anos depois. O contraste entre a atitude de Sócrates numa ocasião e na outra é notável. Aqui não há nenhum sinal da postura de desafio que ele manteve diante do tribunal da democracia restaurada.

Xenofonte está fazendo o possível para mostrar que Sócrates não apoiava Crítias e os Trinta. Para ele, era importante poder dizer que, ao menos em segredo, Sócrates continuou a ensinar os jovens, cumprindo sua missão, apesar dos Trinta.

Não sabemos se esse confronto ocorreu antes ou depois do episódio em que Sócrates recusou-se a cumprir a ordem de prender e executar Leão de Salamina. Também não sabemos se foi antes ou depois da execução do líder moderado Terâmenes.

Mas desde o início o regime foi marcado pela ilegalidade e a repressão através de linchamentos. Não temos motivos para acreditar que Sócrates aprovava de alguma forma a ilegalidade e a crueldade do regime. Mas é decepcionante constatar que ele não se manifestou com energia contra eles, nem usou sua influência junto a seu velho amigo e discípulo Crítias no sentido de trazê-lo de volta para os caminhos da virtude. Se Sócrates tivesse agido dessa forma, ele teria se tornado um herói da resistência, e não teria havido julgamento algum depois.

Tudo que vemos no relato apologético de Xenofonte, porém, é Sócrates perguntando aos ditadores se não pode falar mais sobre "Justiça, Piedade, coisas assim". Num momento em que ocorrem tantas injustiças e impiedades, pelo visto Sócrates só está preocupado com a velha busca de definições absolutas para seus temas favoritos. Ele ficou na cidade até o fim. Sócrates, que estava disposto a morrer enfrentando a democracia, opôs-se com muita moderação à ditadura dos Trinta.

Mas ainda nos resta uma questão intrigante: por que motivo Platão, em sua *Apologia*, não mostra Sócrates citando a lei contra o ensino da *téchne logon* para provar que ele próprio fora vítima da repressão dos Trinta?

Não há, é claro, como responder essa pergunta com certeza. Mas sempre podemos tecer especulações razoáveis. Em primeiro lugar, reconheçamos que o relato de Xenofonte a respeito do motivo pelo qual Crítias veio a instituir essa lei parece uma fofoca de última categoria. Segundo Xenofonte, Sócrates — numa sociedade em que a pederastia era a norma — provocou a animosidade de Crítias, antes dos tempos da ditadura, ao criticar o modo como Crítias cortejava o jovem Eutidemo.

Sócrates disse que o comportamento de Crítias era "indigno de um homem de bem", e quando Crítias não lhe deu ouvidos, Sócrates "exclamou, na presença de Eutidemo e de muitas outras pessoas, 'Crítias é semelhante a um porco, porque tem necessidade de se esfregar em Eutidemo tal como se esfregam os porcos nas pedras'". Eis aí um bom exemplo do tipo de fofoca que circulava no *jet set* ateniense.

Segundo Xenofonte, Crítias "desde então guardou rancor contra Sócrates" e, "ao redigir as leis" com Cáricles, "inseriu uma cláusula que tornava ilegal" o ensino da *téchne logon*. Diz Xenofonte que aquilo foi "um insulto proposital dirigido a Sócrates".[5]

Pode ser. Mas é mais razoável supor que os Trinta estivessem tentando limitar os direitos de cidadania ao menor número de pessoas possível. Tentavam até mesmo evitar que esse eleitorado reduzido tivesse poder efetivo. Como seus protetores espartanos e como, mais tarde, os patrícios na república romana, eles certamente encarariam com hostilidade os professores de retórica, argumentação e filosofia. Não queriam que os cidadãos aprendessem artes que os capacitassem para a participação no governo. Detestavam as assembléias populares e as artes do debate público. Certamente encaravam a *téchne logon* como uma prática essencialmente subversiva, e por isso a proibiram.

Assim, esse seria um argumento particularmente relevante para a defesa de Sócrates no julgamento. Teria estabelecido um vínculo de solidariedade entre os democratas e o filósofo dissidente, todos vítimas do despotismo.

Por que motivo Platão não menciona esse fato? Talvez lhe fosse constrangedor utilizar como argumento essa proibição da *téchne logon* quando ele mesmo, na *República*, impunha restrições severas ao ensino da dialética na sociedade ideal por ele esboçada — e pelo mesmo motivo: para manter o poder absoluto nas mãos de um número bem reduzido de "reis-filósofos".

Platão tinha cerca de 25 anos quando os Trinta tomaram o poder. Mas nos diálogos platônicos não se tira nenhuma conclusão desse episódio: ele jamais é discutido, nem mesmo mencionado. Como já sabemos, Crítias era primo e Cármides tio de Platão. Há apenas uma rápida menção aos Trinta em todo o cânon platônico, na *Sétima carta*, a mais interessante delas e a que é atribuída a Platão por maior número de estudiosos.

A carta teria sido escrita muitos anos depois dos acontecimentos, e nela afirma-se que alguns dos Trinta eram "parentes e conhecidos" do autor, mas nem Crítias nem Cármides são mencionados explicitamente. Afirma-se, porém, que eles "me convidaram certa vez a juntar-me a eles, julgando que a idéia me agradaria". Não se explica por que os Trinta achavam que o convite agradaria Platão, mas afirma-se que eles haviam se instalado como "governantes absolutos" (*autokratores*, i.e., "autocratas").

"Os sentimentos que então experimentei, devido a minha mocidade", explica Platão, "foram perfeitamente compreensíveis, pois imaginei que fossem administrar o Estado de modo a tornar justo o que era injusto." Entende-se daí que, de início, Platão sentiu-se inclinado a aceitar o convite.

Porém, diz ele, em pouco tempo desiludiu-se. "Vi que esses

homens logo fizeram com que as pessoas relembrassem o antigo governo como uma idade do ouro."[6] Na verdade, o original não fala em "idade do ouro" mas em *politeia* de ouro", onde *politeia* significa "sistema político".

Essa expressão, e esse reconhecimento surpreendente, talvez seja indício de que a carta não é autêntica. Pois em nenhum outro texto de Platão encontra-se qualquer sinal de que os terríveis eventos do episódio dos Trinta tenham feito com que Platão encarasse com mais simpatia as restrições impostas aos governantes pela democracia ou questionasse as virtudes do absolutismo.

Certamente tais eventos não influenciaram nem um pouco a imagem de Crítias e de Cármides para Platão. Os dois aparecem nos diálogos como figuras idealizadas. Em nenhuma passagem tiram-se conclusões políticas do breve período em que eles estiveram no poder. Cármides, no diálogo que leva seu nome, aparece como um jovem belo e talentoso, interrogado por um Sócrates encantado, para saber se sua alma é tão bela quanto seu corpo.

No mesmo diálogo, Crítias é uma figura honrada. O objetivo do diálogo é chegar-se a uma definição perfeita — à qual, como sempre, acaba não se chegando — de *sophrosyne*, moderação, coisa que, como a história veio a demonstrar, os dois precisavam aprender. É possível que Sócrates se refira com muita sutileza a esse fato bem no final do diálogo, onde ele adverte o jovem de que, "se começar a fazer algo através da força, ninguém o suportará".[7] Mas Terâmenes, o verdadeiro modelo de moderação no relato de Aristóteles a respeito dos acontecimentos de 411 e 404, e que aparece como herói na história de Xenofonte, jamais é mencionado no cânon platônico; tem-se quase a impressão de que Platão sequer suportava mencionar-lhe o nome.

Crítias aparece também como um personagem reverenciado em três outros diálogos de Platão: o *Protágoras*, o *Timeu* e o *Crítias* — e num quarto diálogo, de qualidade inferior, o *Eríxias*, hoje geralmente considerado obra de algum seguidor de Platão. Seja genuíno ou não, ele mostra que Crítias continuava sendo encarado com reverência pelas escolas platônicas.[8]

197

Essa reverência em relação a Crítias, que contrasta de modo tão gritante com a repulsa geral que se sentia em relação a ele e os Trinta no século IV a.C., certamente foi promovida na academia de Platão por dois dos diálogos mais fascinantes da velhice do autor; o *Timeu* e o *Crítias*. Nessas fantasias utópicas, o nome de Crítias é investido de uma venerabilidade vetusta; é como se esses diálogos visassem reabilitá-lo politicamente.

É no *Timeu* que encontramos pela primeira vez a lenda da Atlântida, uma terra fabulosa que desaparecera no oceano Atlântico, além das Colunas de Hércules. É possível que Platão tenha elaborado a história com base em alguma narrativa folclórica já existente. Trata-se da versão platônica da Criação, e suas visões místicas fascinaram a Europa medieval, onde era a única obra de Platão realmente conhecida (numa versão resumida e em latim, de Calcídice) antes da queda de Constantinopla, quando os turcos causaram um êxodo de estudiosos gregos para a Europa ocidental; foi com eles que chegou o resto do cânon platônico.*

No entanto, não nos interessa aqui a teologia do *Timeu*, que até hoje fascina os leitores, mas suas intenções políticas. Do mesmo modo como Crítias tentara transformar a natureza da sociedade ateniense, Platão tentou, no *Timeu* e no *Crítias*, transformar a história grega e a ideologia política ateniense. Para esse fim, ele utilizou Crítias como porta-voz. O nome do ditador foi associado a um novo mito, que visava realizar, no campo da ideologia, o que Crítias não conseguira realizar na prática política. Platão, filósofo revolucionário e propagandista de gênio, empreendeu a tarefa de reescrever a história.

O objetivo de Platão era duplo. A democracia ateniense se inspirava em duas vitórias lendárias. Uma delas era o papel desempenhado por Atenas na salvação da civilização helênica nas guerras contra os persas, que Heródoto e Ésquilo apresentam como uma vitória de homens livres combatendo o despotismo,

---

* Outra exceção possível é o *Mênon*: aparentemente, esse diálogo tornou-se conhecido no Ocidente no século XII.

um tributo à força da democracia como fonte de heroísmo na guerra, dando aos homens uma causa por que lutar.

A outra era a velha tradição ateniense, preservada na *Vida de Teseu* de Plutarco, a respeito do fundador de Atenas, que teria sido, já naqueles tempos arcaicos, um democrata. Segundo Plutarco, Teseu conseguiu unir as cidades independentes da Ática em uma única cidade-Estado, Atenas, mobilizando tanto o *dêmos* quanto os proprietários contra os régulos que as governavam, prometendo aos aristocratas um "governo sem rei" e ao povo o direito de participar do governo. Escreve Plutarco: "A gente mais simples e os pobres rapidamente atenderam a seu apelo".[9] Teseu afirmava que "ele seria apenas o comandante em tempo de guerra e o guardião das leis, enquanto sob todos os outros aspectos todos seriam iguais".

Isso não passava de mitologia política. A verdadeira democracia só foi conquistada séculos depois. Os democratas atenienses também gostavam de citar o famoso catálogo de navios de Homero para mostrar que, na expedição contra Tróia, os atenienses — e apenas eles — já eram denominados *dêmos*, isto é, um povo que governava a si próprio.[10]

No *Timeu* e no *Crítias*, Platão propõe um mito autoritário para substituir esses mitos democráticos. O porta-voz de Platão é um personagem chamado Crítias. Até hoje, porém, os estudiosos discutem se esse é o mesmo Crítias que governou Atenas no tempo dos Trinta ou seu avô, que tinha o mesmo nome. É possível que Platão, mestre da sutileza e da ambigüidade, tenha deixado essa identificação deliberadamente em aberto. No século IV a.C., época em que escrevia, Crítias era considerado um monstro, e os leitores ficariam surpresos ao vê-lo retratado como um estadista respeitável. Um pouco de obscuridade era conveniente.

Ao apresentar Crítias, Sócrates diz que ele próprio não é capaz de dizer de que modo poderia ser criado tal Estado ideal. Afirma que seria necessária a presença de um estadista e convida Crítias a assumir tal tarefa, pois, "como todos sabemos", Crítias "não é um novato" em matéria de teoria e prática política.[11]

A conversação dos personagens do *Timeu* é apresentada

como uma continuação da *República*. O mito da Atlântida, tal como relatado por Crítias, visa investir aquele esboço de sociedade ideal de uma aura de antigüidade. A idéia era fazer com que a República parecesse representar não uma ruptura radical com a tradição ateniense, mas uma reencarnação, 9 mil anos depois — número que tinha uma significação mística entre os pitagóricos, por ser mil vezes o quadrado do número 3 — de uma Idade do Ouro ateniense até então desconhecida. Assim, a fantasia política de Platão é apresentada como uma recriação da verdadeira Atenas.

A lenda da Atlântida teria sido preservada numa ilustre família aristocrática — a da mãe de Platão — por um avô chamado Crítias, que a ouvira de seu avô, também chamado Crítias, o qual, por sua vez, a ouvira de seu pai, Dropides. Este, segundo o *Timeu*, ouvira a história de Sólon, a quem ela fora relatada por sacerdotes egípcios, quando Sólon viajava por aquela terra já então antiqüíssima.

Esse último detalhe fazia com que o ideal platônico de uma sociedade de castas fosse associado ao nome de Sólon, que era venerado pelos atenienses como o fundador da democracia. Era um golpe de mestre do Platão propagandista como argumento em favor de sua Nova Ordem. Crítias afirma que Sólon talvez tivesse tentado aplicar em Atenas o que aprendera no Egito, porém teria sido obrigado a pôr de lado essas revelações "devido às sedições e a todos os outros males que encontrou aqui [i.e., em Atenas] ao voltar".[12]

Fora graças a esse rígido sistema de castas vigente na Idade do Ouro de Atenas, explica Crítias, que a cidade pôde preservar a civilização helênica da investida militar da Atlântida. Platão propunha esse mito em substituição à epopéia das guerras contra os persas, nas quais Atenas, graças à democracia, pôde salvar a Grécia da dominação persa.

Como antídoto a essa história de fadas política, voltemos às sóbrias páginas da *Constituição de Atenas*, de Aristóteles. Nelas ficamos sabendo o motivo das "sedições" — para usar o termo pejorativo de Crítias — que Sólon encontrou ao voltar do Egito para Atenas. Os pobres da Ática tinham praticamente se transformado em escravos dos ricos através de um sistema no qual a legislação relativa à hipoteca dava aos credores o direito de impor a servidão aos devedores incapazes de saldar suas dívidas, bem como a suas famílias. Segundo Aristóteles, Sólon, para restaurar a estabilidade social e estabelecer um mínimo de justiça, extinguiu esse sistema de servidão. Se Sólon tivesse gostado do que vira no Egito, esse sistema seria um meio oportuno de instituir na Ática a escravidão por dívidas que havia entre os egípcios. Crítias morreu na tentativa de pôr em prática o ideal platônico.

A contrapartida do mito da Atlântida é outro mito platônico, o mais famoso de todos: a "nobre mentira" da *República*. Também esse mito é de natureza antidemocrática. Seu objetivo era inculcar na classe média e nos pobres uma sensação de inferioridade irremediável, de modo a "programá-los", como diríamos hoje, para se submeterem aos reis-filósofos. O que Crítias tentara fazer por meio do terror, Platão tentou fazer através da "lavagem cerebral", para empregar mais um neologismo.

No grande debate referente à utilização do terror entre o linha-dura Crítias e o moderado Terâmenes, nas *Helênicas* de Xenofonte, Crítias defende o terror com uma lógica impiedosa. Quando o conselho dá sinais de estar sendo convencido pela argumentação de Terâmenes em favor da moderação, Crítias afirma: "Se algum de vós julga estarem sendo mortas mais pessoas do que seria certo, que se leve em conta o fato de tais coisas sempre acontecerem quando se dá uma mudança de governo".

Esse é o argumento sempre empregado pelos ditadores de nosso século, de Mussolini a Mao Tsé-Tung. Mas Crítias, com franqueza e objetividade incomuns, leva esse raciocínio mais adiante. Afirma que, se houve muitas execuções durante seu governo, é porque os inimigos da ditadura são muito numerosos. Diz ele que Atenas é não apenas a mais populosa das cidades-Estados gregas como também é nela que o povo "vive em liberdade há mais tempo".[13]

Como desarmar e privar dos direitos de cidadania um povo há dois séculos acostumado à igualdade e ao livre debate, sem impiedosas execuções em massa? Era com essa lógica fria que Crítias tentava justificar não apenas o que ele havia feito com os democratas, mas também o que estava fazendo agora com seus aliados moderados e seu rival Terâmenes. Temos aqui o nascimento do totalitarismo.

Platão, que buscava uma transformação igualmente radical, tentou imaginar, na paz de sua academia, de que modo se poderia acostumar um povo livre a um novo regime de servidão. A solução que encontrou foi um complexo sistema de doutrinação ideológica imposto pelo Estado, através do qual as "massas" seriam habituadas desde a infância a se considerarem inferiores. Elas aprenderiam que haviam nascido sem liberdade e sem igualdade. Então — imaginava Platão — obedeceriam de bom grado àqueles que se consideravam superiores.

É essa a nobre mentira que Platão propõe pela boca de Sócrates no terceiro livro da *República*. Sua franqueza é tão completa quanto a de Crítias. Pergunta Sócrates: "De que modo, pois, poderemos inventar uma dessas mentiras úteis de que falávamos ainda há pouco, uma nobre mentira que convencesse, se possível, os próprios governantes, porém ao menos o resto dos cidadãos?". Platão supõe que os governantes, sendo filósofos, talvez não consigam engolir a propaganda por eles próprios espalhada, mas que as massas talvez acabassem acreditando. A nobre mentira é a idéia de que os homens são intrinsecamente divididos em quatro classes: a minoria de filósofos governantes, a casta militar que impõe as ordens da primeira classe, a classe média de comerciantes e artesãos e — em último lugar — os trabalhadores braçais e agricultores.

O Sócrates platônico afirma que, embora todos sejam na verdade irmãos, filhos da mesma mãe, a Terra, é necessário convencê-los de que são feitos de metais diferentes. Explica ele: "Embora todos vocês, cidadãos, sejam irmãos, diremos em nosso mito que Deus, ao criar aqueles dentre vocês que são capazes de exercer o poder, em sua composição fez entrar o ouro, e por esse motivo são eles os mais preciosos". A nobre mentira dirá que os "guardiães", ou seja, a casta dos militares, são também feitos de um metal precioso, se bem que de valor menor — a prata. A maioria dos cidadãos teria sido feita de metais vis, ferro e bronze.[14]

O leitor descuidado pode deixar de perceber um fato importante nesse ponto, especialmente se está usando a edição Loeb. Trata-se de uma edição admirável, cheia de anotações preciosas; porém está impregnada do espírito de platonismo cristão do tradutor, o grande estudioso americano Paul Shorey. No trecho citado acima, Shorey usa o termo *the helpers* ["os ajudantes"] para se referir aos guardiães, a casta dos militares. A palavra empregada por Platão é *epikouroi*, que de fato tem "ajudantes" como uma acepção possível. Mas na linguagem militar da época, *epikouroi* significava "soldados mercenários", isto é, *que não eram cidadãos*.

O leitor grego da época compreenderia perfeitamente aonde Platão queria chegar. A base da democracia na *pólis* era o soldado-cidadão. O cidadão armado não apenas defendia a liberdade da cidade como também podia usar suas armas para defender sua própria liberdade.*

Em Atenas, em 411 e 404, o partido antidemocrático desarmou tanto os pobres quanto a classe média para impor seu jugo. Crítias dependia de uma guarnição de tropas de ocupação espartanas, seus *epikouroi*. Era para pagar esses soldados que Crítias expropriava os bens de estrangeiros ricos, como Leão de Salamina. O objetivo da casta militar na *República* de Platão, tal como no Egito, era manter o povo desarmado e incapaz de oferecer resistência a seus senhores.

---

* Essa idéia sobrevive na Carta de Direitos da Constituição americana, que assegura o direito do cidadão de portar armas. Hoje em dia essa idéia é distorcida pelo *lobby* das armas [i.e., o grupo de pressão formado por fabricantes de armas, clubes de atiradores e grupos de direita que são contra qualquer lei que dificulte o porte de armas (N. T.)], mas na época era reflexo de uma experiência que ainda estava muito viva na memória dos homens que fizeram a Revolução. Foi graças à posse individual de armas que os colonos americanos puderam desafiar a coroa britânica.

Numa outra passagem, Sócrates refere-se à casta militar como *phylakes*, os guardiães, e diz que eles devem atuar como "guardiães em todos os sentidos da palavra, em guarda contra os inimigos de fora e os amigos de dentro, para que estes não queiram e aqueles não possam prejudicar" o Estado ideal.

Observe-se que os "guardiães" devem agir contra os dissidentes dentro da cidade tanto quanto em relação aos inimigos estrangeiros. Os *phylakes* ou *epikouroi* atuavam não apenas como um exército de ocupação, mas também como a polícia de um Estado policial. Esse é o lado negro da utopia platônica. Nesse ponto convergem a teoria de Platão e a prática de Crítias.

Mas não é só nesse ponto que os dois concordam. Além de instituir a mentira oficial, a "doutrinação", Platão estava tão disposto quanto seu primo a usar da força para realizar o sonho de criar uma Nova Ordem e um Novo Homem, mais submisso que o antigo.

Na *República* e nas outras utopias platônicas, quando os dissidentes se recusassem a ser convencidos, ou a fingir que estavam convencidos, seriam eliminados de modo tão implacável quanto Crítias eliminava a oposição a seu governo. Encontramos três exemplos disso no cânon platônico. O primeiro está no *Político*, no qual o ideal de Platão é a monarquia absoluta. Nesse diálogo, escrito na velhice, Platão usa como porta-voz — tal como fará mais tarde nas *Leis* — um "Estrangeiro", que é evidentemente o próprio Platão. O Estrangeiro oferece a analogia socrática do médico como "aquele que sabe" e portanto tem o direito de mandar em seu paciente. A partir dessa imagem, tira uma conclusão política implacável.

Diz o Estrangeiro que o médico nos cura, "quer com nosso consentimento, quer sem ele, cortando-nos ou queimando-nos", seja "por meio de regras escritas ou sem elas", "nos purgando ou nos submetendo de algum outro modo". Pelo visto, a palavra

---

* Em inglês, o verbo *to purge* significa tanto "purgar" quanto "promover um expurgo". (N. T.)

"purgar" tem aqui algumas das conotações sinistras que adquiriu em nosso tempo.*

O Estrangeiro afirma que o médico tem o direito de proporcionar dores ao paciente desde que esteja trabalhando "segundo a arte ou a ciência" e faça com que o paciente fique "melhor do que estava antes". O rei ideal deverá governar desse modo e seguindo a mesma lógica. Para o Estrangeiro, "essa é a única definição correta do poder do médico *e de qualquer outro poder*".[15] Ou seja: o único poder verdadeiro é o poder absoluto, que requer a submissão absoluta.

A passagem em que é definido "o único poder verdadeiro" parece ser a única, em todos os diálogos platônicos, em que se afirma que finalmente chegamos a uma "única definição correta". Tais definições exatas e absolutas representam a única forma verdadeira de *episteme*, ou seja, de conhecimento verdadeiro. Platão julga ter provado que o absolutismo é a única forma legítima de governo. Como é a única forma legítima de poder, ela tem o direito de matar ou banir súditos "para seu próprio bem".

Naturalmente, como todo argumento baseado em analogias, esse tem suas falácias. O médico não exerce poder absoluto sobre o paciente. Se este acha que o tratamento lhe está fazendo mal, ele pode trocar de médico. Se acha que foi prejudicado, pode processar o médico por negligência. Já naquela época, como agora, o médico fazia o juramento hipocrático, que o sujeitava ao opróbrio e à perda do direito de exercer a profissão se agisse de modo impróprio. O médico, ao contrário do governante investido de poderes absolutos, não era ao mesmo tempo juiz e júri; não podia decidir que tudo aquilo que fosse feito por ele era *ipso facto* científico.

Quanto à justiça, como estabelecer o equilíbrio entre o que era bom para o Estado ou a comunidade e o que era bom para o indivíduo? Em todas as épocas, a lei vem tentando pesar em sua balança sensível a preocupação com ambos. Mas para Platão — o protótipo do teórico do totalitarismo — era o Estado, a abstração, que importava. Era o Estado que justificava a morte ou o banimento de indivíduos cujo único crime era não se adaptar à Nova Ordem.

Isso fica bem claro no segundo exemplo que veremos do modo impiedoso como Platão buscava a perfeição: a política eugênica de pureza racial, ou de casta, apresentada na *República*, juntamente com a insólita proposta de esposas e filhos comuns entre os guardiães.[16]

Platão gostaria de criar seres humanos como se criam animais. Para melhorar "o rebanho de guardiães", sua procriação seria rigorosamente controlada pelo Estado, e a formação de casais seria determinada, aparentemente, por sorteio. Mas na verdade o sorteio seria de cartas marcadas, com fins eugênicos, de modo que "os melhores homens coabitem com as melhores mulheres no maior número de casos possível, assim como os piores com as piores no menor número possível [...] a fim de que o rebanho seja o mais perfeito possível".[17]

Como seria possível manter esse logro em segredo? Como resolver os ciúmes sexuais que seriam despertados? O que impediria os guardiães, os únicos a portar armas, de expulsar o rei-filósofo (ou reis-filósofos)? Nenhuma dessas questões de caráter prático é abordada. Aqui o utopismo é levado às raias da loucura.

Temos outro exemplo ainda mais alucinado, se é que tal coisa é possível. Aparece no final do sétimo livro da *República*, e daria uma cena impagável numa sátira a Platão.

O primo Crítias exilara primeiro os democratas e depois os moderados, em sua tentativa de refazer Atenas. Mas Platão vai mais longe. Seu Sócrates imagina que "a maneira melhor e mais rápida" de preparar o campo para a cidade ideal é exilar todo mundo que tiver mais de dez anos, e deixar as crianças para serem remodeladas pelos filósofos.

Sócrates está ansioso para demonstrar que o ideal que ele apresenta "não é um mero devaneio". Diz ele: "É de certo modo possível, desde que haja na cidade um ou vários governantes que sejam verdadeiros filósofos" e, "considerando a justiça a maior e mais necessária de todas as coisas", assumam a tarefa de "reorganizar e administrar sua cidade".[18] Seu interlocutor, confuso, pergunta de que maneira isso se dará.

Responde Sócrates: "Todos os habitantes que tenham mais

de dez anos de idade serão enviados para o campo, e [os reis-filó-sofos] se encarregarão das crianças, subtraindo-lhes os costumes de seus pais e educando-as segundo seus próprios costumes e leis, isto é, aqueles que vimos apresentando".

Sócrates julga que é essa a maneira mais rápida e mais fácil de criar sua cidade perfeita "e trazer os maiores benefícios ao povo". Seu interlocutor dócil concorda que essa seria "de longe a maneira mais fácil". Ninguém levanta nenhuma questão problemática. É espantoso constatar como é escassa a dialética nos momentos cruciais dos diálogos platônicos.

Um método fácil? De que modo um punhado de filósofos cuidaria de um pequeno exército de crianças? Só mesmo um solteirão como Platão, que nunca na vida trocou uma fralda, poderia levar a sério uma proposta dessas. Como impedir que os pais angustiados e furiosos voltassem à noite do "campo" — para usar o termo eufemístico empregado por Platão — para matar esses filósofos malucos e recuperar os seus filhos e a sua cidade? Como podia o Sócrates platônico falar em justiça, qualificando-a de "a maior e mais necessária de todas as coisas", e logo em seguida propor que toda uma cidade fosse subvertida e toda uma geração fosse condenada a sofrimentos tais, sem seu consentimento, contra a sua vontade?

Estaria Platão distorcendo grosseiramente as verdadeiras posições de seu mestre? Ou haveria de fato uma ligação umbilical entre essa concepção e o desdém manifestado por Sócrates em relação à democracia? Será que Platão achava que essa idéia seguia-se logicamente à concepção socrática da comunidade humana como um rebanho, a ser "reduzido" para seu próprio bem por um pastor sábio, seu soberano natural, "aquele que sabe"?

A maioria dos seguidores devotos de Platão fecha os olhos para essa passagem da *República*. Alan Bloom, um dos poucos que ousam enfrentar os absurdos clamorosos nela expostos, apela para a teoria de que nesse trecho Platão estaria na verdade satirizando seu próprio utopismo! Essa explicação até poderia ser plausível, não fosse o fato de que no *Político*, nas *Leis*, no *Timeu* e no *Crítias* encontramos visões semelhantes do Estado ideal. É pouco provável que Platão tenha passado a vida inteira satirizando a si próprio.

O horror culminante numa antologia do pensamento político de Platão seria a metáfora da "lousa limpa" no sexto livro da *República*. O autor nos prepara para ela fazendo Sócrates apresentar uma visão rósea das qualidades que legitimam o direito do filósofo de exercer o poder absoluto. Sócrates descreve o verdadeiro filósofo como "o homem cuja mente está verdadeiramente fixa nas realidades eternas". Por isso "não tem ele tempo de voltar os olhos para as ações mesquinhas dos homens", porém "fixa o olhar nas coisas da ordem eterna e imutável" que pode ser percebida nos céus e nos movimentos das estrelas. Assim, o filósofo "torna-se ele próprio ordenado e divino até onde tal é dado aos homens".[19] Sendo semelhante à divindade, o filósofo pode, se assim o quiser, reassumir a obra da Criação e criar um Novo Homem.

Sócrates coloca essa idéia na forma de uma pergunta dirigida a seu interlocutor. Indaga ele: "Se alguma necessidade o leva a tentar moldar a matéria maleável da natureza humana, quer em Estados, quer em indivíduos, de acordo com aquilo que vê lá no alto [nos céus], em vez de moldar apenas a si mesmo, acredita que ele possa se revelar um mau artífice da sobriedade, da justiça e de todas as formas de virtude cívica?".[20]

Eis o tipo de pergunta que seria rejeitado em qualquer tribunal, mesmo pelo juiz mais sonolento, por ser tendenciosa. Um observador irreverente poderia perguntar a Sócrates nesse ponto se um homem sem tempo "de voltar os olhos para as ações mesquinhas dos homens" seria a escolha ideal para reorganizar essas ações e resolver de que modo elas deveriam passar a ser. Mas o interlocutor platônico, como sempre, limita-se a concordar, reverente. O que deveria ser questionado e testado pela argumentação é simplesmente pressuposto.

Sócrates em seguida faz outra pergunta tendenciosa, referente à conversão instantânea dos democratas em crentes nas visões celestiais do filósofo. "Mas se a multidão se der conta de que o que estamos dizendo a respeito do filósofo é verdade, ela continuará a se indispor com a filosofia e desconfiará de nós quando dissermos que cidade alguma pode ser feliz se suas linhas gerais não forem traçadas por artistas que copiem o modelo celestial?"

Sócrates explica que o rei-filósofo ou os reis-filósofos "tomarão a cidade e os caracteres dos homens como quem toma uma lousa de escrever, e tratarão de limpá-la antes de mais nada". Mas admite que "isso não é fácil". Pois o que Crítias tentou fazer com Atenas foi justamente "limpar a lousa", e a dificuldade da tarefa foi a desculpa que ele usou para justificar as crueldades que seu objetivo revolucionário o levou a cometer.

Sócrates não nos diz de que modo essas dificuldades serão vencidas, nem tal coisa lhe é perguntada. "Mas, como bem sabes", diz ele, "nisso reside a primeira diferença entre eles [os reis-filósofos] e os reformadores comuns: eles não consentiriam em tocar numa cidade, sequer numa pessoa, [...] enquanto não a tivessem recebido limpa ou eles próprios a limpassem." Seu poder deve ser absoluto e inatacável.

O Sócrates platônico parece achar que tudo isso talvez pudesse ser aceito pelos atenienses. Pergunta ele: estaremos convencendo aqueles que "avançavam contra nós dispostos a tudo? Poderemos convencê-los de que um tal pintor político de caracteres existe? Já não terão eles se acalmado um pouco após ouvirem o que estamos dizendo?". Resposta — mais uma vez, sem qualquer argumentação: "Bastante".[21]

Felizmente para Sócrates, na época de seu julgamento a *República* não tinha ainda sido escrita e portanto não podia ser lida para seus juízes. Se era de fato isso que Sócrates ensinava, ou se tais eram os efeitos de seus ensinamentos sobre um jovem brilhante como Platão, seria mais difícil ainda convencer os juízes de que Sócrates não havia transformado alguns dos mais brilhantes jovens de Atenas em perigosos revolucionários. A lembrança ainda recente dos Trinta deixava bem claro o grau de desumanidade que se escondia por trás da singela expressão "limpar a lousa".

13. O PRINCIPAL ACUSADOR

DOS TRÊS ACUSADORES DE SÓCRATES, o único que tinha destaque em Atenas era Ânito. Os outros dois, Meleto e Lícon, eram figuras obscuras, a respeito das quais pouco mais se sabe do que aquilo que é dito por Sócrates na *Apologia*. Sócrates afirma que Lícon participa da acusação como representante dos oradores; Meleto, dos poetas; e Ânito, dos artesãos e líderes políticos.[1] Se isso é verdade, conclui-se que todos os principais cidadãos da cidade estavam unidos contra Sócrates. Dos três acusadores, só Ânito realmente tinha peso. Lícon não era famoso como orador, nem Meleto como poeta. Mas Ânito era um próspero curtidor e desempenhara um papel importante na resistência armada que derrubou Crítias e restaurou a democracia. Na *Apologia*, contudo, o único que fala é Meleto, que aparece como um indivíduo um tanto obtuso, incapaz de fazer frente a Sócrates.

Ânito não se manifesta na *Apologia*, nem tampouco Crítias é mencionado, mas os dois são presenças importantes por trás do que se diz no julgamento. Crítias, embora já morto, era de certo modo a principal testemunha de acusação, o melhor exemplo da má influência de Sócrates no sentido de "corromper" a *jeunesse dorée* ateniense e voltá-la contra a democracia. O prestígio de Ânito e a má fama de Crítias foram os principais fatores que impediram a absolvição.

Ânito é por vezes apresentado como um democrata fanático. O *Source book on Socrates*, obra indispensável, preparada pela Open University, Inglaterra, chega mesmo a qualificar Ânito como "evidentemente um político de esquerda".[2] Talvez fosse compreensível ver Ânito como um democrata extremista de antes de 1880, quando a *Constituição de Atenas* de Aristóteles foi recuperada das areias quentes do Egito. Nessa obra Ânito aparece não como democrata, mas como lugar-tenente do líder moderado Terâmenes, que tanto em 411 quanto em 404 defendeu a extinção dos direitos políticos dos pobres, porém em ambas as revoluções voltou-se contra os extremistas oligárquicos quando eles começaram a suprimir os direitos políticos — e recolher as armas — da classe média também. Ânito era um dos líderes ricos da classe média que não gostavam da democracia integral, porém logo concluíram que ela era preferível a uma ditadura aristocrática estreita — e bem menos ameaçadora em relação às suas vidas e propriedades.[3]

Mesmo antes de ser encontrado o tratado perdido de Aristóteles, já deveria estar claro que Ânito era um líder moderado. Nas *Helênicas* de Xenofonte esse fato é evidente. Nessa obra, no grande debate entre Crítias e Terâmenes, antes da execução deste, Terâmenes cita Ânito duas vezes como exemplo da classe de moderados ricos que Crítias estava empurrando para a oposição.

Ânito teve graves prejuízos quando sua propriedade foi confiscada pelos ditadores depois que ele passou para a oposição. Após a restauração da democracia, conquistou o respeito geral porque não utilizou sua influência política para recuperar suas propriedades perdidas. Tais processos eram proibidos pela anistia, e Ânito acatou a proibição de modo honrado. Sabemos desse fato graças a um discurso do orador Isócrates, referente a uma questão judicial ocorrida cerca de dois anos antes do julgamento de Sócrates, no qual é afirmado que

> Trasíbulo e Ânito, homens da maior influência na cidade, embora lhes tenham sido roubadas grandes quantias [no regime dos Trinta] e eles saibam quem entregou [aos ditadores] as listas de seus bens, assim mesmo não têm a impudência de os processar ou levantar contra eles velhos rancores; pelo contrário, mesmo [...] tendo mais poder de realizar seus intentos do que outros, em relação a questões cobertas pelo acordo [i.e., a anistia] ao menos, julgam eles apropriado colocar-se em pé de igualdade com os outros cidadãos.[4]

Ânito, em particular, não era apenas um mestre curtidor que de repente se tornou general da resistência. Ele já era general na guerra do Peloponeso; sabemos que foi enviado com trinta trirremes, em 409 a.C., para tomar dos espartanos a fortaleza de Pilo — atual Navarino —, porém o mau tempo prejudicou a expedição.[5]

Segundo uma lenda, Ânito teve um mau fim. Ela surge pela primeira vez cerca de cinco séculos depois do julgamento de Sócrates, nas *Vidas dos filósofos* de Diógenes Laércio. Segundo esse autor, após a morte de Sócrates "foi tamanho o remorso dos atenienses", que eles se voltaram contra seus acusadores, executaram Meleto, expulsaram da cidade Ânito e Lícon e erigiram "uma estátua de bronze" a Sócrates.

Diógenes diz mais ainda: "Os atenienses arrependeram-se de modo semelhante em muitos outros casos que não o de Sócrates". Assim, teriam feito o mesmo após multarem Homero no valor de cinqüenta dracmas, acusando-o de louco![6] Basta isso para caracterizar toda a história como uma invenção. Se tal coisa tivesse de fato acontecido, se o poeta tivesse sido tratado desse modo na cidade mais culta da Grécia, o impacto desse escândalo teria reverberado por toda a literatura da Antigüidade. E se Atenas tivesse se arrependido e erigido uma estátua a Sócrates, certamente Platão e Xenofonte mencionariam o fato.

Quanto a Ânito, Diógenes apresenta duas versões do que teria acontecido com ele: uma, na sua biografia de Sócrates; outra, na de Antístenes, um relato igualmente interessante, porém contraditório. Diógenes diz que Antístenes, o mais velho discípulo de Sócrates, "é considerado responsável pelo exílio de Ânito e a execução de Meleto". Segundo ele, Antístenes, algum tempo após a morte de Sócrates, "conheceu alguns jovens do Ponto que tinham sido atraídos a Atenas pela fama de Sócrates". Antístenes "levou-os para conhecer Ânito", dizendo-lhes com ironia ser ele mais sábio que Sócrates. Os jovens, "muito indignados, expulsaram Ânito da cidade".[7] Segundo a outra versão, Ânito foi exilado pelos atenienses e posteriormente expulso de Heracléia do Ponto quando foi se refugiar lá. A esse relato, o orador Temístio, no século IV d.C., acrescenta um detalhe por sua conta: o povo de Heracléia teria ficado tão furioso com a execução de Sócrates que apedrejou Ânito até a morte assim que este chegou.[8]

Tais lendas refletem a aura de que o gênio de Platão já revestira o nome de Sócrates no tempo do Império Romano. Na verdade, sabemos de fontes fidedignas que mais de dez anos após o julgamento de Sócrates Ânito continuava sendo uma figura importante na vida política de Atenas, tendo sido eleito para um dos cargos mais importantes da cidade. Essa informação aparece numa oração de Lísias intitulada *Contra os comerciantes de trigo*. O próprio Lísias era amigo de Sócrates.[9]

Esse discurso foi pronunciado num julgamento realizado por volta de 386 a.C., mais ou menos treze anos depois do julgamento de Sócrates. Os comerciantes de trigo eram acusados de violar leis que protegiam o mercado cerealista dos cartéis que visassem fixar preços. A fiscalização do cumprimento dessas leis ficava a cargo de inspetores municipais chamados *sitophylakes*, ou seja, guardiães dos cereais. Os atenienses não eram cegos para as realidades do "livre mercado". Os inspetores eram considerados *archons*, que eram os principais magistrados da cidade, e, sendo um desses inspetores, Ânito foi testemunha de acusação.[10]

Também eu acredito que deveria ter havido uma reação de indignação contra o veredicto que condenou Sócrates. Mas não há sinal de tal coisa em toda a literatura do século posterior a sua morte que tenha chegado até nós. Sócrates só se tornou uma figura reverenciada fora dos círculos platônicos muito tempo depois de sua morte. Em Aristóteles, não encontramos um culto a Sócrates; o autor faz muitas referências a ele, porém com teor bem crítico, e não menciona seu julgamento.

O teatro era o principal indicador da opinião pública em Atenas. Mas não encontramos, nos inúmeros fragmentos de tragédias e comédias produzidas pouco depois do julgamento, nenhum sinal de tristeza ou indignação. Há um fragmento de uma peça perdida de Eurípides, chamada *Palamedes*, na qual o autor

— segundo Diógenes Laércio — repreende o povo de Atenas pelo que fez com Sócrates. Diz o fragmento: "Matou, matou, o mais sábio, o inocente, o rouxinol das musas". Mas o nome de Sócrates não é mencionado, e — quaisquer que fossem suas qualidades — ele estava longe de ser o rouxinol das musas, expressão que designa um poeta lírico. O próprio Diógenes observa, contrariado, que Filócoro, o mais famoso cronista ateniense do século IV, "afirma que Eurípides morreu antes de Sócrates";[11] assim, o fragmento citado por Diógenes certamente se refere a outra pessoa.[12]

Tampouco encontramos referência alguma ao julgamento nas obras de Demóstenes, que foi em seu século o maior defensor do que hoje em dia chamaríamos de liberdades civis. A mais antiga referência ao julgamento feita no século seguinte, das que chegaram até nós — excetuados os textos de Platão e de Xenofonte —, encontra-se num famoso discurso, *Contra Timarco*, do orador Ésquines, rival de Demóstenes. O discurso foi pronunciado num julgamento em 345 a.C., e constituiu mais um episódio no longo e acirrado conflito entre os dois grandes oradores. Nele, Sócrates é mencionado rapidamente, de passagem.

Timarco, o homem que estava sendo acusado por Ésquines, era protegido de Demóstenes. Ésquines cita o veredicto contra Sócrates não como um exemplo terrível de violação das liberdades civis, mas como um precedente salutar a ser seguido no caso de Timarco. Ésquines afirma que um tribunal ateniense "condenou à morte o sofista Sócrates [...] porque ficou provado ter sido ele mestre de Crítias, um dos Trinta que derrubaram a democracia".[13] Ésquines venceu a questão. A fala de Ésquines mostra que, cinqüenta anos depois do julgamento de Sócrates, a opinião pública acreditava que o velho "sofista" tinha sido justamente punido, por ter sido professor do odiado Crítias. Não fosse esse o caso, certamente Ésquines não teria mencionado o veredicto contra Sócrates como precedente.

Aparentemente, não foi apenas a política que causou problemas no relacionamento de Ânito com Sócrates, mas também uma discordância a respeito da educação do filho daquele. Segundo a *Apologia* de Xenofonte, Sócrates achava que Ânito levantara a acusação "por haver-lhe eu dito [...] que ele não deveria limitar a educação do filho ao ofício de curtidor". O ofício de curtidor era considerado vulgar por atenienses aristocráticos como Xenofonte e Platão. Mas é pouco provável que um líder político de classe média como Ânito limitasse a educação de seu filho a esse ofício, pois dessa forma o filho não poderia seguir os passos do pai e vir a desempenhar um papel importante na vida política da cidade.

Tudo indica que havia uma rivalidade entre Sócrates e Ânito em relação ao filho deste. Revela Sócrates na *Apologia* de Xenofonte: "Tive um rápido contato com o filho de Ânito, e pareceu-me ele não carecer de firmeza de caráter".[14] Sócrates não explica por que motivo esse contato foi tão rápido.

No *Mênon*, Platão relata um confronto áspero entre Sócrates e Ânito. Sócrates, que normalmente zomba dos sofistas, agora se põe a defendê-los. Tem-se a impressão de que, no *Mênon*, Ânito considera Sócrates um "sofista" como outro qualquer. Quando Ânito entra em cena, Sócrates e Mênon estão discutindo a questão de como ensinar virtude aos filhos dos homens famosos, e Sócrates desafia Ânito a citar um único homem famoso que tivesse se revelado bom professor ensinando as virtudes a seus filhos. Diz Sócrates: "Menciona um nome, qualquer um que quiseres".*

"Mas por que mencionar alguém em particular?", diz Ânito. "Qualquer ateniense de bem que [o filho] encontre [...] lhe fará mais bem, desde que ele o ouça, do que os sofistas [...] ou julgas que em nossa cidade não tivemos muitos homens de bem?"[15] Ele interrompe a discussão com um aviso: "Sócrates, tenho a impressão de que você difama as pessoas com leviandade. Se quer um conselho, ouça-me: seja mais cuidadoso. Talvez seja mais fácil, na maioria das cidades, fazer mal do que bem às pessoas; certamente nesta isso é verdade".[16] Parece tratar-se de uma ameaça.

---

* Seria injusto acrescentar que nenhum dos três filhos de Sócrates jamais se destacou em coisa alguma?

Na *Apologia* de Xenofonte, depois do julgamento Sócrates manifesta sua hostilidade com uma profecia rancorosa: "Predigo que ele [o filho de Ânito] não permanecerá no ofício servil em que seu pai o colocou". Diz Sócrates que, "por falta de um conselheiro esclarecido", o filho de Ânito "será presa de alguma tendência vergonhosa e haverá de ir longe no vício". Comenta Xenofonte: "Assim falando, Sócrates não se enganou; apaixonando-se pelo vinho, o rapaz não parava de beber, dia e noite, e acabou tornando-se um inútil para a cidade, para os amigos e para si próprio. Assim, Ânito, embora já morto", conclui Xenofonte, triunfante, "ainda tem má reputação, devido à educação errônea que deu ao filho e a sua dureza de coração".[17]

Isso mostra que a *Apologia* de Xenofonte foi escrita após a morte de Ânito. Se este tivesse sido expulso de Atenas pela população arrependida, após o julgamento, e tivesse morrido nas mãos de uma multidão indignada na cidade onde foi buscar refúgio, certamente Xenofonte teria mencionado tais fatos.

Acrescente-se que Ânito agiu de modo sensato ao afastar seu filho da influência de Sócrates. Ele tinha bons motivos para temer que o filósofo fizesse o rapaz voltar-se contra ele, ensinasse-o a desprezar a profissão do pai e o pusesse em contato com jovens aristocratas que terminariam por convertê-lo num esnobe pró-espartano e aliado dos Trinta.

14. COMO SÓCRATES FEZ O POSSÍVEL PARA HOSTILIZAR O JÚRI

NO JULGAMENTO DE UM CRIME EM ATENAS, o júri votava duas vezes. Em primeiro lugar, votava-se a favor da condenação ou da absolvição do réu. Em caso de condenação, votava-se para decidir qual seria a pena. A maior surpresa no julgamento de Sócrates foi a pequena margem de votos que decidiu a primeira questão, a mais básica. Embora ainda fosse recente a experiência dos Trinta e ainda que o principal acusador fosse homem de prestígio e a natureza antidemocrática dos ensinamentos de Sócrates estivesse ficando cada vez mais evidente, o júri aparentemente teve muita dificuldade em se decidir. Se apenas 6% dos componentes do júri tivessem mudado de idéia, Sócrates teria sido absolvido.

O próprio Sócrates, segundo a *Apologia* de Platão, julgava que seria condenado. Isso, por si só, disse Sócrates ao júri, "não causou surpresa". O que o surpreendeu foi o fato de que muitos votaram a favor de sua absolvição. Assim, claramente não se tratava de uma turba de linchadores. Sócrates observou que, "com a mudança de apenas trinta votos, eu estaria absolvido".[1] Se apenas trinta votos diferentes teriam absolvido Sócrates, então a divisão do júri de quinhentos membros foi a seguinte: 280 votos a favor da condenação, 220 a favor da absolvição. Assim, se trinta jurados que votaram a favor da condenação tivessem se pronunciado pela absolvição, teríamos 250 votos de cada lado, e em Atenas o acusado era beneficiado em caso de empate.

Por que Sócrates ficou tão surpreso com a pequena margem de votos? Essa pergunta não é respondida na *Apologia* de Platão. Mas na *Apologia* de Xenofonte encontramos uma pista. Xenofonte afirma que Sócrates queria ser condenado, e fez o que pôde no sentido de hostilizar o júri. Infelizmente, o testemunho da *Apo-*

logia de Xenofonte é com freqüência obscurecido por uma palavra traduzida de modo errado. A palavra é *megalegoria*, e aparece três vezes no primeiro parágrafo. O que aumenta a confusão é o fato de que, por razões de estilo e eufonia, os tradutores costumam traduzi-la cada vez de uma maneira diferente.

Exemplifiquemos com duas traduções clássicas. A mais antiga é a linda versão de Sarah Fielding, em inglês setecentista, que aparece em sua obra *Socratic discourses*.[2] A segunda é a tradução da edição Loeb, de O. J. Todd. A palavra *megalegoria* contém duas raízes: *megal* (a mesma que encontramos em "megalomania"), que significa "grande", e o verbo *agoreuo*, "falar ou dirigir-se a uma assembléia", uma *ágora*. A palavra tem duas acepções. Uma é pejorativa: "falar grande", ou seja, jactância, arrogância. A outra tem conotações positivas: é sinônimo de eloqüência.

Os dois tradutores interpretam a palavra no sentido positivo. Mas essa leitura é incoerente com o teor da argumentação de Xenofonte. Ele começa o relato do julgamento dizendo que as pessoas surpreenderam-se com a *megalegoria* que Sócrates exibiu ao se dirigir a seus juízes. Como já vimos, a palavra aparece três vezes na passagem inicial. Sarah Fielding traduziu-a como: 1) "maravilhosa coragem e intrepidez"; 2) "a elevação de seu estilo e o arrojo de seu discurso"; e 3) "a sublimidade de sua linguagem". Na edição Loeb, Todd verte o termo de três maneiras: 1) "a elevação de suas palavras"; 2) "sua fala elevada"; e 3) "a sublimidade de seu discurso".

Essas traduções podem ser criticadas sob dois aspectos: quanto à coerência com o contexto e quanto à ocorrência da mesma palavra em outros contextos, na obra de Xenofonte e outros autores gregos. Comecemos com o primeiro argumento. O leitor cuidadoso, ao reler essa passagem em qualquer uma das traduções, verá que existe aqui uma incoerência. Xenofonte afirma que todos aqueles que escreveram a respeito do julgamento de Sócrates surpreenderam-se com sua *megalegoria* diante dos juízes e julgaram-na *aphronestera*. Segundo o *Greek lexicon* de Liddell e Scott, esse termo significa "insensato, estúpido, louco, imprudente". Quanto a isso, os dois tradutores estão de acordo:

Fielding traduz a palavra como "inadequada e imprudente"; Todd, como "um tanto inoportuna".

Mas por que motivo a *megalegoria* seria *aphronestera*, se *megalegoria* significa sublimidade de expressão ou elevação de discurso? Por que motivo seria insensato ou "imprudente" falar de modo elevado diante de um júri ateniense, que, como é bem sabido, era afetado pela eloqüência? Xenofonte insiste em que a *megalegoria* de Sócrates não era insensata em absoluto, mas deliberada e coerente com seu objetivo, que era provocar e não apaziguar o júri.

Xenofonte não estava em Atenas na época do tribunal. Afirma que seu relato baseia-se no que lhe foi contado posteriormente por Hermógenes, um dos discípulos mais íntimos de Sócrates, o qual afirmou a Xenofonte que insistiu com seu mestre para que preparasse uma defesa eloqüente, porque os júris eram influenciados pela oratória. "Não vê", indaga Hermógenes a Sócrates, "que os tribunais atenienses muitas vezes se empolgam com um discurso eloqüente e condenam inocentes à morte, e muitas vezes absolvem o culpado porque sua fala desperta-lhes a compaixão ou agrada-lhes os ouvidos?"

Sócrates responde que por duas vezes tentou escrever tal defesa, mas que em ambas seu *daimônion*, seu espírito orientador, interveio e o dissuadiu. Diz ele a Hermógenes que sua divina voz interior disse-lhe ser melhor morrer agora, antes que os sofrimentos da velhice o dominem. É por isso, argumenta Xenofonte, que sua *megalegoria* não foi, em absoluto, "insensata". Só teria sido *aphronestera* se ele quisesse ser absolvido!

Diz ainda Sócrates: "Se minha existência se prolongar, sei que as debilidades da velhice virão inevitavelmente — minha vista se enfraquecerá, meu ouvido se tornará menos aguçado, demorarei mais para aprender e me esquecerei mais depressa do que aprendi".

A estratégia de Sócrates era claramente perder não apenas na primeira votação, que determinava o veredicto, como também na segunda, que decidiria a pena. Se apaziguasse o júri, este — ainda que o julgasse culpado — talvez lhe impusesse uma multa, tal como pedia a defesa, em vez da pena de morte exigida pela acusação. Sócrates queria morrer. Indaga ele: "Se percebesse minha decadência e começasse a me queixar, como poderia continuar a gozar a vida?".

Mas como poderia Sócrates, um filósofo, afirmar que não há prazeres na velhice? Que é melhor abrir mão do dom da vida por causa dos incômodos da idade? Sócrates tinha mulher, filhos, discípulos. Por que se dispunha a abandoná-los com tanta facilidade? No *Críton* e no *Fédon*, seus discípulos levantam questões desse tipo. A atitude de Sócrates lhes parece inexplicável, até mesmo indigna — uma abdicação da responsabilidade moral. Rejeitar o dom da vida, a menos que se esteja sofrendo a agonia de uma doença incurável, parece a maior das impiedades.

Sócrates chega a dizer que o julgamento é para ele uma oportunidade de cometer o suicídio de modo agradável, bebendo cicuta, o método de execução utilizado em Atenas. Diz ele, segundo o relato de Hermógenes feito a Xenofonte: "Se for condenado agora, certamente terei o privilégio de morrer de uma morte que, segundo os que entendem dessa questão, é não apenas a mais fácil como também a que menos transtornos causa aos amigos de quem morre".

Conclui Sócrates: "Tinham razão os deuses ao me dissuadirem de preparar minha defesa, quando resolvemos que devíamos tentar encontrar um modo de conseguir minha absolvição, por bem ou por mal".[3] Sócrates optou pela morte, e só conseguiria obtê-la se irritasse o júri. Não era seu objetivo cativar os juízes. O tom que adotou ao se dirigir a eles era calculadamente jactancioso e arrogante. É esse o sentido de *megalegoria* nesse contexto.

Essa leitura do termo encontra apoio numa palavra cognata empregada por Xenofonte perto do final da *Apologia*. A palavra é *megalunein* — "exaltar" —, empregada aqui juntamente com o pronome reflexivo *eautos* — "exaltar-se". Escreve Xenofonte: "E quanto a Sócrates, ao se exaltar perante o tribunal, ele granjeou má vontade e assegurou sua própria condenação".[4] Assim, a *Apologia* de Xenofonte termina tal como começou.

O *Greek-English lexicon* de Liddell, Scott e Jones, verdadeiro tribunal de última instância nessas questões, define *megalegoria* na *Apologia* de Xenofonte como "bazófia", e cita nessa acepção um verso dos *Heraclidas* de Eurípides, em que os filhos de Hércules vão buscar asilo em Atenas. Quando um arrogante mensageiro de Argos exige que eles sejam extraditados, o coro de "velhos de Maratona" canta que Atenas não será intimidada pelas *megalegoriaisi* (dativo plural) do mensageiro, termo que o *G-EL* traduz por "arrogância", mas que também poderia ser vertido como "fanfarronadas". O *G-EL* dá essa conotação pejorativa a outras formas da mesma palavra em outras passagens de Xenofonte e outros autores de seu tempo. Define o verbo *megalegoreuo* como "bazofiar, gabar-se", citando três trechos de outras obras de Xenofonte, e menciona também um caso semelhante, na peça de Ésquilo *Sete contra Tebas*. Foi só meio milênio depois que os autores gregos do Império Romano passaram a usar o termo *megalegoria*, em escritos sobre retórica, no sentido de discurso elevado ou sublimidade de expressão.[5]

Nesse contexto, é significativo o fato de que, em dois trechos da *Apologia* de Platão, Sócrates julga necessário dizer que não está se gabando. A palavra por ele empregada é sinônimo de *megalegoria*: *mega legein*. A primeira palavra significa "grande" e a segunda, "falar" — "falar grande", isto é, jactar-se. O fato de que as *megalegorein* de Xenofonte querem dizer a mesma coisa que a *mega legein* de Platão era mencionado com freqüência em edições escolares da *Apologia*, no tempo em que o estudo do grego e do latim, tanto aqui quanto no estrangeiro, era mais difundido do que é atualmente.

Numa dessas edições escolares, a de W. S. Tyler, há uma nota nessa passagem que faz uma associação direta com a *Apologia* de Xenofonte: "*Mega legein* quer dizer 'bazófia' [...] trata-se do *orgulho* e da *arrogância* [grifadas no original] que pareciam contidos no que [Sócrates] dizia e que, temia ele, seriam ofensivos, e de fato ofenderam os juízes". Acrescenta Tyler que Xenofonte "refere-se à *megalegoria* que todas as *Apologias* atribuem a Sócrates em sua defesa". Assim, o relato platônico confirma o xenofôntico.[6]

Nas duas *Apologias* há uma palavra importante relacionada com a jactância de Sócrates: *thorubos*. Significa "barulho", em par-

221

ticular o barulho de uma grande assembléia, seja um murmúrio de aprovação ou um irado "clamor, tumulto ou gemido" de censura.[7] Em ambas as *Apologias*, Sócrates provoca *thorubos* duas vezes: quando afirma que, ao contrário dos homens comuns, ele possui um oráculo só seu, seu demônio familiar, ou *daimônion*, e quando diz que o oráculo de Delfos declarou não existir ninguém mais sábio que Sócrates.

No relato xenofôntico, Sócrates oferece provas da existência de seu oráculo divino: "Eis a prova de que não minto: revelei a muitos de meus amigos os conselhos que me foram dados pelo deus, e jamais aconteceu de os acontecimentos demonstrarem estar eu enganado".[8] Xenofonte afirma que, ao ouvirem essa afirmação, houve um "clamor" (*thorubos*) entre os jurados, alguns por não acreditarem, outros "por inveja de saberem-no merecedor de preferências até mesmo dos deuses". Sócrates reagiu provocando o júri mais ainda, dizendo: "A fim de que aqueles dentre vós que o preferirem tenham mais um motivo para não me julgarem preferido dos deuses". Então Sócrates afirmou que o oráculo de Delfos havia declarado que "não havia homem mais livre, mais justo e mais sensato que eu".

A referência ao oráculo de Delfos sem dúvida foi uma imprudência. "Naturalmente", diz Xenofonte, "os juízes, ao ouvirem essas palavras, fizeram um tumulto [*thorubos*] ainda maior."[9] Sócrates mais parece um picador provocando um touro que um réu tentando aplacar o júri. O relato de Platão é mais sutil e mais gracioso; mas em última análise é igualmente jactancioso e provocador. No texto xenofôntico, Sócrates afirma ser o homem mais sábio de toda a Hélade, mas não necessariamente o único. Na versão platônica, Sócrates é o único homem realmente sábio. Todos os outros, por mais eminentes que sejam, tanto os líderes políticos quanto os poetas — inclusive os poetas trágicos —, revelam-se todos ignorantes. Claramente, não é assim que uma pessoa se esforça para conseguir ser absolvida.

O fato de Sócrates estar decidido a morrer fica ainda mais claro na segunda parte do julgamento, quando o júri, tendo condenado o réu, tinha que determinar a pena que lhe seria imposta. Segundo a lei ateniense, o júri não poderia escolher a pena, sendo obrigado a escolher ou a que era proposta pela acusação ou a sugerida pela defesa. Não podia "tirar a média" das duas. A acusação pedia a pena de morte. Seria razoável supor que esse fato despertasse compaixão por Sócrates e convencesse um número maior de jurados a optar por uma punição menos severa. Porém mais uma vez o próprio Sócrates fez o jogo da acusação, provocando o júri ainda mais. Nesse ponto, as duas *Apologias* estão de acordo. A argumentação convincente de Sócrates contra a pena de morte, em Xenofonte, só é apresentada *depois* que o júri votou, quando já era tarde demais. "Todos os atos contra os quais as leis pronunciam a sentença de morte", diz Sócrates, "a profanação dos templos, o roubo, a escravização, a traição à pátria — nem mesmo meus adversários me acusam de ter cometido nenhum deles. Assim, parece-me surpreendente que me julgueis culpado de algo que mereça ser punido pela morte."[10] Sócrates poderia ter dito isso antes. A melhor tática para a defesa era enfatizar o que havia de descabido — e talvez até ilegal — nessa sentença de morte.

As circunstâncias eram extremamente favoráveis para que se chegasse a uma pena menos severa — na pior das hipóteses, o banimento; na melhor, uma multa substancial o bastante para satisfazer um júri hesitante e indeciso. Tal contraproposta certamente seria bem recebida se fosse apresentada juntamente com uma atitude mais conciliatória da parte de Sócrates — não uma humilhação degradante, não um pedido aviltante de compaixão; apenas um pouco menos de arrogância e um pouco mais daquele fascínio que Sócrates sabia exercer melhor do que ninguém.

Sabemos que os júris atenienses eram notoriamente influenciáveis por uma retórica graciosa ou por apelos à piedade. Há uma passagem da *República* em que Sócrates zomba dos atenienses por serem tão complacentes, que permitem que homens já condenados caminhem pelas ruas sem que ninguém os incomode. É extraordinário constatar que, dadas essas circunstâncias, Sócrates tenha resolvido provocar o júri durante o debate referente à pena, como vemos na *Apologia* de Platão.

Tudo indica que o julgamento terminou com uma maioria a

favor da pena de morte maior do que a que votara a favor da condenação. Diógenes Laércio diz, em sua biografia de Sócrates, que houve oitenta votos a mais a favor da pena de morte do que a favor da condenação.[11] Assim, se Diógenes Laércio está correto, a votação da pena resultou em 360 votos a favor da pena de morte contra 140. Diz Burnet em seu comentário à *Apologia* de Platão: "Não há como verificar essa informação, mas não seria surpreendente que tantos jurados tivessem mudado de posição, dada a atitude assumida por Sócrates" ao apresentar a contraproposta de pena.[12]

Platão e Xenofonte diferem apenas quanto à pena alternativa proposta por Sócrates. Xenofonte limita-se a afirmar que Sócrates recusou-se a oferecer qualquer contraproposta: "Quando lhe disseram que escolhesse, ele se recusou a fazê-lo e proibiu seus amigos de fazerem qualquer proposta". Sócrates argumentou "que o próprio fato de propor uma pena implicava a admissão da culpa".[13] Assim, segundo Xenofonte, Sócrates não deu ao júri nenhuma alternativa à pena de morte. No relato de Platão, o debate sobre a pena alternativa torna-se um episódio dramático. Para o leitor, é uma cena deliciosa; mas para o júri deve ter sido uma provocação insuportável. Sócrates trata as acusações, o tribunal e a cidade com escárnio. Começa com uma afirmação que, para os atenienses, seria considerada um gesto supremo de *hybris*. Propõe que, como punição, ele seja nomeado herói da cidade e, como tal, tenha o direito de fazer suas refeições gratuitamente, até o fim da vida, no Pritaneu!

O Pritaneu era um lugar de honra. Tratava-se da prefeitura, a sede do governo executivo da cidade. Para alguns, o termo "prefeitura" evoca a imagem de um lugar um tanto deprimente, cheio de políticos e escarradeiras; mas para os gregos o Pritaneu era sagrado. Assim como todo lar se dispunha em torno da lareira, deificada como a deusa Héstia, também toda a cidade tinha seu centro no Pritaneu, onde ardia uma chama perpétua dedicada a Héstia. Quando partiam colonos da cidade, eles levavam consigo uma chama acesa na lareira central da cidade, para com ela acender uma outra na colônia.

O nome *prytaneion* era derivado de *prytanis*, que outrora significava príncipe, governante ou senhor. Na democracia ateniense, o poder executivo era exercido por um conselho de cinqüenta cidadãos, escolhidos por sorteio, e o ano era dividido em dez *prytaneis*, para que quase todo cidadão cuja vida tivesse uma duração média tivesse oportunidade de participar. Até mesmo Sócrates, que evitava toda e qualquer atividade política e jamais exerceu nenhum outro cargo público, foi escolhido por sorteio para participar do conselho que presidiu no caso dos generais das Arginusas, como já vimos.

Os membros do conselho deviam comparecer ao Pritaneu diariamente durante seu mandato. Lá havia um refeitório público onde os membros do conselho faziam as refeições. Embaixadores estrangeiros e cidadãos de excepcional distinção também eram homenageados com o direito de se sentar à mesa. Entre estes, contavam-se os vencedores dos Jogos Olímpicos e aqueles que haviam se destacado na defesa da cidade e da democracia.

Quando o Sócrates platônico propôs que sua pena fosse o convite para fazer suas refeições no Pritaneu até o fim de seus dias, ele estava se expondo a certas associações negativas nas mentes dos juízes. Os cidadãos mais honrados que lá comiam eram os descendentes de dois heróis atenienses, Harmódio e Aristogíton. Haviam sacrificado suas vidas na tentativa (que terminou fracassando) de derrubar a ditadura dos Pisistrátidas no final do século VI. Havia estátuas dos heróis na cidade, e anualmente realizavam-se sacrifícios em sua memória. Seus descendentes eram isentos de impostos e faziam as refeições no Pritaneu. Harmódio e Aristogíton haviam sacrificado suas vidas pela restauração da democracia. Sócrates estava associado, através de Crítias e Cármides, à derrubada da democracia, que ainda era um fato recente. Qualquer advogado teria aconselhado Sócrates a não evocar essa comparação.

O Sócrates platônico logo retirou sua proposta irônica, mas o mal estava feito. Então propôs uma multa tão ridícula — uma mina — que deve ter ofendido o júri quase tanto quanto a proposta anterior. Seus discípulos ficaram alarmados. Platão afirma que todos — inclusive ele próprio — imploraram para que Sócrates sugerisse uma quantia mais razoável como multa. Sócrates então propõe uma nova alternativa, uma multa de trinta minas de prata. Diz ele ao tribunal: "Aqui estão Platão, Críton, Critobulo e Apolodoro a me dizer que eu proponha uma multa de trinta minas, sob sua fiança".[14] O fato de quatro discípulos juntos se oferecerem como fiadores indica que se tratava de uma quantia substancial. Se a multa de trinta minas tivesse sido proposta por Sócrates de saída, talvez parecesse uma pena suficiente para um júri que se revelara tão dividido na primeira votação. Mas as duas primeiras alternativas sugeridas por Sócrates certamente levaram o júri a pensar que estava debochando e tratando o julgamento com desprezo — o que era mesmo verdade. Por isso, a oferta final — e relutante — de trinta minas já não pôde aplacar o júri.

Sem dúvida, Sócrates tinha o direito de tratar com desdém a acusação e o tribunal, porém o preço que pagou por isso foi o de convencer mais jurados a votarem por uma alternativa que, não fosse por sua atitude, teria sido considerada excessivamente severa. É como se o próprio Sócrates tivesse levado aos lábios a taça de cicuta.[15]

O mesmo desejo de morrer reaparece no *Críton*, após o julgamento, e irrita os discípulos. O diálogo tem início antes do amanhecer, quando ainda está escuro. Críton, rico e fiel discípulo de Sócrates, está na prisão, esperando que seu mestre acorde. Está ansioso para contar a seu querido professor que foi combinada uma maneira de conseguir que ele fuja da prisão.

"Nem precisaremos pagar uma grande quantia para os homens dispostos a salvar-te e tirar-te daqui", diz Críton a Sócrates. Levantaram-se fundos entre admiradores de Sócrates em outras cidades e já foram feitos preparativos para recebê-lo após a fuga. "Não te preocupes", diz Críton, "com o que mencionaste no julgamento — que, se fosses embora, não saberias o que seria de ti. Pois em muitos outros lugares, onde quer que vás, serás bem recebido."

Mas Sócrates está decidido a ficar e morrer. Críton argumenta que o que Sócrates está fazendo "nem sequer é direito". Diz que Sócrates está traindo a si próprio "quando poderia salvar-se", e pede-lhe que pense em seus filhos, que ficarão órfãos e na miséria. Sua mulher e seus três filhos também estão incluídos no plano de fuga, de modo que ele poderá cuidar da educação dos meninos onde quer que vá. Críton repreende Sócrates, dizendo que essa atitude de se recusar a salvar a própria vida é indigna de seus ensinamentos — "você, que passou toda a vida a dizer que dava valor à virtude". Quando mesmo assim Sócrates recusa-se a fugir, Críton explode, numa tirada extraordinária, dando vazão a toda a irritação sentida por seus discípulos: "Envergonho-me, por você e por nós, seus amigos".

Críton então argumenta que o erro inicial foi deixar que a questão fosse a julgamento, "quando isso poderia ter sido evitado".[16] Esse comentário enigmático até hoje intriga os leitores. De que modo o julgamento poderia ter sido evitado? Críton não explica. Talvez não haja nenhuma explicação porque esta seria evidente para os leitores da época. O direito romano nos fornece uma pista possível. No tempo da república, durante muito tempo foi aceita, e posteriormente transformada em lei, a idéia de que o cidadão ameaçado de pena capital podia evitar o julgamento ou o cumprimento da pena após o julgamento optando pelo *exsilium*,[17] isto é, exilando-se voluntariamente. Esse recurso estava à disposição tanto dos culpados quanto dos inocentes. É possível que existisse uma lei semelhante em Atenas.[18]

Sócrates poderia ter proposto o banimento como alternativa, para que a cidade tivesse oportunidade de refletir com mais calma, depois do que talvez mudasse de idéia e o chamasse de volta. Muitos atenienses famosos — inclusive Alcibíades — tinham sido exilados ou caído em ostracismo, e posteriormente foram investidos de cargos de honra e liderança na conturbada política da cidade. Sócrates dá a entender que tal mudança de disposição seria possível, quando diz, na *Apologia*, que um dia apenas de julgamento não era bastante. Disse ele ao júri: "Creio que, se fosse norma entre os senhores, tal como é entre outros povos, não decidir um processo capital em apenas um dia, porém depois de vários dias, imagino que os teria convencido [de sua inocência]; mas não é fácil fazer com que deixem de lado tão fortes preconceitos em tempo tão exíguo".[19] Se Sócrates fugisse, talvez a cidade refletisse sobre a questão e o chamasse de volta.

Todo aquele que lê o relato platônico dos últimos dias de Sócrates — tão comovente quanto as maiores tragédias gregas — tem a impressão de que essa saída era o que queriam seus discípulos, que procuravam desesperadamente convencer seu mestre obstinado a mudar de idéia.

Críton critica "a maneira como o julgamento se deu". Conclui que as pessoas "hão de pensar, o que será o absurdo final de todo esse episódio, que essa oportunidade [de organizar a fuga de Sócrates] foi perdida por causa de nossa vil covardia, já que não o salvamos, nem você salvou a si próprio, embora isso fosse perfeitamente possível". Críton chega a dizer que a recusa de Sócrates é "vergonhosa" e "má".[20] Em resposta a essa crítica irada, Sócrates apresenta uma nova razão para sua decisão de morrer. Num diálogo imaginário com as Leis de Atenas personificadas, faz com que elas o convençam de que é seu dever obedecer ao veredicto do tribunal e morrer. Isso é um fato único na vida de Sócrates. Em nenhuma outra ocasião ele se rende de modo submisso à argumentação de ninguém. A facilidade com que se deixa convencer é significativa. Sócrates não rejeita a idéia de fugir porque as Leis ganham a discussão: ele deixa as Leis ganharem a discussão porque não quer fugir. Os estudiosos continuam tentando, sem sucesso, entender a contradição entre a atitude inconformista que caracterizou Sócrates durante toda a sua vida e o modo dócil como se submeteu a um veredicto que ele considerava — tal como nós consideramos — injusto.

A discussão entre Sócrates e seus discípulos a respeito dessa disposição de morrer tem prosseguimento no *Fédon*, em que se dão as despedidas. É esse o verdadeiro tema desse belo diálogo místico. Aqui Sócrates apresenta uma nova e complexa razão para procurar a morte. Quando, no último dia de vida do mestre, os discípulos inconsoláveis argumentam que a submissão dele na verdade é uma forma de suicídio e a questionam do ponto de vista moral, Sócrates responde afirmando que, para o filósofo, a morte é a realização final, das mais desejáveis, pois abre as portas do verdadeiro conhecimento. Liberta de seus vínculos com o corpo, a alma por fim atinge a visão celestial integral.

Um homem que apresenta tantas razões diferentes e incompatíveis para se recusar a salvar a própria vida está desesperadamente evitando a explicação verdadeira. Sócrates pura e simplesmente queria morrer.

No entanto, antes de penetrarmos nas sutilezas extáticas do *Fédon*, o mais comovente de todos os diálogos platônicos, é necessário observar que há uma nódoa nesse texto: a atitude fria e insensível de Sócrates em relação a sua esposa dedicada, Xantipa. É assunto sobre o qual os estudiosos, numa atitude de reverência, costumam silenciar.

Xantipa passara a vida se esforçando para conseguir criar os filhos enquanto o marido deleitava-se com discussões filosóficas. Sócrates sempre se orgulhava de jamais cobrar nada de seus discípulos, ao contrário dos sofistas; mas sua mulher era quem pagava o pato. Mas, quando os dois se despedem para sempre, Sócrates não manifesta o menor sinal de gratidão nem de ternura. Platão pinta a cena com arte inimitável, mas com frieza.

Quando o diálogo tem início, Sócrates acaba de ser livrado de seus grilhões, que tinham sido colocados à noite para impedi-lo de fugir. Fédon descreve a cena da entrada dos discípulos: "Foi então que entramos", diz ele, encontrando "Xantipa — você a conhece — com o filhinho dele nos braços".

Relata Fédon: "Quando Xantipa nos viu, ela exclamou, dizendo o tipo de coisa que sempre dizem as mulheres: 'Ah, Sócrates, esta é a última vez que falará com seus amigos e eles com você'".[21] O tom de Fédon é duro e insensível. Xantipa não manifestou autocomiseração mas tristeza pela separação de Sócrates e seus velhos amigos. Chorou ao pensar que aquela seria a última daquelas discussões filosóficas de que eles tanto gostavam, demonstrando uma compreensão que transcendia seu próprio sofrimento.

Sócrates não a abraçou para consolá-la, nem manifestou nenhuma tristeza de sua parte, nem sequer beijou o filho pequeno que ela trazia. Despediu-se dela despachando-a secamente. O amor de mulher e a compreensão de esposa se manifestaram, mas foram postos de lado de modo indelicado.

Sócrates olhou para Críton "e disse: 'Críton, que alguém a leve em casa'. Então alguns criados de Críton a levaram, enquanto ela gemia e golpeava o próprio peito".[22] Xantipa não é mais mencionada no resto do diálogo.

Mais tarde, à noite, aparentemente Xantipa teve permissão de visitar Sócrates antes que ele bebesse a cicuta. Pois no final do diálogo é dito que, após tomar banho para se preparar para a execução, "e lhe trazerem seus filhos — pois ele tinha dois filhos pequenos e um já crescido — e se apresentarem as mulheres da família, Sócrates falou-lhes, e deu-lhes as instruções que julgou necessárias; depois disse às mulheres que fossem para casa e veio juntar-se a nós [i.e., os discípulos]". Xantipa nem sequer é mencionada pelo nome; é apenas incluída entre "as mulheres da família".

Compare-se com o trecho comovente em que Fédon relata a dor dos discípulos. Enquanto esperavam, diz ele, falavam "da grande infelicidade que sobre nós se abatera, pois ele era como um pai para nós e, portanto, quando o perdêssemos, passaríamos o resto de nossas vidas na condição de órfãos".[23]

Tais sentimentos não são expressos em relação a Xantipa. Voltemos a Homero e comparemos essa despedida com a de Heitor e Andrômaca na *Ilíada*, tão vibrante de amor e humanidade que ainda nos comove, como se tivesse ocorrido ontem; e veremos que faltava alguma coisa a Sócrates e a Platão. Nas discussões de despedida do *Fédon*, o filósofo e seus discípulos revelam-se capazes de sentir emoções profundas, mas só por si próprios. Aqui, como nos outros diálogos de Platão, não encontramos nenhuma compaixão pelo homem comum nem pela mulher comum, nem mesmo quando — como no caso de Xantipa — uma dedicação incomum é claramente demonstrada.

* * *

Os dois principais interlocutores filosóficos de Sócrates no *Fédon* são os dois tebanos, Símias e Cebes, que haviam trazido o dinheiro necessário para financiar a operação de fuga. A terrível questão moral que domina toda a discussão é a justificação do suicídio.

Sem dúvida, o verdadeiro filósofo deve encarar a morte com equanimidade; nesse sentido, ele deve "morrer de bom grado". Mas será correto buscar a morte antes que ela chegue naturalmente, abandonando a missão de vida, a família e os discípulos e — para usar uma imagem que um velho soldado como Sócrates compreendia muito bem — abandonando o posto no meio da batalha?

No início do diálogo, Sócrates diz que "a filosofia é a forma superior de música". No *Fédon*, a discussão é como música,* sem dúvida; porém não faz muito sentido, ainda que demoremos algum tempo para nos libertar do encanto hipnótico das palavras.

Pouco antes desse comentário, Platão prepara o espírito do leitor com um toque, para ele, delicioso. Diz o autor que Sócrates, para passar o tempo na prisão, está transformando as fábulas de Esopo em poesia lírica.

Sócrates admite que o suicídio é moralmente errado para a maioria dos homens, mas dá a entender que isso não se aplica aos filósofos. Essa idéia estranha é expressa do modo mais sutil. Símias comenta que um amigo seu, Eveno, pediu notícias de Sócrates. Diz o filósofo: "Diga-lhe adeus por mim, e diga-lhe também que, se for sábio, siga meu exemplo tão logo puder". Símias surpreende-se com aquele aparente convite à morte; diz que conhece Eveno muito bem e está certo de que "ele não seguirá seu conselho de modo algum".

---

* Aqui a palavra "música" é empregada metaforicamente, tal como o termo *mousike* no original. Embora às vezes se referisse especificamente à poesia lírica — a qual, como todos sabem, era cantada ao som da lira —, a palavra *mousike* normalmente abrangia todas as artes inspiradas pelas musas.

"Por que não?", pergunta Sócrates. "Eveno não é filósofo?" Responde Símias: "Parece-me que é". Nesse caso, diz Sócrates, "Eveno há de seguir meu conselho, ele e qualquer outro homem que tenha um interesse mais sério pela filosofia". Assim, não apenas os filósofos profissionais, mas também todos aqueles que têm "um interesse mais sério pela filosofia", devem tentar dar fim à vida o mais depressa possível!

Após dar a entender tamanho absurdo, Sócrates rapidamente acrescenta: "Talvez, porém, ele não dê fim à própria vida, pois dizem que tal coisa não é permitida". Assim, Sócrates não chega a defender o suicídio explicitamente; mais ainda, numa outra passagem Sócrates admite que "estes seres humanos para quem morrer é melhor" — os filósofos — "não podem, sem cometer impiedade, fazer bem a si próprios" — cometer suicídio —, "porém têm de esperar por algum benfeitor". Assim, os atenienses seriam os benfeitores de Sócrates!

Logo adiante, Sócrates confunde essa distinção sutil e faz uma admissão curiosa: "Talvez seja razoável dizer que um homem não deve matar-se senão quando o deus lhe envia alguma necessidade, tal como aquela que me chegou agora".[24] Sócrates parece estar argumentando que há momentos em que o suicídio é justificável, e que dessa forma ele tem razão ao optar pela morte e rejeitar todas as oportunidades de fugir.

Sócrates não estava diante de nenhuma "necessidade", mas de duas alternativas. Podia optar pela morte ou por uma oportunidade de vida renovada. A escolha que fez foi voluntária, e portanto uma forma de suicídio. Fica claro no *Fédon* que era desse modo que os discípulos encaravam a situação, embora por uma questão de respeito não o dissessem em termos tão diretos. Mas eles pressionam o mestre. Então Sócrates argumenta que, para um filósofo, a morte não é apenas uma infelicidade que deve ser enfrentada com uma atitude serena, porém a própria meta da existência. Diz ele: "Os outros normalmente não se dão conta de que aqueles que se dedicam à filosofia a rigor só estudam o morrer e a morte".

"Ora, se isso é verdade", prossegue ele, sem fazer nenhuma tentativa, é importante observar, de demonstrar esse pressupos-

232

to esdrúxulo, "seria absurdo ansiar toda a vida justamente por isso, e então manifestar desconforto quando chega justamente aquilo para cuja chegada se passou toda a vida preparando-se". Isso é demais para Símias, apesar de toda a reverência com que encara seu mestre. "Símias riu-se, dizendo: 'Por Zeus, Sócrates, não me sinto com vontade de rir agora, mas você me fez rir. Pois creio que se a multidão ouvisse o que acaba de dizer sobre os filósofos, ela diria que você tem toda a razão e meu povo [i.e., os tebanos] concordaria plenamente com você que os filósofos querem morrer, e acrescentaria que sabem muito bem que os filósofos o merecem'."[25]

Sócrates responde que a multidão estaria dizendo a verdade, porém sem compreender seu verdadeiro sentido. Então passa a expor uma conhecida doutrina platônica, que teve origem num dito órfico ou pitagórico — um trocadilho místico — segundo o qual o corpo (*soma*) é o túmulo (*sema*) da alma. Assim, a morte liberta a alma de seu túmulo. Diz Sócrates que a alma "pensa melhor quando nenhuma dessas coisas a perturba, nem o ouvido nem a vista, nem a dor, nem qualquer prazer, porém quando está, tanto quanto possível, sozinha, e separa-se do corpo, evitando tanto quanto possível toda e qualquer associação ou contato com o corpo, e se estende em direção à realidade".

"Então", pergunta Sócrates a Símias, triunfante, "a alma do filósofo despreza o corpo e o evita e esforça-se no sentido de ficar sozinha?". Responde Símias, talvez com ironia ou por obediência: "Evidentemente".[26] Segue-se que o filósofo deve ansiar pela morte como uma libertação e uma realização, e buscá-la tão cedo quanto possível, por ser ela o caminho que leva à visão perfeita e — finalmente — ao verdadeiro conhecimento.

É essa a mensagem do *Fédon*. Trata-se de um enlevo místico da mais alta categoria. Mas não podemos encerrar essa discussão sem uma observação fundamentada no senso comum. O elogio à morte pode ou não ser uma doutrina socrática, mas não há dúvida de que é platônica, como sabemos com base em seus outros diálogos, especialmente *A república*. Lá ele afirma que o ensino da dialética deveria ser limitado àqueles que fossem capazes de abandonar os olhos, os ouvidos e os outros sentidos, para elevar-se até *to on*, o puro ser. Mas, se forem seguidos esses padrões pitagóricos, só na morte isso será realmente possível.

O próprio Platão não levava a sério seu misticismo. Caso contrário, teria seguido o conselho que atribui a Sócrates e buscado a morte o mais depressa possível, para também ele gozar aquelas beatíficas visões celestiais. Em vez disso, Platão, como qualquer cidadão sensato, fugiu de Atenas após o julgamento de Sócrates, com medo de ser preso em meio a uma onda de repressão, voltou depois que as coisas se normalizaram, fundou sua academia e viveu feliz em Atenas mais quarenta anos, escrevendo seus diálogos.

15. COMO SÓCRATES PODERIA FACILMENTE TER OBTIDO A ABSOLVIÇÃO

SE SÓCRATES QUISESSE SER ABSOLVIDO, creio que dispunha de um meio fácil de conseguir isso. Apesar do prestígio do principal acusador e da memória ainda recente dos Trinta, o júri, como já vimos, relutava em condenar Sócrates. Isso porque, a meu ver, a acusação ia contra o espírito da lei e da tradição de Atenas. Todos os fatos que vimos acima mostram como eram profundas as divergências entre Sócrates e sua cidade; porém elas não chegam a configurar um motivo para um processo criminal.

Quando Atenas processou Sócrates, a cidade se traiu. O paradoxo, a vergonha do julgamento de Sócrates é o fato de uma cidade famosa pela liberdade de expressão nela existente processar um filósofo que não era acusado de outra coisa senão exercer o direito de se exprimir livremente. Para trazer à lembrança algumas das falhas da democracia americana, em Atenas não havia nada semelhante às nossas Leis dos Estrangeiros e da Sedição.* Em Atenas não havia uma cortina de ferro em miniatura como a Lei de Imigração de McCarran e Walter, com o objetivo de impedir o ingresso de estrangeiros com idéias consideradas suspeitas. Nada poderia ser mais contrário à índole da cidade, como podemos depreender das orgulhosas frases iniciais do discurso fúnebre de Péricles, que celebram uma cidade aberta e uma mentalidade aberta.

Em Atenas, jamais existiu um Comitê de Investigação de Atividades Antiatenienses.** Ao processar Sócrates, Atenas agiu de

---

* Uma série de quatro leis, promulgadas em 1798 e que vigoraram até 1802, cujo objetivo era restringir a entrada e a naturalização de estrangeiros nos Estados Unidos e proibir a publicação de material considerado contrário ao governo. (N. T.)

** Alusão ao Comitê de Investigação de Atividades Antiamericanas (ver Nota do Tradutor, p. 35). (N. T.)

235

modo "antiateniense", por estar assustada com os três terremotos políticos recentes — a derrubada da democracia em 411 e 404 a.c., mais uma nova ameaça de ditadura em 401. Esses acontecimentos ajudam a explicar o julgamento de Sócrates, mas não o justificam.

O julgamento de Sócrates foi um julgamento de idéias. Sócrates foi o primeiro mártir da liberdade de expressão e pensamento. Se tivesse se defendido utilizando o argumento da liberdade de expressão e invocando as tradições fundamentais de sua cidade, creio que ele facilmente teria conseguido fazer com que o júri vacilante se decidisse em favor da absolvição. Infelizmente, Sócrates não invocou o *princípio* da liberdade de expressão. Talvez um dos motivos pelos quais não adotou essa tática seja o fato de que, se nesse caso Sócrates saísse vitorioso, seria também uma vitória dos princípios democráticos que ele ridicularizava. Se Sócrates fosse absolvido, Atenas sairia fortalecida.

Comecemos nossa argumentação reexaminando a acusação. Nós a conhecemos com base em três fontes da Antigüidade. Uma é a *Apologia* de Platão, em que Sócrates afirma que a acusação "consiste mais ou menos no seguinte: Sócrates é um malfeitor por corromper a mocidade e não crer nos deuses do Estado, mas em outros seres espirituais".[1] Encontramos versões quase idênticas nas *Memoráveis* de Xenofonte e na *Vida de Sócrates* de Diógenes Laércio.[2] Este último afirma que o historiador Favorino encontrara o original ainda preservado nos arquivos de Atenas durante o reinado do imperador Adriano, no século II d.C.

As duas acusações específicas são igualmente vagas. Não são mencionados atos concretos contra a cidade, mas os *ensinamentos* e as *convicções* de Sócrates. Nem na acusação nem no julgamento foi mencionado nenhum ato concreto de sacrilégio ou desrespeito aos deuses da cidade, nem nenhum atentado ou conspiração contra as instituições democráticas atenienses. Sócrates foi levado a julgamento por causa do que ele *disse*, e não por nada que tivesse *feito*.

O ponto mais vulnerável da acusação é o fato de não atribuir a Sócrates a violação de nenhuma lei específica, nem referente à religião cívica, nem a suas instituições políticas. Isso é muito estranho, porque na abundante literatura de oratória forense ateniense do século IV — discursos em favor de uma ou outra das partes em litígio redigido por Lísias, Demóstenes e outros "advogados" — sempre é mencionado o texto da lei com referência à qual a acusação está sendo feita.

Sabemos, graças a uma passagem da *Retórica* de Aristóteles, escrita duas gerações após o julgamento, que a defesa tinha o direito de invocar uma lei não escrita, uma "lei mais alta" ou a "eqüidade", como concretização da "justiça que transcende a lei escrita".[3] Porém não encontrei nenhum outro caso senão o do julgamento de Sócrates em que a lei não escrita fosse utilizada como fundamento para a acusação. Curiosamente, porém, nem Sócrates nem seus defensores utilizam esse fato como argumento.

Em relação à acusação de impiedade, Sócrates manifesta-se em termos tão vagos quanto os de seus acusadores. Jamais discute a alegação de que não respeitava ou não acreditava nos deuses da cidade — o verbo *nomizein* tem esses dois sentidos. Em vez disso, Sócrates faz com que o bisonho Meleto caia na armadilha de acusá-lo de ateísmo,[4] acusação que ele refuta com facilidade. Mas não havia em Atenas nenhuma lei que proibisse o ateísmo, nem antes nem depois do julgamento. Aliás, o único lugar onde encontramos a proposta de uma lei assim é um diálogo de Platão, *As leis*. Sob esse aspecto, Platão divergia da atitude de tolerância que o paganismo manifestava em relação aos diferentes cultos e especulações filosóficas a respeito dos deuses. Como o paganismo via deuses de todos os tipos por toda parte, era por sua própria natureza tolerante e incapaz de impor um dogmatismo rígido. Aceitava com facilidade uma ampla gama de interpretações teológicas. Assim, num extremo havia uma crença simples, literal e antropomórfica nos deuses; no outro, ficava a atitude dos filósofos pré-socráticos, que os transformavam em meras personificações de forças naturais e idéias abstratas, ou metáforas para se referir a tais coisas.

Os deuses se dissolviam em ar, fogo, água e terra. A mitologia clássica favorecia essa metamorfose metafísica, já pelos próprios nomes dados às divindades aborígines — o Caos primordial, Cronos (posteriormente identificado com o tempo), Urano (o céu) e a Mãe Terra. Não foi difícil passar de uma teologia da natureza para uma filosofia da natureza; e a linha divisória entre as duas não era bem definida.

Foi o monoteísmo que instaurou a intolerância religiosa. Quando os judeus e os cristãos negaram a divindade de todos os deuses que não o deles, foram atacados como ateus. Isso explica por que — para empregar um termo usado por Novadis para qualificar Espinosa — um judeu cristão "inebriado de Deus" como são Paulo podia ser chamado de "ateu" por indignados pagãos convictos.

A própria palavra *atheos* tinha na Antigüidade clássica uma ressonância diferente da que adquiriu com o advento do cristianismo. A palavra não aparece nem em Homero nem em Hesíodo. Vai surgir pela primeira vez no século V a.C., em Píndaro e na tragédia grega, com o sentido de infenso à lei e à moral. Por vezes o termo também designava aquele que fora abandonado pelos deuses ou punido pela ira divina.[5]

Se Sócrates estivesse de fato exposto à acusação de ateísmo no sentido moderno da palavra, então ele poderia ter sido processado um quarto de século antes, em 423 a.C. Foi nesse ano que Aristófanes o retratou, na comédia *As nuvens*, como um filósofo que ensinava a Estrepsíades — indivíduo sem escrúpulos, ansioso por aprender as novas idéias socráticas para enganar seus credores — que não existia Zeus e que os únicos deuses eram "o Caos, a Respiração e o Ar".[6] Assim, ele podia quebrar seus juramentos e recusar-se a pagar suas dívidas sem temer o castigo dos deuses.

Se os atenienses realmente levassem a sério os ataques dirigidos aos deuses, teriam prendido não apenas Sócrates como também Aristófanes. No entanto, eles deram um prêmio a Aristófanes, e riram muito do simplório camponês Estrepsíades quando este desafiava Sócrates com a pergunta: "Se Zeus não existe, de onde vem a chuva?". Quando o filósofo lhe dá sua explicação,

Estrepsíades admite, constrangido, que antes achava que a chuva era Zeus urinando sobre a terra através de uma peneira! Isso pode chocar um leitor moderno mais pudico, mas trata-se da tradução literal de *dia koskinou ourein*, no verso 373. *Ourein* é cognato de "urinar"; e *koskinon* significa "peneira". A idéia parece ser que Zeus confundia a peneira com o urinol!

Sem dúvida, Aristófanes tinha certeza de que a platéia riria desse trecho e se julgaria superior em sofisticação a um caipira ignorante como Estrepsíades. Isso basta para mostrar que Atenas não se chocava com uma atitude descrente ou desrespeitosa em relação aos deuses. Caso contrário, não apenas Aristófanes, como também Eurípides, que era igualmente "ímpio", ainda que não cômico, se veriam em apuros.

Quanto a Sócrates, a comédia termina quando Estrepsíades incita uma multidão a atear fogo ao Pensatório onde Sócrates ensinava que Zeus não existia. Preso no incêndio, Sócrates pede piedade, gritando: "Estou sufocando!". Mas Estrepsíades exclama, triunfante:

> *Pois com que fim insultastes os deuses*
> *E vos metestes na morada da Lua?*

Ele instiga a multidão a atacar Sócrates e seus discípulos:

> *Atacai-os sem dó, por muitos motivos,*
> *Principalmente porque ofenderam os deuses!*[7]

Se Atenas fosse uma cidade intolerante, a platéia sairia do teatro diretamente para a casa de Sócrates e a incendiaria. Em vez disso, os espectadores — e Sócrates provavelmente estava entre eles — saíram rindo. Ninguém processou ninguém por heresia, impiedade ou blasfêmia.

Ao levar Meleto a acusá-lo de ateísmo, Sócrates esquivou-se da verdadeira acusação. Na verdade, ele não fora acusado de não crer em Zeus e nas divindades olímpicas, nem nos deuses em geral, mas nos "deuses da cidade".

Isso era um crime *político*, no sentido em que o termo era entendido na época, um crime contra os deuses da *pólis* ateniense. Essa é uma questão crucial, que muitas vezes não é levada em conta. O que se entendia por "deuses da cidade" na acusação? Encontramos uma pista nas *Memoráveis* de Xenofonte. Duas vezes o autor menciona que Sócrates, quando lhe perguntaram como se devia agir piedosamente em relação aos deuses, respondeu citando um dito da sacerdotisa de Delfos: "Segue o *nómos* da cidade; é essa a maneira de agir piedosamente".[8] *Nómos* significava "costume" ou "lei". O *nómos* era estabelecido pela tradição ou, posteriormente, pela lei. Era essa a visão grega tradicional. A cidade era o Estado, e o Estado determinava quais deuses mereciam veneração especial. Eram por ele regulamentadas as práticas religiosas — ritos, templos, sacrifícios e festivais. A religião era uma função cívica, um reflexo dos costumes locais.

A acusação dizia que Sócrates não se conformava ao *nómos* de sua sociedade, mas não especificava quais as crenças que Sócrates não aceitava. Nem Xenofonte nem Platão esclarecem esse ponto, talvez porque uma resposta definida pudesse dar mais substância à acusação e enfraquecer a defesa de Sócrates.

Em relação ao problema dos "deuses da cidade", vamos encontrar uma pista no *Oxford classical dictionary*, no verbete sobre Hefesto, o deus do fogo, especialmente do fogo da forja. Nesse sentido, diz o dicionário, "ele era para os gregos um deus dos artesãos e era ele próprio um artesão divino".

O filósofo pré-socrático Xenófanes uma vez observou que os homens faziam os deuses à sua própria imagem; os dos etíopes tinham cabelos encarapinhados, os dos celtas eram ruivos. A mesma tendência se verificava nas diferentes artes. O ferreiro criou um deus à sua própria imagem para ser seu padroeiro. A difusão do culto de Hefesto nas cidades-Estados gregas foi determinada pelo progresso da metalurgia e da indústria. Esse culto, afirma o *OCD*, estava "praticamente confinado às regiões mais industrializadas, sendo particularmente importante em Atenas".

Atenas, uma cidade onde havia grande concentração de artesãos, onde eram de grande importância econômica os produtos de ferraria e olaria, não poderia deixar de incluir Hefesto entre os "deuses da cidade". A importância do culto de Hefesto em Atenas é demonstrada, diz o *OCD*, pela freqüência com que sua imagem aparece nas pinturas de vasos atenienses "a partir da primeira metade do século VI". Foi justamente nesse século que os artesãos e comerciantes começaram a conquistar a igualdade política. O culto de Hefesto aumentou com o progresso da democracia. O único templo do século V que não está em ruínas, o chamado Teseion, era na verdade um templo em homenagem a Hefesto. Ficava numa pequena colina, voltado para a ágora.[9]

A padroeira de Atenas, a principal divindade da cidade, era Atena, deusa da sabedoria, nascida diretamente da cabeça de Zeus. Hefesto aparece em vasos atenienses assistindo ao parto, como uma espécie de parteiro.

Todos os gregos cultuavam as divindades olímpicas de Homero. Mas até mesmo os grandes deuses eram adorados sob diferentes formas e designações em cidades diferentes. Essas designações especiais, como os deuses menores, eram objeto de cultos cívicos especiais, que simbolizavam o caráter de cada cidade. Em Atenas, por exemplo, Palas Atena era adorada não apenas como deusa da sabedoria mas também especificamente como padroeira das artes e ofícios. Pois "sabedoria" — *sophia* — originariamente designava não apenas a sabedoria no sentido moderno, mas também qualquer habilidade ou conhecimento específico, fosse o de forjar metais, o de tecer panos ou o de tratar dos doentes.

Sócrates, contudo, refere-se com desdém aos artesãos e comerciantes que haviam começado a desempenhar um papel tão importante na assembléia e nas outras instituições democráticas da cidade. Como já vimos, o tipo de sociedade que ele admirava era Esparta, onde só eram cidadãos os guerreiros-proprietários, e não os artesãos e comerciantes. Nas cidades-Estados gregas, como também em Roma, não reconhecer os deuses da cidade era ser desleal para com ela.

A *Orestéia* de Ésquilo nos dá mais uma pista — que, a meu ver, nunca foi percebida — a respeito do que se entendia em Atenas por "deuses da cidade". A *Orestéia*, a última e a maior obra de Ésquilo e única trilogia grega que sobrevive na íntegra, foi encenada e premiada em 458 a.C., dois anos antes da morte do autor, aos oitenta anos de idade. Isso aconteceu meio século antes do julgamento de Sócrates. A trilogia é o ponto culminante da tragédia, antiga ou moderna. Nem mesmo a pior tradução consegue ocultar totalmente sua grandeza, ou não comunicar nada de sua força.* Cabe aqui uma digressão, para aqueles leitores que ainda não conhecem essa obra-prima.

O relato lendário que inspirou a tragédia de Ésquilo já aparece na *Odisséia* como uma história bem conhecida.[10] Não há melhor maneira de ver o fosso cultural que separa a era arcaica de Homero da civilização ateniense do que comparar a versão homérica desse mito com a de Ésquilo. A distância moral e política entre as duas é imensa.

Em linhas gerais, a história é conhecida por todos: Agamênon, voltando a Micenas após a guerra de Tróia, é assassinado por sua mulher, Clitemnestra, e seu amante Egisto, que estavam reinando durante a prolongada ausência do rei. Orestes, filho e legítimo herdeiro de Agamênon, volta para vingar a morte do pai e tomar o trono, assassinando a mãe e o amante dela. Homero relata a história de maneira objetiva e neutra. O único julgamento moral pronunciado em relação a Orestes é positivo. No primeiro livro da *Odisséia*, Orestes é até mesmo apontado como modelo de devoção filial por Atena, por ter ele vingado a morte do pai. O fato de que Orestes matou a mãe com esse fim só é mencionado no terceiro livro, e mesmo assim por acaso. Homero diz que

---

* Vale a pena ler a obra no original, apesar da dificuldade dessa tarefa. Levei doze semanas, com cinco a seis horas diárias de leitura, sete dias por semana, para ler as três peças. Li a primeira, *Agamênon*, com o monumental comentário de Eduard Fraenkel, em três volumes. Para a trilogia como um todo, usei com proveito a edição revista, em dois volumes, de George Thomson (Praga, 1966), que em matéria de erudição só perde para Fraenkel.

Orestes, após matar o usurpador Egisto, realizou um festim funerário para sua mãe e o amante dela. O assassinato da mãe nem chega a ser mencionado diretamente; ela é caracterizada com uma única palavra: "odiosa". Tendo tratado de modo tão sucinto a questão do matricídio, Homero dedica vários versos à descrição dos navios carregados de presentes que Menelau, tio de Orestes, trouxe para o festim funerário organizado pelo sobrinho. É esse o *happy end* da história em Homero. Não aparecem aqui as Fúrias para atormentar o filho que matou a mãe. Para o bardo e sua platéia, tratava-se apenas de uma disputa dinástica por um trono, coisa freqüente nas famílias reais. O legítimo herdeiro livrou-se de usurpador "imbele"; e com esse epíteto está encerrado o assunto. Era uma batalha, e o melhor guerreiro venceu.

Mas o que nos interessa aqui não é a moral nem a estética, e sim a política. Raramente se leva em conta o lado político da *Orestéia*. Ésquilo transformou um velho mito numa celebração das instituições atenienses. O verdadeiro herói da *Orestéia* é a democracia ateniense. O dia em que Ésquilo lutou em sua defesa contra os persas, em Maratona, foi — com base na maravilhosa quadra elegíaca que ele supostamente escreveu para servir como seu epitáfio — o dia de que mais se orgulhava em toda a sua vida, a realização pela qual ele mais queria ser lembrado.*

Esse mesmo amor pela cidade natal se reflete em suas peças, e encontra expressão máxima na *Orestéia*. Em uma versão arcaica da lenda, Orestes terminou sendo julgado por um tribunal de deuses olímpicos. Mas na versão de Ésquilo o terrível conflito de obrigações é resolvido por um *dikastery* — tribunal — ateniense, bem ao estilo do século V. A justiça se faz através do debate livre e organizado, uma vez ouvidas as argumentações opostas. A decisão era tomada não, como diríamos nós, pela *vox dei* — a voz de deus —, mas pela *vox populi*, a voz do povo. O júri ficou dividido, e Atena em pessoa foi obrigada a intervir para resolver

---

* "Ésquilo, filho de Eufórion, ateniense, já finado, jaz sob este monumento em Gela, onde abunda o trigo. O famoso arvoredo de Maratona sabe de seu valor, como também o sabem os medas de fartos cabelos, que o comprovaram."

o impasse. Votou a favor da absolvição, estabelecendo a regra ateniense de que, em caso de empate, o réu deve ser absolvido.

Para as Fúrias, as acusadoras de Orestes no julgamento, assassinato era assassinato; sangue deveria ser pago com sangue. Mas os júris atenienses estavam acostumados a levar em consideração as circunstâncias atenuantes e a distinguir, em casos de homicídio — tal como faz a nossa justiça —, diferentes graus de culpa e diferentes penalidades, desde o homicídio acidental até o assassinato premeditado. Tal era a justiça que eles concebiam e aplicavam. Para o leitor moderno, pelo menos, fica a impressão de que o resultado foi ditado pela misericórdia. Orestes, preso num insolúvel conflito de obrigações, já havia sofrido o bastante.

Na cena final, é necessário aplacar as Fúrias e reconciliá-las com essa jurisprudência civilizada. Atena consegue convencê-las a aceitar a derrota. Como recompensa, ela lhes oferece um novo santuário nas encostas da Acrópole e um novo nome. As Fúrias serão transformadas em Eumênides — divindades misericordiosas, sorridentes e benignas. A peça termina com uma procissão cívica escoltando-as até seu novo santuário — "não mais Espíritos da Ira", diz uma antiga sinopse da peça, "mas Espíritos da Bênção", a bendizer a cidade.

No final, duas divindades especiais são homenageadas, e é essa a mensagem política fundamental da *Orestéia*. Atena, a deusa grega olímpica e universal, atribui sua vitória sobre as Fúrias à ajuda de dois "deuses da cidade" específicos de Atenas. São a deusa Peito, a persuasão deificada, e o Zeus Agoraios, isto é, o Zeus da assembléia, divindade tutelar dos livres debates. Esses deuses encarnavam as instituições democráticas de Atenas.

Atena exige que as Fúrias reconheçam "a majestade de Peito". Assim, as orgulhosas e arrogantes Fúrias, velhas potências infernais, que desafiavam até mesmo a autoridade das divindades olímpicas e consideravam a Noite sua mãe, teriam agora de reconhecer e ter por sagrada uma nova divindade, a Persuasão, como símbolo de sua conversão. Quando elas o fazem, Atena proclama que também isso é uma vitória do Zeus Agoraios, o que talvez seja esclarecedor em relação ao significado da expressão "deuses da cidade" na acusação a Sócrates. A primeira dessas divindades cívicas, Peito, não aparece em Homero.[11] A outra é Zeus numa manifestação especial que a platéia aristocrática de Homero não teria compreendido.

Na Atenas do século V, Peito havia se tornado uma deusa cívica da democracia, símbolo da transição para o governo por consentimento e consenso popular, mediante o debate e a persuasão. Sua estatura política refletia-se no teatro ateniense. Observou C. M. Bowra: "O caráter singular da poesia ática" provém "da própria democracia ateniense. A tragédia era encenada com uma solenidade religiosa [...] diante de uma platéia enorme, crítica e extraordinariamente inteligente. Tais apresentações eram, em todos os sentidos do termo, eventos públicos".[12]

Ao personificarem a Persuasão como a deusa cívica Peito, os atenienses reformaram não apenas sua religião, mas também sua mitologia e sua história, com o fim de adaptá-las às concepções da democracia do século V. Chegam mesmo a afirmar, segundo o mais famoso viajante da Antigüidade, Pausânias, que o culto da Persuasão fora originariamente instituído por Teseu, o mitológico primeiro rei de Atenas.[13] Essa venerável genealogia era, evidentemente, fictícia.

Talvez as referências mais surpreendentes a Peito no teatro ático sejam as que constam da comédia de Aristófanes *As rãs*, encenada em 405 a.C., seis anos antes do julgamento de Sócrates. Nessa peça, Aristófanes mostra um debate entre Ésquilo e Eurípides no Hades. Os dois poetas trágicos trocam citações referentes à Persuasão, extraídas de suas peças, algumas das quais não chegaram até nós. Certamente eram obras conhecidas pelo público, do contrário a cena não poderia funcionar.

Eurípides começa com um verso de uma peça sua a respeito de Antígona, que não conhecemos. Nela a Persuasão é associada ao *logos*, o discurso racional. Eurípides afirma que a Persuasão não precisa de outro santuário que não o *logos*, e acrescenta que "seu altar está na natureza humana".

Ésquilo contra-ataca com uma citação de uma de suas peças perdidas, a *Níobe*, na qual se diz que somente a morte é imune à

245

Persuasão. Aristófanes, que faz troça de tudo, que nessa mesma peça faz as piadas mais grosseiras a respeito de ninguém menos que Dioniso, não ri da Persuasão. Isso, por si só, certamente era o mais extraordinário tributo a Peito.

Na geração seguinte, os dois maiores mestres da oratória do século IV — Demóstenes e Isócrates — também incluem Peito entre os "deuses da cidade" e mencionam sacrifícios anuais em sua homenagem.[14] Havia uma estátua da deusa perto da Acrópole[15] e uma antiga inscrição[16] nos informa que sua sacerdotisa tinha um lugar de honra no Templo de Dioniso. Estátuas em sua homenagem foram erigidas por Praxíteles e Fídias.[17] Talvez seja significativo o fato de não haver nenhuma menção a Peito como deusa nem em Xenofonte nem em Platão.[18] Dificilmente esses autores teriam venerado a deusa cívica da democracia por eles rejeitada. O desdém com que Platão encarava a persuasão e a oratória tal como eram praticadas na sociedade democrática é resumido por Fedro no diálogo que leva seu nome. Diz ele: "Ouvi dizer que aquele que pretende tornar-se orador não precisa saber o que é realmente justo, mas o que deve parecer justo à multidão que tomará as decisões, e não o que é realmente bom ou nobre, mas o que parece sê-lo"; e acrescenta, sarcástico, que "a persuasão decorre do que parece verdadeiro, e não da verdade".[19] É bem verdade que a oratória pode enganar tanto quanto esclarecer. O mesmo se aplica à filosofia. Caso contrário, por que os filósofos discordariam com tanta freqüência — e tanta acrimônia? Mas haveria uma maneira melhor de se chegar à verdade do que a livre discussão?

Que excelente argumento o culto de Peito — e do Zeus da assembléia — não teria fornecido a Sócrates em seu julgamento! Punir um filósofo por causa de suas opiniões certamente não era um modo adequado de honrar a deusa da Persuasão ou Zeus que simbolizava e promovia o livre debate de idéias na assembléia. Esses "deuses da cidade" teriam protegido Sócrates também, se ele os tivesse invocado.

O Zeus Agoraios era a divindade tutelar que presidia na ágora, a assembléia, onde eram tomadas as decisões fundamentais do governo de Atenas. O significado político desse tributo de Atena ao Zeus Agoraios muitas vezes se perde na tradução, pois às vezes o nome é traduzido como "Zeus do mercado". É o que ocorre — lamento dizê-lo — na tradução da *Orestéia* de Gilbert Murray. Nela encontramos a passagem: "Prevaleceu Zeus, cuja Palavra está no Mercado".[20] Mas a vitória final na *Orestéia* nada tem a ver com o mercado, e sim com a ágora enquanto lugar de reunião. O léxico de *G-EL* define o Zeus Agoraios como "guardião das assembléias populares". A inferência política é também defendida por Farnell em sua obra *Cults of the Greek states*, em que o autor afirma que o Zeus Agoraios era "o deus que presidia as assembléias e julgamentos; foi ele que, segundo Ésquilo, concedeu a vitória a Orestes quando este foi julgado por matricídio".[21]

A mais antiga referência a Zeus Agoraios que conhecemos está em Heródoto, quando o autor relata que um déspota foi morto por seu povo revoltado muito embora estivesse refugiado no altar de Zeus Agoraios, sem dúvida por achar que o povo não seria capaz de violar a santidade de um deus que simbolizava as liberdades que ele próprio tinha violado. É bem verdade que *ágora* significa tanto "assembléia" quanto "mercado". Mas já em Homero o termo designa lugar de assembléia ou julgamento.[22] A acepção de mercado é posterior; presume-se que surgiu quando em torno do lugar de assembléia formou-se um mercado. Analogamente, surgiram dois tipos diferentes de deuses qualificados como *agoraios*. Mas o deus da assembléia era Zeus, enquanto o do mercado era Hermes. A mesma distinção é feita no *Dictionnaire etymologique de la langue grecque* de Chantraine.[23]

Atenas tinha também um Zeus Boulaios, que era a divindade tutelar do *boule*, isto é, do conselho. Segundo Pausânias,[24] essa estátua era ladeada por uma de Apolo e outra do *Dêmos*, o Povo, talvez para mostrar onde residia a autoridade final. Hoje encontramos na colunata do Museu da Ágora, em Atenas, um relevo que mostra a Democracia coroando Demos, um ancião barbudo sentado num trono. Abaixo do relevo há uma inscrição, datada de 336 a.C., que afirma os direitos do povo contra a tirania.

Há duas outras passagens de Pausânias que mencionam um Demos deificado na Ática. Uma dessas referências fala de estátuas de "um Zeus e um Demos" uma ao lado da outra. A outra passagem também menciona uma estátua da própria Democracia.[25] Teria sido a própria democracia personificada como uma deusa cívica em algum momento da história de Atenas?

Não encontramos menção a tal culto nem no *Golden bough* de Frazer nem no "*ausfuehrliches*" — e como é "detalhado"! — *Léxico de mitologia greco-romana* alemão de Roescher. Mas a *Kleine Pauly*, em seu verbete "Demokratia", afirma que na segunda metade do século IV, ao menos, a Democracia foi deificada em Atenas e que seu sacerdote tinha um lugar de honra no teatro de Dioniso, ao lado do sacerdote de Demos.[26]

16. O QUE SÓCRATES DEVERIA TER DITO

EXISTE UMA TERCEIRA *APOLOGIA*, pouco conhecida, também obra da Antigüidade, na qual Sócrates invoca seu direito à liberdade de expressão, enquanto cidadão ateniense.

Sabemos, com base em referências esparsas, que havia muitas apologias de Sócrates na Antigüidade além das de Platão e Xenofonte. Aparentemente, a apologia socrática era um gênero literário na Antigüidade. Todas elas, com exceção da *Apologia* de Libânio, do século IV d.C., se perderam.

Libânio, famoso estadista e orador, tinha estreitas ligações com o imperador romano Juliano, cognominado, por autores cristãos posteriores, "o Apóstata". Juliano, numa tentativa quixotesca e fadada ao fracasso, abandonou a fé cristã e tentou restaurar o paganismo como religião do Império Romano.

Libânio escreveu uma *Apologia* na qual Sócrates fala como se fosse um moderno defensor das liberdades civis. Talvez Libânio, como seguidor sofisticado dos velhos filósofos "pagãos", estivesse sensibilizado para essa questão devido ao conflito com os cristãos, que haviam usado seu recém-conquistado poder político para atacar a liberdade de culto e de pensamento. Os perseguidos haviam se transformado em perseguidores.

Libânio faz Sócrates valer-se da lembrança dos Trinta para voltar a acusação contra seu principal acusador. Diz Sócrates: "Tu, Ânito, numa democracia, estás agindo com mais severidade do que qualquer ditador".

Na mesma passagem, Sócrates diz que Atenas possuía a liberdade de expressão "para que, libertos de todo medo, pudéssemos exercitar nossos espíritos através da aprendizagem", do mesmo modo como o fazemos "com nossos corpos através do exercício físico" — uma analogia que teria agradado a Sócrates,

249

o qual passava tantas horas conversando na palestra onde treinavam os atletas.

A liberdade de expressão é louvada no texto de Libânio como o fundamento da grandeza da cidade. Isso ainda era verdade mesmo na época de Libânio, oito séculos depois. Muito tempo após o fim de seu poderio político e militar, Atenas continuava a ser um centro de cultura, a Oxford do Império Romano. O próprio Libânio estudou filosofia em Atenas, e sua *Apologia* reflete um profundo apego ao passado glorioso da cidade.

Diz o Sócrates de Libânio:

> Foi por esse motivo que Atenas tornou-se tão bela de se ver, e para cá acorrem homens de todas as partes, por terra e mar: uns ficam, outros se vão com relutância, e não é porque excedamos a Síbaris quanto à qualidade de nossa mesa [i.e., culinária], nem por ser nossa terra particularmente rica em trigo. Pelo contrário, somos obrigados a importar tais produtos para nos alimentar.

"É a conversação, apenas isso, e o prazer de conversar", diz Sócrates, o maior conversador de todos, "a principal atração de Atenas." Diz também: "Tudo isso é digno da deusa da Acrópole, e daqueles que foram instruídos pelos deuses, e de Teseu e de nossa Constituição democrática", e nesse ponto Sócrates põe o dedo no nervo do orgulho cívico e da rivalidade entre os helenos:

> Isso torna esta cidade mais agradável que Esparta. É por isso que os que reverenciam o saber são mais reputados do que os que são temidos no campo de batalha. Nisso reside a grande diferença entre nós e os povos que não são helenos. E aquele que está agora nos privando de nossa liberdade de expressão está também destruindo os costumes da democracia, tanto quanto se estivesse arrancando os olhos do corpo ou cortando fora a língua.[1]

Sócrates conclui acusando Ânito de impor "uma lei de silêncio" a uma cidade que tinha a liberdade de expressão como fonte de vida. Assim, na versão de Libânio, o acusado poderia ter se tornado acusador.

O problema da defesa de Libânio é que ela coloca Sócrates num papel insincero: o de defensor das liberdades cívicas. Teria sido tarde demais, após toda uma existência dedicada a ensinamentos antipolíticos e antidemocráticos, para fazer um júri ateniense levar a sério tal postura. Isso é particularmente verdadeiro no que diz respeito à passagem em que Libânio faz Sócrates criticar Esparta e elogiar Atenas. Todos sabiam que ele sempre preferira a cidade rival. Sócrates, porém, poderia ter utilizado outra tática de defesa, mais sincera. À primeira vista, poderia parecer paradoxal. Mas os atenienses eram fascinados por paradoxos, como disse Cléon em tom de queixa, em Tucídides.

"Atenienses, concidadãos", Sócrates poderia ter argumentado, "não é Sócrates quem está sendo julgado, mas as idéias, e Atenas."

"Não estão me acusando de ter praticado nenhum ato ilegal ou ímpio, contrário a nossa cidade ou seus altares. Nada semelhante foi alegado contra mim.

"Não me acusam *de ter feito* algo, mas de ter dito e ensinado certas coisas. Ameaçam-me de morte por não gostar de minhas idéias e meus ensinamentos. Trata-se, pois, de uma acusação a idéias, algo novo na história de nossa cidade. Nesse sentido, é Atenas que está no banco dos réus, e não Sócrates. Cada um dos senhores, meus juízes, é um réu.

"Serei franco. Não acredito em sua propalada liberdade de expressão, mas os senhores acreditam nela. Creio que as opiniões de homens comuns não passam de *doxa* — convicções sem substância, pálidas sombras da realidade, que não devem ser levadas a sério e que só teriam o efeito de desencaminhar a cidade.

"Considero absurdo que se incentive a livre expressão de opiniões sem fundamento ou mesmo irracionais, ou fundamentar a política da cidade numa contagem de cabeças, como quem conta repolhos. Portanto, não creio na democracia. Mas os senhores, sim. Os senhores estão sendo testados, não eu.

251

"Acredito, e já o disse muitas vezes, que não deve o sapateiro ir além do sapato. Não creio em versatilidade. Recorro ao sapateiro quando quero sapatos e não idéias. Creio que o governo deve caber àqueles que sabem, e os outros devem, para seu próprio bem, seguir suas recomendações, tal como seguem as do médico.

"Não afirmo saber o que quer que seja, mas ao menos sei quando não sei algo. Homens como eu — chamai-nos filósofos ou sonhadores, como bem entenderdes — constituímos um tesouro cívico, e não uma ameaça; somos guias a indicar o caminho de uma vida melhor.

"Sua liberdade de expressão parte do pressuposto de que as opiniões de todos os homens têm valor e de que a maioria constitui melhor guia do que a minoria. Mas como podem jactar-se de sua liberdade de expressão quando desejam silenciar-me? Como podem ouvir as opiniões do sapateiro ou do curtidor quando discutem sobre a justiça na assembléia, porém fazer-me silenciar quando manifesto as minhas, embora toda a minha vida tenha sido dedicada à busca da verdade, enquanto os senhores cuidam de seus assuntos particulares?

"Orgulham-se de ser Atenas chamada de escola da Hélade. Suas portas estão abertas para filósofos de toda a Grécia, até mesmo do mundo bárbaro. E hão agora de executar um dos seus porque subitamente não suportam ouvir uma opinião destoante? Não sou eu, mas os senhores, que ficarão para sempre enxovalhados por me haverem condenado.

"Acusam-me de ter sido mestre de Crítias e Cármides, os líderes dos oligarcas extremistas no regime dos Trinta. Mas agora agem tal como eles. Eles me convocaram, como sabem, e me proibiram o ensino da *téchne logon* — a arte do discurso racional e da análise lógica — àqueles que tivessem menos de trinta anos de idade. O que fazem é o mesmo. Querem condenar-me por eu ter ensinado essa *téchne* à mocidade de Atenas durante toda a minha vida.

"Dizem que minhas idéias corrompem os moços e os levam a questionar a democracia. Crítias temia que eu os levasse a questionar a ditadura. Qual é, então, a diferença entre os senhores e o ditador que derrubaram recentemente? Dizem que fui mestre de Crítias. Agem como se os senhores mesmos fossem alunos de Crítias. Eles temiam minhas idéias. Os senhores também. Mas eles ao menos não se pretendiam defensores da liberdade de expressão.

"Os Trinta eram arbitrários e faziam o que bem entendiam. Os senhores afirmam que são homens obedientes às leis. Pois não estão a agir do mesmo modo que eles? Digam-me, qual a lei de Atenas que invocam para restringir o ensino de filosofia? Onde encontrá-la nos estatutos da cidade? Quando foi ela debatida e votada? Quem propôs tamanha monstruosidade, que é assim que os senhores mesmos a qualificariam, em dias mais tranqüilos e com as mentes menos turvadas pelas paixões?

"O que caracteriza a verdadeira liberdade de expressão não é o fato de o dito ou o ensinado conformar-se a qualquer norma ou governante, seja este um indivíduo ou um colégio. Mesmo sob o pior dos ditadores, não é proibido concordar com ele. A liberdade de discordar é que é a liberdade de expressão. Essa sempre foi a regra em Atenas, até agora, o orgulho de nossa cidade, a glória de que se ufanam nossos oradores. Abandonarão essa regra agora?

"Dizem que fui desrespeitoso para com os deuses da cidade. Não estarão os senhores mesmos tornando-se os culpados dessa mesma falta ao me condenar? Como honrar a Peito se a persuasão é inibida e os pensamentos divergentes são perseguidos? Não estão desobedecendo o Zeus Agoraios, o deus dos debates, quando, ao me condenar, limitam o direito de debater?

"As idéias não são frágeis como os homens. É impossível fazê-las beber cicuta. Minhas idéias, e meu exemplo, haverão de sobreviver a mim. Mas o bom nome de Atenas ficará maculado para todo o sempre, se violarem suas tradições condenando-me. A vergonha será sua, não minha."

Se Sócrates tivesse invocado a liberdade de expressão como um direito básico de todo ateniense, não apenas o privilégio de uns poucos autodenominados superiores como ele, teria causado um impacto profundo na assembléia. Sócrates teria demonstrado certo respeito por Atenas, e não a condescendência irônica tão patente na *Apologia* de Platão. O desafio seria ele próprio uma forma de homenagem.

17. AS QUATRO PALAVRAS

TERIA DADO CERTO uma estratégia de defesa baseada no conceito de liberdade de expressão? Não há dúvida de que os atenienses gozavam dessa liberdade. Mas eles realmente a consideravam um princípio básico de governo, tal como nós?

É evidente que os homens devem ter exercido o direito de se expressar livremente durante muito tempo antes que viessem a formular o conceito de liberdade de expressão. É possível que o conceito em si tenha sido elaborado como reação a tentativas de abolir essa liberdade — ou na luta pela sua reconquista.

Uma das maneiras de chegar à resposta a essa questão — e de levantar as concepções de uma civilização desaparecida — é examinar as palavras empregadas pelos homens da época. Quando se defende conscientemente um conceito, ele sempre é expresso por uma palavra que o representa. Se a palavra não existe, não existe a idéia. Para investigar a mentalidade dos antigos, devemos examinar seu vocabulário.

Assim, em meu estudo do julgamento de Sócrates, neste ponto resolvi descobrir se os atenienses e os gregos em geral dispunham de uma palavra que designasse o conceito de liberdade de expressão. Encontrei nada menos que quatro termos — a meu ver, um número maior do que encontramos em qualquer outro idioma, da Antigüidade ou dos tempos modernos. Então fui levantando a utilização dessas palavras nos textos antigos que chegaram até nós. Cheguei à conclusão de que nenhum outro povo na história deu mais valor à liberdade de expressão do que os gregos, particularmente os atenienses.

Com exceção de Esparta e Creta, cidades governadas por classes minoritárias de guerreiros proprietários de terras que dominavam servos intimidados, as cidades-Estados gregas eram, de

255

modo geral, de tendência democrática; Atenas era a cidadela da democracia. Foram os gregos que inventaram a palavra que é até hoje empregada por toda parte para designar o conceito — *demokratia*, o governo do *dêmos*, do povo. A igualdade política baseava-se no direito de livre expressão. A etimologia e a política estão associadas na evolução do idioma grego. Com a luta pela democracia, entraram para a língua mais de duzentas palavras compostas contendo o termo *isos*, "igual".[1] Delas, duas das mais importantes eram *isotes*, "igualdade", e *isonomia*, que é "isonomia" mesmo, a igualdade de todos perante a lei. Duas outras, igualmente importantes, designavam o direito de se exprimir livremente: *isegoria* e *isologia*.

O termo mais antigo, *isegoria*, aparece pela primeira vez em Heródoto. O sinônimo *isologia* só vai aparecer no século III, em Políbio, o historiador do último período de liberdade da Grécia, na Liga Aquéia. Essa liga representa a primeira tentativa bem-sucedida de governo representativo federal; Políbio afirma que ela pôde sobreviver durante um século, à sombra do poder romano, graças ao fato de que a liberdade de expressão — *isologia* — vigorava em sua assembléia federal, como símbolo e garantia de que as cidades-Estados membros tinham plena igualdade política (ao contrário do que ocorrera antes nas ligas organizadas por Atenas e Esparta). Os homens que prepararam a Constituição dos Estados Unidos tomaram a Liga Aquéia como modelo para a união federativa que estavam criando.

Heródoto fala em *isegoria* quando discorre sobre o papel heróico desempenhado pelos atenienses nas guerras contra os persas, atribuindo sua bravura à conquista da *isegoria* (a forma jônica do termo), ou seja, o direito de todos se manifestarem igualmente na assembléia. Diz Heródoto que o valor da *isegoria* foi demonstrado em muitos episódios de bravura na guerra, "já que no tempo em que eram governados por déspotas os atenienses não eram melhores guerreiros do que qualquer povo vizinho, porém tão logo se livraram do despotismo tornaram-se de longe os melhores guerreiros de todos". No tempo em que eram "oprimidos", os atenienses eram covardes e fracos, como escravos "que trabalham para um senhor; mas quando se viram livres cada um passou a se esforçar para fazer o melhor possível por si próprio".[2]

Evidentemente, a complexa história de como os gregos conseguiram derrotar os persas não se resume a isso. Os espartanos eram igualmente bravos, embora vivessem sob um sistema político diferente. A raça dominante, minoritária, só podia dominar seus servos e intimidar as cidades vizinhas sujeitando-se ela mesma a uma vida de caserna rigidamente disciplinada e austera. Mas, do ponto de vista interno, também havia em Esparta uma forma primitiva de igualitarismo militar e algumas características democráticas — eleições anuais dos éforos, os supervisores —, embora sem liberdade de expressão. Não obstante, os espartanos *julgavam-se* livres, e o eram de fato em comparação com os persas, e lutavam pela Hélade com tanta bravura quanto os atenienses.

Para entender de que modo *isegoria* veio a se tornar sinônimo de igualdade política, basta voltarmos por um momento à história de Tersites, no livro segundo da *Ilíada*, em que esse soldado raso, tendo ousado manifestar-se na assembléia dos guerreiros, foi espancado por Odisseu. Para os atenienses, o direito de falar em assembléia implicava igualdade política.

Vemos esse fato com clareza se comparamos o funcionamento da assembléia ateniense com o da espartana. Nessa assembléia, tal como viria a ocorrer posteriormente na Roma republicana, uma soberania popular formal, mas puramente fictícia, disfarçava a realidade de um sistema dominado por uma oligarquia astuta. Não havia *isegoria* em Esparta nem em Roma. Havia o direito de voto, mas não a liberdade de expressão. Em Esparta reunia-se mensalmente a *apella*, a assembléia espartana. Mas apenas os dois reis, cujo poder era residual, os membros do conselho ou Senado dos Anciãos e os éforos — os magistrados eleitos — tinham direito de se dirigir à assembléia. Ela só podia votar propostas apresentadas por essas autoridades. Não havia debate. A assembléia manifestava sua opinião através de um *thorubus*, como em Homero, um bramido de aprovação ou reprovação, um *boa*, um grito. Só raramente ia a voto uma declaração de guerra, a qual teoricamente tinha de ser decidida pelos cidadãos em assembléia.[3]

Em Roma, as assembléias populares eram igualmente desprovidas de poder. Escreve J. A. O. Larsen: "Em Roma, o eleitor comum jamais teve o direito de tomar iniciativa ou de se dirigir à assembléia; era como o homem comum no período homérico [...] também não tinha o direito de dirigir-se ao povo nem de apresentar moções".[4] Além disso, o sistema eleitoral adotado nas assembléias romanas era tal que os mais ricos — os senadores patrícios e os comerciantes mais prósperos — tinham maioria automática.[5]

Escreve Chaim Wirszubski, da Universidade Hebraica de Jerusalém, em sua obra *Libertas as a political idea in Rome*: "A liberdade de expressão, no sentido de qualquer cidadão ter o direito de falar, não existia nas assembléias romanas".[6] Em latim não havia termo equivalente a *isegoria*. O conceito não figurava no direito romano.

Para aqueles que acham que toda essa discussão é de interesse apenas filológico, vale a pena lembrar que a primeira luta pela liberdade de expressão na tradição constitucional anglo-americana se deu em torno do direito de manifestar-se livremente no Parlamento e, mais tarde, no Congresso. De início, a luta era contra o poder da Coroa, que tornava perigoso expressar-se livremente na Câmara dos Comuns. Em 1576, exatamente duzentos anos antes da Declaração de Independência americana, um jovem e destemido puritano, Peter Wentworth, foi preso por ousar falar livremente na Câmara dos Comuns. Foi só um século depois que o direito de expressão foi firmemente estabelecido — e protegido das represálias do poder real — pela Carta de Direitos britânica, em 1689.

Esse documento é o ancestral da mais antiga cláusula referente à liberdade de expressão que existe na Constituição americana. A maioria dos americanos não tem consciência de que a primeira garantia dessa liberdade que há na Constituição não é a Primeira Emenda, mas a cláusula referente à liberdade de expressão e debate, na Seção 6 do Artigo I do texto original da Constituição. Lá consta que nenhum membro do Congresso pode ser processado em nenhum tribunal por nenhuma afirmação por ele feita "em qualquer pronunciamento ou debate nas duas Câmaras". Não fosse essa cláusula, os parlamentares poderiam ser ameaçados por processos de calúnia demorados e caros, ou outros recursos legais, da parte de grandes empresas e outros interesses — os "reis" de nosso tempo. A ameaça de tais processos limitaria os debates parlamentares a respeito de temas como a poluição industrial e os lucros excessivos dos fabricantes de armas. Nesse sentido, a *isegoria* é um direito garantido por nossa Constituição.

Na assembléia ateniense, todo cidadão tinha o direito de falar; mais ainda, era convidado a se manifestar. Sabemos desse fato por três fontes. Uma delas é o próprio Sócrates, quando faz um comentário esnobe a respeito da assembléia ateniense, onde qualquer um podia manifestar-se livremente, fosse "ferreiro, sapateiro, comerciante, capitão de navios, rico, pobre, homem de boa família ou sem família alguma".[7] As duas outras fontes nos informam que a assembléia ateniense era aberta por um arauto, o qual perguntava: "Quem deseja falar?".[8] A palavra era de todos, e podia-se dizer o que se quisesse. Qualquer um que desejasse falar podia fazê-lo sem ter de ser reconhecido pela autoridade que presidia a assembléia; isso era *isegoria*. Sócrates não poderia ter invocado um conceito a que os atenienses dessem mais valor.

Não é exagero afirmar que, na Atenas do século V, o teatro gozou de mais liberdade de expressão do que em qualquer outro período da história. Portanto, não admira que o teatro ateniense proclame a liberdade de expressão como princípio básico. As duas outras palavras que designam o conceito em grego antigo aparecem pela primeira vez na obra dos poetas trágicos, uma em Ésquilo, a outra em Eurípides.

A palavra mais antiga surge nas *Suplicantes* de Ésquilo, provavelmente em 463 a.C., quando Sócrates tinha seis anos de idade. Nessa peça encontramos uma palavra composta que designa o conceito de liberdade de expressão. Ela contém duas raízes: *eleutheros* ("livre") e *stomos* ("boca").[9]

A ação transcorre no período arcaico, e constitui uma verdadeira lição de democracia — talvez a mais antiga exposição da idéia de que o governo legítimo é o que se baseia no consentimento dos governados. As suplicantes são as cinqüenta (!) filhas de Danau, que estão fugindo de seus pretendentes, interessados em suas posses. As jovens fogem do Egito com o pai e vão pedir asilo na Grécia.

Nas *Suplicantes*, como em tantas outras tragédias gregas, há um conflito entre a lei e o dever moral. Um arauto arrogante chega do Egito exigindo que as fugitivas sejam extraditadas. O rei grego reconhece que, segundo as leis do país do qual as jovens fugiram, os pretendentes, enquanto parentes mais próximos, tinham o direito de desposá-las para manter a fortuna na família. O princípio da "jurisdição original", pelo visto, já era na época tão fundamental ao direito internacional quanto é agora. Segundo essa doutrina, a lei do país onde teve origem a questão é a que vigora num tribunal internacional.

As suplicantes apelam para uma "lei mais alta" — seu direito de asilo como vítimas da perseguição, tema muito explorado na tragédia grega: os atenienses se orgulhavam da reputação da cidade como abrigo para os que fugiam da opressão. Mas, no caso em questão, a concessão de asilo poderia provocar uma reação hostil do Egito. O próprio rei é favorável à concessão do asilo, porém — como um líder ateniense do século V a.C. — afirma não poder arriscar-se a entrar em guerra sem consultar seu povo. Ele convoca uma assembléia e, ao se preparar para falar a ela, pede a Peito (Persuasão) que o ajude.[10]

O rei propõe que seja concedido o asilo e o povo aceita "os meandros persuasivos" de seu discurso, como uma platéia ateniense empolgada pela oratória forense. A aprovação é expressa por "uma floresta de braços erguidos", e o rei anuncia a decisão ao arauto egípcio como produto de *eleutherostomou glosses*, de "línguas que falam livremente", um triunfo do livre debate.

Em Sófocles, não encontramos nenhuma palavra específica para designar a liberdade de expressão, mas a importância do conceito é dramatizada em *Antígona*. Essa peça é normalmente entendida como uma tragédia que gira em torno do conflito entre a lei do Estado e a lei mais elevada do direito moral — o dever de irmã de enterrar o irmão morto, apesar da ordem em sentido contrário dada por um tirano. No entanto, é possível fazer uma leitura segundo a qual a peça mostra as conseqüências trágicas do gesto voluntarioso de um monarca que não respeita as opiniões mais humanitárias de seu povo. Para o povo — como para a platéia ateniense da tragédia — a ordem do rei carecia de validade moral.

Isso transparece no debate entre Creonte, rei de Tebas, e seu filho Hêmon, prometido de Antígona. Hêmon julga que seu pai não tem razão ao ordenar que o irmão de Antígona fique insepulto e desonrado, fora dos muros da cidade, por ser um rebelde. Creonte insiste que, enquanto rei, sua vontade deve ser obedecida em todas as questões, grandes ou pequenas, tenha ele razão ou não. Creonte afirma que "não há perigo mais mortal do que a desobediência" e insiste em que tem o direito de punir Antígona por desobedecer-lhe. O diálogo entre pai e filho que então se segue é um confronto entre os conceitos de monarquia e democracia:

CREONTE: Não está Antígona violando a lei?

HÊMON: O povo de Tebas não concorda com você.

CREONTE: Querias que a cidade me dissesse que ordens devo dar?

HÊMON: Agora é você que fala como um menino. [Pouco antes, Creonte havia perguntado se cabia a seu filho ensinar-lhe sabedoria.]

CREONTE: Deverei reinar conforme julgam os outros ou segundo meu próprio discernimento?

HÊMON: Uma *pólis* governada por um só homem não é uma *pólis*.

CREONTE: Então o Estado não pertence àquele que o governa?

HÊMON: Sem dúvida, num deserto desabitado poderia governar sozinho.[11]

No fim, prevalece a democracia, e a peça celebra a vontade do povo. Normalmente, dá-se pouca atenção a essa lição política contida na *Antígona*. O próprio Creonte a aprende tarde demais para salvar seu filho e sua rainha da morte com a indomável Antígona. Trata-se da tragédia da tirania cega e obstinada. A moral da peça é que o povo não apenas tem o direito de se expressar mas também o de ser ouvido: o governante que despreza as opiniões do povo põe em risco sua cidade e a si próprio também.

Sófocles era amigo de Péricles e um filho leal da Atenas democrática. Duas vezes foi eleito estratego, o mais alto posto executivo e militar da cidade. Atuou como tesoureiro imperial e, após a catástrofe da Sicília, foi um dos dez *probouloi* — conselheiros especiais — nomeados para investigar o incidente. Ao contrário de Sócrates, no século V, e Platão, no IV, Sófocles, em sua longa existência — morreu aos noventa anos de idade —, participou integralmente da vida da cidade, como cidadão exemplar.

Dos três grandes poetas trágicos, o mais jovem, Eurípides, foi o que mais falou a respeito da liberdade de expressão. Um de seus temas favoritos é a *parrhesia*, a quarta palavra grega que designa esse conceito.

Ésquilo e Sófocles escreviam sobre os reis e os deuses dos mitos arcaicos. Em Eurípides, o homem comum — e, mais ainda, a mulher, comum ou não — orgulhosamente entram em cena. A emancipação da mulher começa em Eurípides.

Costuma-se dizer que, em suas peças, os deuses e as deusas falam como mortais; os homens e as mulheres expressam-se em termos tão elevados quanto os deuses, na linguagem da filosofia.

Em Eurípides, a democracia igualitária encontra sua mais completa expressão. Talvez pela primeira vez, e um século antes dos estóicos, afirma-se que o escravo é igual a seu senhor, o bastardo igual ao filho legítimo. O berço nobre é considerado irrelevante em comparação com o caráter inato. Na *Electra*, é o camponês humilde que protege a princesa perseguida e se revela realmente nobre — não de berço, mas de espírito.

Eurípides foi o Walt Whitman de Atenas. Esse poeta trágico é o bardo da democracia. Nas *Rãs* de Aristófanes, Ésquilo e Eurípides discutem no Hades. Numa passagem, Eurípides afirma, com orgulho, que foi ele quem ensinou o homem comum a falar.

A quarta palavra que designa a liberdade de pensamento em grego antigo, *parrhesia*, aparece pela primeira vez em Eurípides. Segundo um respeitado léxico alemão, trata-se de uma palavra cunhada em Atenas que constituía motivo de orgulho para os atenienses.[12] Tinha dois significados básicos correlatos. Um deles era pessoal: franqueza, sinceridade. O outro era político: liberdade de expressão. O termo espelhava a auto-imagem idealizada do ateniense, um homem livre acostumado a dizer o que pensava.

Assim, Íon, na peça que leva seu nome, desconhecendo a identidade de seus pais, tenta desvendar o segredo de seu nascimento e espera que sua mãe seja ateniense, para que a *parrhesia* seja seu direito inato: "que através de minha mãe seja minha a *parrhesia*".[13] Nas *Fenícias*, a rainha pergunta a seu filho rebelde e fugitivo, Polinices, qual é a pior coisa da condição de exilado. O pior, responde ele, "é que o exilado não tem *parrhesia*". Comenta a rainha, melancólica: "É sina de escravo não poder dizer o que pensa".[14]

A mesma atitude se manifesta no *Hipólito*. Fedra, jovem esposa do velho rei Teseu, fundador de Atenas, sofre da paixão culposa pelo enteado casto e distante, Hipólito. Diz ela ao coro de criadas que preferia sacrificar a própria vida a ceder a seus desejos e trazer vergonha para seus filhos. Quer que eles sejam criados "na gloriosa Atenas, prosperando com a liberdade de expressão" (*parrhesia*).[15] A mesma questão é abordada pelo ângulo oposto nas *Bacantes*.[16] Numa sociedade não democrática, o pastor tem medo de falar francamente com o rei Penteu a menos que lhe seja concedida a *parrhesia*; ele teme a ira do monarca. O rei, permitindo-lhe a palavra, diz: "Não devemos irar-nos com homens honestos". Aqueles que dizem o que pensam contribuem para o bem-estar do reino.

Em Eurípides, como na Atenas democrática, o direito de falar vinha associado ao dever de ouvir. Nos *Heraclidas*, os filhos perseguidos do herói morto vão buscar refúgio em Atenas. O arauto do homem que os persegue, o rei de Argos, diz que haverá guerra se lhes for concedido o asilo. Canta o coro de velhos de Maratona: "Quem pode julgar, compreender argumentos/ Antes de ouvir as razões de ambas as partes?".[17] (A batalha de Maratona, é claro, ocorreu quatro séculos depois do tempo de ação da tragédia, mas a platéia ateniense não se incomodava com tais anacronismos patrióticos.)

Ouvir as duas partes antes de pronunciar o julgamento era a lição que os atenienses aprendiam através da experiência dos tribunais, uma lição com freqüência repetida no teatro. Assim, na *Andrômaca* de Eurípides, Oreste afirma: "Sábio é aquele que ensinou a humanidade a ouvir os argumentos de ambas as partes".[18] Quando o próprio Orestes vai a julgamento na peça de Eurípides que leva seu nome, ele se expressa de modo semelhante. "Que sejam confrontados os argumentos",[19] diz ele, para que o júri possa decidir com justiça. Para os atenienses era esse o padrão de uma sociedade livre e justa.

Eurípides manifesta seu ódio por aqueles que desejam destruir a democracia. Numa de suas peças perdidas, a *Auge*, da qual restam apenas uns poucos versos, um dos personagens exclama: "Malditos todos aqueles que se regozijam ao ver a cidade nas mãos de um único homem ou sob o jugo de uns poucos! Não há título mais precioso que o de homem livre: quem o possui tem muito, ainda que pouco tenha de seu".[20]

Essa visão democrática também encontra expressão nas *Fenícias*. Etéocles, disputando o trono de Tebas com o irmão, grita emocionado: "Eu haveria de lutar até chegar aonde nascem o sol e as estrelas, ou, se pudesse, mergulharia no interior da terra para arrebatar o poder [*tyrannida*, "tirania"], o maior de todos os deuses".[21] No entanto, sua mãe, Jocasta, reprova a ambição de poder do filho. Adverte-o de que a ambição é a pior de todas as divindades, a deusa da injustiça. Elogia a *isotes*, a igualdade, como ideal mais nobre. Diz ela: "Muito melhor, meu filho, é estimar a igualdade, que vincula amigo a amigo, cidade a cidade, um aliado a outro, pois a igualdade é a lei natural do homem".[22] Eis a voz da Atenas do século V no que tem de melhor. Mas certamente Eurípides sabia que muitas vezes a cidade não respeitava seus próprios princípios básicos ao lidar com os aliados e as cidades que lhe eram sujeitas. Fica-se a desejar que Eurípides tivesse a intenção, ao escrever esses versos, de reprovar Atenas, e que sua platéia percebesse sua intenção.

Antes de deixarmos Eurípides, preciso abordar um ataque injusto desferido contra ele por Platão no terceiro livro da *República*.[23] Platão diz que Eurípides é "o mais sábio" de todos os poetas trágicos, mas o faz com sarcasmo evidente, pois em seguida acusa-o de fazer o elogio da tirania.

Em sua edição da *República*, Paul Shorey comenta numa nota: "Isso é claramente uma ironia, e não pode ser citado pelos admiradores de Eurípides".[24] Também James Adam, em seu monumental comentário à *República*, afirma tratar-se de "uma frase altamente irônica e sarcástica".[25]

Platão cita Eurípides, dizendo que o poeta qualificou de "divina" a tirania, e afirma que esse poeta trágico e os outros "elogiam" a tirania "de muitas outras maneiras"; e seu Sócrates conclui que por esses motivos as peças desses autores deveriam ser proibidas na cidade ideal. Platão não poderia ter sido mais injusto com o teor geral da tragédia ateniense.

Platão não especifica qual é a peça em que Eurípides qualifica a tirania de "divina", porém podemos encontrar duas passagens relevantes. Nas *Troianas*, Hécuba, a rainha de Tróia, derrotada, chora a morte de seu neto ainda pequeno, filho de Heitor, o defensor da cidade, ele próprio já morto; a criança fora assassinada pelos gregos vitoriosos. De fato, há nessa cena uma referência à "divina tirania" (*isotheou tyrannoou*).[26] Mas a palavra *tyrannos* tinha duas acepções: às vezes era sinônimo de "rei" e às vezes designava aquele que tomava o poder ilegalmente. O que Hécuba lamenta é ter seu neto morrido sem ter jamais gozado a juventude, os prazeres do matrimônio ou do "poder divino" que viria a ser seu algum dia, quando ele subisse ao trono de

265

Tróia. Tratava-se, contudo, de uma monarquia legítima; nem Hécuba nem Eurípides estavam defendendo a tirania.

A segunda passagem foi mencionada ainda há pouco: nas *Fenícias*, o ambicioso Etéocles afirma que a tirania é "o maior de todos os deuses". No entanto, como já vimos, sua mãe, Jocasta, repreende-o e afirma que a *isotes*, a igualdade, é um ideal mais nobre. Platão distorce a mensagem verdadeira de Eurípides.

Quando escreveu a *Areopagitica*, a mais nobre defesa da liberdade de expressão da língua inglesa, Milton usou dois versos das *Suplicantes* como epígrafe de seu apelo ao Parlamento, contra a censura: "A verdadeira liberdade é poderem homens livres/ Aconselhar o povo, livremente se expressando".[27]

Sem dúvida, o teatro poderia fornecer a uma defesa de Sócrates fundamentada no conceito de liberdade de expressão todo um acervo de sentimentos profundos do povo ateniense, o que desafiaria e envergonharia seus juízes.[28]

18. A QUESTÃO FINAL

HÁ NO *CRÍTON* UMA PASSAGEM em que caberia um argumento a favor das liberdades civis. Na discussão entre Sócrates e as Leis, estas afirmam que "na guerra, no tribunal e em toda parte, deves fazer o que o Estado [...] determinar, ou então demonstrar-lhe, através da persuasão, o que é direito".[1] Sócrates poderia ter perguntado então como ele poderia convencer as Leis do "que é direito" sem liberdade de expressão.

Nesse debate está implícita a idéia de que há um contrato entre o Estado e o cidadão. As Leis argumentam que, se o cidadão aceita os termos do contrato quando lhe interessa, ele deve também aceitar os deveres impostos pelo contrato mesmo que isso vá contra seus interesses. Esse era, é claro, o argumento invocado por Sócrates para explicar por que se recusava a fugir.

Mas o contrato entre a cidade e o cidadão numa cidade livre impõe obrigações ao Estado tanto quanto ao cidadão. Desde o início da discussão, Platão propõe uma relação muito diferente entre Estado e cidadão. Perguntam as Leis a Sócrates: "Não eras tu nosso filho e escravo?".[2] Trata-se de uma analogia falaciosa; a relação entre Estado e cidadão não equivale à existente entre um pai autoritário e seu filho, ou entre senhor e escravo. Pouquíssimos atenienses do século V se considerariam escravos do Estado. Como vimos, uma das regras básicas da democracia ateniense era a idéia de que o cidadão ora governava, ora era governado. O escravo jamais troca de lugar com o senhor.

Numa cidade livre, havia o direito básico de responder ao Estado, criticar seus atos na assembléia, nos tribunais, no teatro ou na conversação. Se o Estado de repente interferia nesse direito, ele estava desrespeitando o contrato. Estava se transformando numa tirania.

Sócrates poderia ter argumentado — e, a meu ver, a maioria dos juízes concordaria — que se as Leis rompiam o contrato, extinguindo a liberdade de expressão, o cidadão não lhe devia mais nenhuma obrigação. Ao perder o direito de persuadir, ele ganhava o direito de resistir.

Fora justamente com base nesse princípio — Sócrates argumentaria então — que o *dêmos* e muitos moderados, inclusive Ânito, seu acusador mais importante, haviam se rebelado contra os Trinta e derrubado-os, apenas quatro anos antes do julgamento.

Sócrates deveria ter argumentado que as Leis, ao lhe negarem a liberdade de expressão, estavam transformando um cidadão em escravo. Era desse modo que a argumentação deveria ter sido desenvolvida, no *Críton* e no julgamento.

Para entendermos por que isso não ocorreu, e por que Sócrates não lançou mão da melhor defesa de que dispunha, precisamos reexaminar a atitude dos filósofos gregos em relação à liberdade de expressão.

Podemos estabelecer três períodos. No primeiro, a era dos pré-socráticos, os filósofos nem sequer se davam conta da extraordinária liberdade de que gozavam, e por isso não se davam ao trabalho de analisá-la, quanto mais de defendê-la.

Isso é notável, porque os pré-socráticos foram os primeiros livres-pensadores. Eles abalaram as fundações da religião, tanto da moderna quanto da antiga, e suas formulações arrojadas constituem a base sobre a qual se assentam 2500 anos de especulação filosófica. No entanto, sua liberdade de expressão era irrestrita.

No segundo período, que podemos denominar de socrático-platônico, os filósofos gozavam da liberdade de expressão, porém julgavam que os outros não faziam jus a ela. Sócrates, em particular, parecia não questionar sua liberdade de expressão — ele a merecia devido a sua superioridade, ainda que a ocultasse por trás de sua "ironia".

No terceiro período, com o fim da liberdade política sob o domínio macedônio e posteriormente romano, os filósofos de modo geral recolheram-se a seus mundos individuais, tornando-se indiferentes à política, como os deuses distantes e eternamente felizes de Epicuro e Lucrécio.

Em Sócrates e seus seguidores, raras vezes aparecem as quatro palavras que designam o conceito de liberdade de expressão; é como se até mesmo essas palavras os incomodassem. Dos quatro termos, apenas um, *parrhesia*, aparece nos diálogos de Platão, e apenas um, *isegoria*, encontra-se em Xenofonte.

A única vez em que Xenofonte discute a liberdade de expressão é na *Ciropédia*, na qual o jovem Ciro, um tanto pedante, passa um sermão sobre a temperança em seu avô, o rei Astíages, que bebe muito. Ciro está indignado porque o avô ficou íntimo demais de seus amigos durante uma festa. Diz ele: "E vocês todos esqueceram: o senhor, que é rei; eles, quem é o soberano".[3]

Ciro acha que isso valeu como uma lição salutar a respeito do verdadeiro significado da liberdade de expressão. Diz ele ao avô: "Foi então que [...] percebi, pela primeira vez, que o que fazias era pôr em prática sua famosa 'liberdade de expressão' [*isegoria*]". Em seus escritos sobre Sócrates, Xenofonte sequer toca no assunto; nenhuma das quatro palavras aparece nas *Memoráveis* nem na *Apologia*.

A liberdade de expressão não é permitida em nenhuma das utopias platônicas e, nas poucas vezes que aparece no *corpus* platônico, é sempre em tom de desdém. Encontramos apenas quatro referências à liberdade de expressão no admirável índice analítico às seiscentas páginas da edição Bollingen, em um volume, das obras de Platão, organizada por Edith Hamilton e Huntington Cairns.

A única referência não pejorativa ao tema ocorre nas *Leis*, em que a Pérsia de Ciro é citada como exemplo de reino ideal. Como se trata da única passagem na obra de Platão em que se diz algo de positivo a respeito da liberdade de expressão, vale a pena fazer uma citação integral do trecho. Diz o Ateniense, o porta-voz de Platão nas *Leis*:

> Quando os persas, no reinado de Ciro, atingiram o devido equilíbrio entre servidão e liberdade [*eleutheria*], eles torna-

ram-se primeiro homens livres e depois senhores de muitos outros. Pois quando os governantes deram certo grau de liberdade aos súditos e promoveram-nos a uma posição de igualdade, os soldados tornaram-se mais simpáticos para com seus superiores e manifestaram sua dedicação em momentos de perigo.[4]

Então Platão passa a discorrer sobre a esfera civil:

Se acaso houvesse entre eles algum homem sábio, capaz de dar conselhos, como o rei não era invejoso e permitia a liberdade de expressão [*parrhesia*] e respeitava aqueles que poderiam proporcionar alguma ajuda com seus conselhos, tais homens tinham oportunidade de contribuir para o cabedal comum com os frutos de sua sabedoria. Conseqüentemente, durante essa época tiveram eles muito progresso em todas as áreas, graças à liberdade, à camaradagem e ao intercâmbio de raciocínios.

É uma pena que esse "intercâmbio de raciocínios" fosse tão restrito no próprio diálogo. Pois entre os personagens das *Leis* não há nenhum defensor da democracia. Os interlocutores do Ateniense são um espartano e um cretense, ambos representantes de sociedades fechadas.

Embora o último Platão — *As leis* é obra da velhice do filósofo — finalmente reconhecesse que a liberdade de expressão tinha algum valor, ele não se dispôs a desenvolver essa rápida referência e dar-lhe uma concretização institucional. O ideal proposto nas *Leis* é um Estado austero em que há um rígido controle ao pensamento, a cargo de um Conselho Noturno investido do poder de mandar os dissidentes para um centro de "reabilitação" ideológica e de impor a pena de morte aos recalcitrantes.

Todas as outras referências à liberdade de expressão que encontramos no cânon platônico — no *Protágoras*, na *República* e no *Górgias* — são satíricas e desdenhosas.

No primeiro desses diálogos, como vimos, Protágoras propõe uma nova visão, democrática, da mitologia grega. O mito apresentado por ele vê o direito de expressão do homem comum como algo sancionado pelos deuses, mas Sócrates simplesmente não discute a questão. A única coisa que diz em resposta ao mito, como também já vimos, é que na assembléia ateniense podem falar comerciantes e artesãos vulgares.[5] Quando a palavra preferida em Atenas para designar a liberdade de expressão é empregada na *República* — *parrhesia* —, o Sócrates platônico a trata com o mesmo desdém. Ao se referir à democracia ateniense, Sócrates indaga, com sarcasmo: "Pois [os cidadãos] não são livres? E a cidade não está repleta de liberdade [*eleutherias*] e de livre expressão [*parrhesias*], de modo que cada um tem o direito de fazer o que bem lhe apraz?".[6]

Numa outra passagem, Sócrates fala sobre a democracia com desprezo, dizendo que os líderes políticos têm que dar atenção às opiniões "da multidão promíscua em sua assembléia, seja em relação à pintura ou à música, ou até mesmo à política".[7]

Por um momento, Sócrates parece estar prestes a fazer um elogio à democracia. Admite que "talvez" a democracia seja "a mais bela das sociedades". No entanto, em seguida ele a compara a "um traje de muitas cores, com bordados das mais variadas nuanças [...] com os enfeites mais variados", que agradam a muitas pessoas, "como os meninos e as mulheres", que gostam "de coisas coloridas".[8] O que parecia elogioso revela-se sarcástico. Sócrates compara a democracia a "um bazar" e a "um entretenimento divertido", mas ela não lhe parece ser uma forma de governo que um filósofo possa levar a sério. Para ele, "o clímax da liberdade popular" ocorre "quando os escravos adquiridos [...] não são menos livres que os senhores que por eles pagaram".

Diz Sócrates: "É difícil acreditar como são mais livres os animais" numa tal cidade. Os cães tornam-se semelhantes a suas donas, e "os cavalos e asnos seguem em frente com a maior liberdade e dignidade, esbarrando em todo aquele que se põe a sua frente em vez de se afastarem para o lado. Assim", conclui ele, "tudo o que existe exulta com o espírito da liberdade".[9] Trata-se de um preconceito venenoso.

No *Górgias*, Sócrates esbarra num problema ao enfrentar Polo, um professor de retórica, o "sofista" por ele interrogado. Polo não quer limitar-se a responder às perguntas tendenciosas formuladas por Sócrates; quer exprimir suas idéias a seu modo. Percebe que o famoso método socrático pode funcionar como uma armadilha, e se revolta contra ele. Pergunta a Sócrates: "Por que motivo não posso ter a liberdade de dizer o que quiser?".

Sócrates responde com um chiste, no qual chega mais perto de elogiar a liberdade de expressão ateniense do que em qualquer outra passagem. Diz ele: "Sem dúvida, meu bom amigo, seria uma infelicidade se, tendo vindo a Atenas, onde há mais liberdade de expressão do que em qualquer outro lugar na Grécia, fosses a única pessoa que não tivesse o direito de gozá-la". Mas aqui Sócrates evita usar as quatro palavras com conotações positivas que designavam o conceito; em vez disso, usa a expressão *exousia tou legein*. O léxico *G-EL* traduz *exousia* aqui como *license*, palavra inglesa que tanto quer dizer "permissividade" como "abuso de liberdade". Também em grego a palavra apresenta a mesma ambigüidade, de modo que esse elogio a Atenas talvez seja irônico.[10]

Um elogio inequívoco talvez tivesse aplacado o júri. Se Sócrates houvesse utilizado uma estratégia de defesa baseada no conceito de liberdade de expressão, é bem provável que tivesse sido absolvido. Mas o Sócrates histórico talvez julgasse indigno invocar um princípio que ele tratara com desdém tantas vezes. De qualquer modo, se aceitarmos a versão da *Apologia* de Xenofonte, Sócrates queria mesmo morrer. Essa também é a suspeita dos discípulos no *Críton* e no *Fédon*.

Todavia, permanece sem explicação um fato curioso: em todos os diálogos referentes ao julgamento de Sócrates, nenhum dos personagens platônicos jamais faz o comentário óbvio de que Atenas traiu seus próprios princípios ao condenar Sócrates. Talvez Platão detestasse a democracia de tal modo que se recusava a rebaixar-se ao ponto de levar a sério os princípios democráticos.

Se, por um momento, considerarmos Platão como dramaturgo e Sócrates como herói trágico, perceberemos que seria uma incoerência escrever uma cena em que Sócrates invocasse a liberdade de expressão e Atenas honrasse suas tradições libertando-o. O herói de Platão viveu e morreu de acordo com seus princípios. O Sócrates histórico, como o platônico, teria se recusado a invocar um princípio no qual não acreditava; para ele, a liberdade de expressão era privilégio de uns poucos esclarecidos e não da maioria ignorante. Ele não iria querer que a democracia por ele rejeitada obtivesse uma vitória moral libertando-o da prisão.

O martírio de Sócrates e o gênio de Platão transformaram Sócrates num santo profano, o homem superior que enfrenta a turba ignara com serenidade e senso de humor. Foi esse o triunfo de Sócrates, e a obra-prima de Platão. Sócrates precisou da cicuta, tal como Jesus da cruz, para cumprir sua missão. Essa missão deixou uma nódoa indelével no nome da democracia; é esse o crime trágico de Atenas.

Epílogo
TERIA HAVIDO UMA CAÇA
ÀS BRUXAS EM ATENAS?

A CONDENAÇÃO DE SÓCRATES foi um caso isolado? Ou seria ele apenas a vítima mais famosa de uma onda de perseguições contra filósofos irreligiosos?

Dois estudiosos de destaque, ambos merecidamente respeitados, propuseram recentemente a hipótese de que a Atenas do século V, embora considerada uma idade do ouro, foi também — ao menos na segunda metade do século — palco de uma grande caça às bruxas, em que se perseguiram os livres-pensadores.

Segundo E. R. Dodds, em sua famosa obra *The Greeks and the irrational*, essa caça às bruxas teve início com a aprovação de leis tão terríveis que chega a ser difícil entender por que tantos filósofos ousaram ir para lá, e por obra de que milagre Sócrates conseguiu não ser preso durante trinta anos após a aprovação dessas leis. Escreve Dodds:

> Por volta de 432 a.C., ou talvez um ou dois anos depois, tornaram-se infrações passíveis de punição não acreditar no sobrenatural e ensinar astronomia. Durante os trinta e poucos anos seguintes, ocorreu uma série de julgamentos de casos de heresia. [...] Entre as vítimas dessa perseguição encontra-se a maioria dos líderes do pensamento progressista em Atenas — Anaxágoras, Diágoras, Sócrates, quase com certeza Protágoras também, e possivelmente Eurípides.

Segundo Dodds, praticamente não houve absolvições. "Em todos esses casos, salvo o último, venceu a acusação: Anaxágoras talvez tenha sido multado e banido; Diágoras escapou fugindo; Protágoras provavelmente fez o mesmo; Sócrates, que podia ter imitado os outros, ou pedido uma pena de banimento, optou por ficar e tomar cicuta". Os dados disponíveis "são mais do que suficientes para provar", conclui Dodds, que a idade do ouro ateniense também se caracterizou pelo "banimento de estudiosos, pela repressão ao pensamento e até mesmo (se é verdade a tradição a respeito de Protágoras) pela queima de livros".[1]

Mais recentemente, Arnaldo Momigliano defendeu uma posição semelhante nos dois ensaios que constituem sua contribuição ao *Dictionary of the history of ideas*, obra fascinante porém infelizmente pouco conhecida. Os ensaios são "Freedom of speech in antiquity" e "Impiety in the classical world".[2] Nenhuma investigação do julgamento de Sócrates estaria completa se não levasse em conta essas hipóteses sombrias, propostas por autores tão respeitados.

A meu ver, as fontes em que se baseiam tais propostas são todas tardias e suspeitas; o mito da caça às bruxas, bem como outros equívocos históricos notórios, teve origem na comédia ateniense — numa peça perdida, fragmentos da qual talvez sejam encontrados algum dia em algum papiro. Achados semelhantes têm acrescentado muita coisa a nossos conhecimentos referentes à Antigüidade clássica nos últimos cem anos.

Não há nenhuma "prova" da existência de uma caça às bruxas que seja anterior ao período romano; e a fonte principal é Plutarco, que escreveu cinco séculos depois de Sócrates. Plutarco estava tão afastado de Sócrates no tempo quanto nós de Colombo, e a distância é igualmente grande no que diz respeito à visão política. É bem documentada a freqüente expulsão de filósofos e outros professores gregos de Roma, e é natural que os escritores da época imaginassem que os atenienses fossem igualmente desconfiados e intolerantes. Isso condizia também com sua atitude desdenhosa em relação à democracia. Quanto mais voltamos aos escritores da geração de Sócrates e das duas gerações seguintes, mais nos parece difícil encontrar dados que consubstanciem a hipótese de que ocorreram tais perseguições. O próprio Platão constitui a mais poderosa refutação dessa idéia, justamente por ser ele tão propenso quanto qualquer aristocrata romano a sempre pensar o pior das massas vulgares.

Comecemos com a lei que proibia "não acreditar no sobrenatural e ensinar astronomia", que segundo Dodds seria a base dessa onda de perseguições — lei essa que teria sido proposta por um homem chamado Diopites.

Uma lei assim constituiria uma exceção tão gritante à legislação e às tradições atenienses, que deveria ter provocado uma polêmica ampla e acirrada. No entanto, só conhecemos uma única menção a uma lei proposta por Diopites, na *Vida de Péricles* de Plutarco.

Todas as fontes anteriores a respeito de Diopites que chegaram até nós pertencem à comédia antiga ateniense: ele era um dos alvos prediletos dos poetas cômicos, que o representavam como um fanático religioso e amalucado. Aristófanes o menciona em três peças[3] — mas não fala em sua lei. A enciclopédia alemã da Antigüidade clássica, de Pauly e Wissowa, também registra outras referências a ele em quatro fragmentos de outros poetas cômicos. Diopites, contudo, nunca é mencionado na literatura séria, como seria de se esperar em se tratando de um homem com influência suficiente para conseguir que a assembléia ateniense aprovasse uma lei tão sem precedentes quanto essa.

E o contexto em que aparece a passagem de Plutarco na *Vida de Péricles* nos leva a suspeitar que Plutarco estivesse fazendo confusão com alguma outra comédia perdida, a qual satirizava tanto Diopites quanto Péricles. O relato de Plutarco é um emaranhado tão confuso que nem mesmo várias gerações de estudiosos conseguiram desvencilhá-lo.

Plutarco associa uma acusação a Péricles às acusações de impiedade levantadas contra sua amante Aspásia, mulher de grande brilho intelectual, e seu mentor filosófico, Anaxágoras. Inclui também um comentário picante a respeito de uma "casa de tolerância" que Aspásia mantinha para uso exclusivo de Péricles, bem como a alegação de que ele teria causado a guerra do Peloponeso para desviar a atenção do público e voltar ao poder, embora o próprio Plutarco admita: "A verdade quanto a essa questão não está clara".[4]

Apenas um detalhe do relato de Plutarco é atestado por Tucídides. Sabemos que Péricles, num momento em que o povo estava profundamente descontente com sua administração, foi multado e temporariamente afastado de seu cargo pelos atenienses. Só que isso aconteceu antes — não depois — do início da guerra do Peloponeso, quando uma segunda invasão espartana das terras circunvizinhas a Atenas e os sofrimentos da população da cidade sitiada levaram o povo a exigir a paz. Péricles pagou a multa, mas rapidamente conseguiu granjear apoio e foi reeleito para o comando.[5]

Até aí, temos fatos incontestes. Já o que Plutarco diz a respeito das acusações de impiedade parece muito improvável. Escreve ele:

> Também por volta dessa época, Aspásia foi julgada por impiedade, sendo seu acusador o poeta cômico Hermipo, o qual alegou também que ela recebia mulheres livres numa casa de tolerância para Péricles. E Diopites propôs uma lei pela qual seriam publicamente acusados aqueles que não acreditassem nos deuses, ou que ensinassem doutrinas referentes aos céus, voltando as suspeitas contra Péricles através de Anaxágoras.

Afirma Plutarco: "As pessoas recebiam com prazer tais calúnias"; Péricles salvou Aspásia "chorando lágrimas copiosas no julgamento", mas "tanto se inquietava por Anaxágoras que o fez afastar-se da cidade" e "fez explodir" o conflito com Esparta para desviar a atenção do público das acusações feitas a ele e seus amigos.[6] Um enredo como esse, em que entram filosofia e sexo, parece feito de encomenda para os poetas cômicos.

O detalhe crucial no relato de Plutarco é a afirmação de que o acusador foi "o poeta cômico Hermipo". É bem verdade que, segundo a lei ateniense, um poeta cômico podia fazer uma acusação, como qualquer outro cidadão. Mas não sabemos de nenhum outro caso em que um poeta cômico tenha transformado suas sátiras e caricaturas numa acusação formal. No verbete sobre Hermipo, a enciclopédia de Pauly e Wissowa leva a sério o relato de Plutarco e observa que Hermipo foi o único poeta cômico que "não se limitou a atacar Péricles no teatro".

A meu ver, Hermipo teria sido ridicularizado em Atenas se tivesse resolvido fazer, com base em suas gozações, uma acusação em tribunal. É improvável, também, que tivesse tempo para isso, mesmo se tivesse inclinação. Era um dramaturgo prolífico. Foram-lhe atribuídas quarenta peças; conhecemos o título de dez e chegaram até nós cem fragmentos. Hermipo teria ficado muito estranho no papel de acusador num caso de impiedade, já que uma de suas peças perdidas satiriza, de maneira bem "ímpia", o nascimento de Atena; segundo a enciclopédia de Pauly e Wissowa, trata-se "do mais antigo exemplo de abordagem cômica do nascimento de um deus", um gênero que se tornou muito popular na Antigüidade tardia.

Péricles era um dos alvos prediletos de Hermipo. Uma das suas peças — possivelmente a intitulada *O rei dos sátiros* — acusava Péricles de "insaciabilidade erótica". Talvez isso explique a acusação cômica segundo a qual Aspásia mantinha um bordel privado para seu amante insaciável! O relato de Plutarco, segundo o qual Péricles salvou sua amante chorando no tribunal, basta para deixar claro que sua fonte é a comédia e não a história. A platéia ateniense certamente acharia impagável a cena de Péricles, homem aristocrático e notoriamente reservado, chorando lágrimas copiosas para salvar a amante.

Quanto à afirmação de Plutarco segundo a qual teria sido por isso que Péricles desencadeou a guerra do Peloponeso, trata-se de algo do mesmo nível que a hipótese cômica proposta por Aristófanes nos *Acarnanos*. Nessa peça, ele dá a entender que tudo começou com uma briga entre dois alcoviteiros rivais. Alguns jovens aristocratas atenienses, mais bêbados do que de costume, teriam roubado Simeta de uma casa em Megara — aliada de Esparta — e, como vingança, os megáricos roubaram "duas meretrizes de Aspásia".[7] Esse tipo de humor licencioso era comum nas comédias antibelicistas atenienses.

Na verdade, a hipótese de que a fonte do relato de Plutarco foi uma peça perdida de Hermipo já foi proposta há muito tempo, na edição de 1927 da *Cambridge ancient history*, só que apresentada de modo tão discreto que não chegou a despertar muita atenção. No quinto volume, dedicado à época do auge de Atenas, o grande historiador J. B. Bury publicou um artigo intitulado "The age of illumination", no qual havia uma seção referente aos "julgamentos de blasfêmia" em Atenas. Nessa seção — além de uma nota de rodapé em que propõe uma nova visão de Protágoras, à qual voltaremos adiante — Bury também leva a sério todos os relatos sobre as acusações de impiedade.

Mas no final do volume há uma seção intitulada "Notes on points especially on chronology". Uma dessas notas, "The attacks on the friends of Pericles", diz:

> É possível que Aspásia tenha sido processada por impiedade (tal como relata Bury na página 383 do volume), porém a afirmação de que o acusador foi o poeta cômico Hermipo, o qual a acusou também de atuar como alcoviteira para Péricles, leva-nos a suspeitar que se trata apenas da associação entre a idéia de que Aspásia era livre-pensadora e o humor grosseiro da comédia ateniense. A acusação de lenocínio também é feita por Aristófanes nos *Acarnanos*.[8]

O autor dessa nota é F. E. Adcock, um dos três organizadores da *Cambridge ancient history* — os outros são Bury e S. A. Cook.

Adcock afirma também que a acusação a Péricles feita por Plutarco, segundo a qual ele teria iniciado a guerra para desviar a atenção do público de seus problemas pessoais, "foi feita pela primeira vez por Aristófanes, dez anos depois do início da guerra, em sua peça *A paz*", e era "claramente produto da imaginação de um poeta cômico que se delicia com idéias extravagantes". Segundo Adcock, essa acusação "foi citada fora de contexto e levada a sério por aqueles que queriam denegrir o caráter de Péricles".

Mas e a possibilidade de que a lei de Diopites tenha sido igualmente retirada do contexto de uma comédia perdida de Hermipo e levada a sério com o fim de denegrir a reputação da democracia ateniense? Essa pergunta permanece sem resposta.

Adcock conclui que "o decreto de Diopites é sem dúvida um fato histórico"; mas não justifica esse "sem dúvida".

Numa obra admirável, *The lives of the comic poets*, Mary R. Lefkowitz chega a uma conclusão diferente: "A história de que Hermipo teria acusado Aspásia de impiedade parece ser na verdade o enredo de uma comédia a respeito dela". A autora coloca na mesma categoria o decreto de Diopites, comentando que "a idéia de que teria havido julgamentos de casos de impiedade era particularmente plausível" para escritores de épocas posteriores, "porque fornecia precedentes para a condenação de Sócrates".[9]

Na *Vida de Nícias*, Plutarco apresenta outra versão da caça às bruxas. Nícias foi o general supersticioso que comandou a expedição naval ateniense contra Siracusa nos últimos anos da guerra do Peloponeso.

Fora planejado um ataque surpresa à cidade, à noite, "mas quando tudo estava pronto e não havia nenhum inimigo de sentinela", relata Plutarco, ocorreu um eclipse da Lua. "Isso muito aterrorizou Nícias e todos aqueles que, por ignorância ou superstição, tremiam diante de tal visão." O general adiou o ataque, que poderia ter dado certo, e a expedição acabou sendo o maior desastre sofrido por Atenas em toda a guerra.

Plutarco atribui essa derrota a um fator que constitui um de seus temas prediletos — o caráter supersticioso do *dêmos* ateniense e sua hostilidade para com as especulações filosóficas e astronômicas. Se os atenienses fossem mais sofisticados, não teriam se assustado com um eclipse da Lua.

Escreve Plutarco: "Anaxágoras foi o primeiro homem a colocar no papel" uma explicação racional dos eclipses da Lua, mas sua doutrina não era "muito respeitada" e circulava em segredo, "num grupo reduzido", porque "os homens não toleravam os filósofos naturais e 'visionários' [...] eles reduziam a ação dos deuses a causas irracionais, forças cegas e incidentes necessários". Devido a esses preconceitos populares, diz Plutarco, "o próprio Protágoras foi obrigado a se exilar, apenas com dificuldades Péricles logrou impedir que Anaxágoras fosse preso, e Sócrates, que nada tinha a ver com tais coisas, não obstante perdeu a vida".[10]

Plutarco não explica por que Protágoras teve que se exilar. Mas um século após Plutarco, em Diógenes Laércio, essa história já ganhara detalhes melodramáticos. Segundo a nova versão, o primeiro livro que Protágoras resolveu ler em público em Atenas chamava-se *Sobre os deuses*. No prefácio, Protágoras dizia: "Quanto aos deuses, não tenho meios de verificar se eles existem ou não existem. Pois muitos são os obstáculos a esse conhecimento, tanto a obscuridade da questão em si quanto a curta duração da existência humana".

Segundo Diógenes Laércio, os atenienses ficaram furiosos ao ouvir isso: "Por causa dessa introdução ao livro, os atenienses o expulsaram". Além disso, "enviaram um arauto para recolher" os exemplares do livro "de todos que os tinham em sua posse" e "queimaram suas obras em praça pública".[11]

Há uma incongruência nesse relato que, por si só, há muito já deveria ter convencido a todos de seu caráter espúrio. Segundo Diógenes Laércio, Protágoras fez a leitura pública na casa de Eurípides. Nas peças deste, os atenienses estavam acostumados a ouvir não apenas manifestações de um leve ceticismo como o de Protágoras, mas também críticas aos deuses que chegavam a ser insultuosas — por exemplo, os comentários sarcásticos de Íon a respeito da lascívia criminosa dos olímpicos[12] — e afirmações de caráter claramente ateísta — como a prece de Hécuba, na qual ela se pergunta se Zeus não seria apenas "a necessidade implícita na natureza ou uma invenção de mentes mortais".[13]

Quem dá a resposta definitiva a essas fábulas do período romano é o próprio Platão, embora somente em 1914 essa pista tenha sido percebida pelo grande estudioso escocês John Burnet, na obra *Greek philosophy: thales to Plato*. Todas as bobagens a respeito de Protágoras encontradas em Cícero, Plutarco e Diógenes Laércio já deveriam ter sido desacreditadas há séculos com base numa passagem do *Mênon* de Platão. Sócrates está falando com seu futuro acusador, Ânito, o qual acaba de atacar os sofistas — e, indiretamente, o próprio Sócrates — por corromperem a mocidade.

Sócrates retruca que um desses professores, Protágoras, "ganhou mais dinheiro com sua arte do que Fídias, tão famoso por suas obras, ou dez outros escultores quaisquer reunidos". No entanto, acrescenta Sócrates, "causa espanto que aqueles que se ocupam de remendar sapatos e roupas" não poderiam permanecer impunes "por trinta dias se devolvessem as roupas ou os sapatos em pior estado do que os receberam" e rapidamente morreriam de fome, enquanto havia mais de quarenta anos a Grécia inteira não percebia que Protágoras estava corrompendo seus alunos e mandando-os de volta "em pior estado do que os recebera!". Sócrates termina dizendo que Protágoras morrera aos setenta anos de idade "e ainda hoje permanece sua excelente reputação".[14]

Burnet observa que esse trecho do *Mênon* é "totalmente incompatível" com o relato de Diógenes Laércio, segundo o qual Protágoras "foi julgado e condenado por impiedade" em 411 a.C., apenas doze anos antes do julgamento de Sócrates. Diz Burnet: "Platão coloca na boca de Sócrates palavras que tornam impossível acreditar que Protágoras foi de fato julgado por impiedade". Pois no *Mênon* Sócrates "faz questão" de ressaltar o fato de que a reputação de Protágoras "permanecia intacta até a suposta data do diálogo, vários anos após sua morte".[15]

Burnet considera "absurda" a história, contada por Diógenes Laércio, de que as autoridades atenienses recolheram e queimaram todos os exemplares do livro em que Protágoras manifestava ceticismo em relação aos deuses. Cita trechos do *Teeteto* de Platão e da *Helena* do orador do século IV Isócrates para mostrar "que a obra era amplamente divulgada muito depois da morte de Protágoras".[16]

Mas é surpreendente que Burnet não tenha percebido que, nessa mesma fala do Sócrates platônico, são refutadas não apenas as fábulas de Diógenes Laércio como também as de Plutarco. Pois se voltamos à passagem do *Mênon*, vemos que Sócrates não está defendendo apenas Protágoras, mas todos os outros professores que Ânito rotula de sofistas. Sócrates termina sua fala dizendo que não era apenas a "excelente reputação" de Protágoras que permanecia até então, mas também a de "inúmeros outros: alguns que viveram antes deles e outros que ainda vivem". Isso é totalmente incompatível com uma caça às bruxas dirigida contra os livres-pensadores.

Sócrates pergunta a Ânito, triunfante: "Então, devemos concluir, de acordo com o que pensas, que eles conscientemente enganaram e corromperam os jovens ou que eles próprios não tinham consciência do que faziam? Devemos concluir que aqueles que são tantas vezes chamados de os mais sábios [*sophistoi*] dos homens são loucos a tal ponto?".

A resposta de Ânito é também reveladora: "Loucos? Não eles, Sócrates, mas os jovens que pagam por seus serviços, e mais ainda seus familiares, que os confiam a tais homens; e acima de tudo as cidades que permitem que eles entrem e não os expulsam, quer se trate de estrangeiros ou de cidadãos".[17] Aqui Ânito está reclamando que Atenas, bem como outras cidades gregas, é tolerante demais com os sofistas. Essa resposta seria muito estranha se Atenas poucos anos antes tivesse de fato expulsado Protágoras, queimado todos os exemplares de seu livro em praça pública e aprovado o "decreto de Diopites" que deu origem ao ataque aos filósofos.

Todavia, a inferência perspicaz de Burnet feita a partir do *Mênon* quase não teve impacto sobre os estudiosos que o seguiram. Treze anos depois, na *Cambridge ancient history*, Bury repetiu todas as velhas fábulas a respeito de Protágoras, se bem que tenha acrescentado em nota de rodapé: "Ver Burnet *Greek philosophy* I, pp. 111 ss., em que são apresentadas razões para não se acreditar nesse relato, que para o autor da presente obra parece fidedigno".

Se as observações de Burnet tivessem sido aceitas e se com base nelas fosse desenvolvido um raciocínio até as últimas conseqüências, então teríamos de concluir que a "Idade da Ilustração" não foi também, como Bury ainda insistia, uma época de caça às bruxas e de "julgamentos de blasfêmias". Mesmo hoje, quando a posição de Burnet em relação ao caso de Protágoras é geralmente aceita, outros relatos referentes à caça às bruxas continuam sendo considerados fidedignos por muitos estudiosos. Tal como os jornalistas, os historiadores, quando descobrem uma história interessante, se apegam a ela enquanto podem, ainda que tenham de se apoiar em fontes nada confiáveis.

Passemos agora para o caso do outro filósofo famoso que teria sido vítima de uma caça às bruxas em Atenas. Em relatos de séculos posteriores encontramos muitas versões diferentes do caso de Anaxágoras.

A fonte mais antiga que conhecemos a respeito de um suposto julgamento de Anaxágoras é o historiador Diodoro da Sicília, contemporâneo de Júlio César e Augusto. Ele repete a história de Plutarco — Péricles teria dado início à guerra do Peloponeso para desviar a atenção das acusações escandalosas dirigidas contra seus amigos. Diodoro acrescenta que "o sofista Anaxágoras, que era mestre de Péricles", foi "falsamente acusado" de impiedade nesse mesmo escândalo.[18] Diodoro aceita sem nenhum questionamento a idéia de que uma comédia podia ser lida como um documento histórico, pois cita como prova, ingenuamente, os versos 603-6 da obra antibelicista de Aristófanes, *A paz*, com o comentário: "Esse fato foi mencionado até mesmo por Aristófanes". Anaxágoras, contudo, não é mencionado nessa peça nem nas passagens análogas dos *Acarnanos*, referentes às causas da guerra do Peloponeso. Talvez a referência a Anaxágoras a que Diodoro alude dissesse respeito à mesma comédia perdida de Hermipo aparentemente citada por Plutarco.

Se Anaxágoras realmente tivesse sido acusado de impiedade, era de se esperar que o fato fosse mencionado por Cícero, que escreveu algum tempo antes de Diodoro. Encontram-se muitas referências a Anaxágoras nas obras filosóficas de Cícero, e em dois de seus ensaios a respeito da oratória ele atribui a eloqüência de Péricles aos ensinamentos de Anaxágoras.[19] O autor latino, todavia, não afirma em lugar nenhum que tais ensinamentos trouxeram problemas para o professor ou para o aluno.

No século III d.C., Diógenes Laércio colheu uma farta safra

de lendas a respeito de Anaxágoras. Elas constituem um emaranhado de incoerências de diversos tipos, inclusive cronológicas, que os estudiosos estão até hoje tentando desembaraçar.

Escreve o autor: "A respeito do julgamento de Anaxágoras, há vários relatos diferentes". Ele apresenta quatro. Num deles, Anaxágoras é acusado de impiedade, porém Péricles consegue limitar a pena a uma multa e ao banimento. De acordo com a segunda versão, o filósofo é julgado culpado de traição por manter relações suspeitas com a Pérsia, e escapa da pena de morte fugindo de Atenas. Segundo a terceira, ele está na prisão aguardando a sentença quando Péricles pronuncia um discurso patético, afirmando ser discípulo de Anaxágoras e implorando para que libertem seu mestre; seu pedido é atendido, mas Anaxágoras "não suportou a indignidade sofrida e suicidou-se". Na quarta versão, Anaxágoras, levado diante do tribunal por Péricles, estava "tão fraco e debilitado" que foi absolvido "menos pelo mérito de seu caso" do que por se apiedarem dele os juízes![20] Com uma única exceção, todos os autores citados por Diógenes são de Alexandria e do século III a.C. Um deles, Sátiro, notoriamente utiliza como documentos históricos não apenas comédias mas também tragédias; é o que faz em sua *Vida de Eurípides*.

O exame mais aprofundado desses e de outros relatos antigos, inclusive os detalhes acrescentados pelos padres da Igreja, interessados em demonstrar a intolerância dos pagãos, encontra-se numa obra notável, porém pouco lida: *Anaxagoras and the birth of physics*, de Daniel E. Gershenson e Daniel A. Greenberg. O falecido Ernest Nagel, da Columbia University, encarregou um físico e um helenista de escreverem essa obra, que se pretendia o volume inicial de uma série dedicada à história da física.

Todas as referências feitas na Antigüidade à vida e à obra do filósofo, até o comentador aristotélico Simplício, do século VII d.C., são levantadas, traduzidas e analisadas. Os autores concluem que "o julgamento [...] é um mito histórico persistente fundamentado em uma reconstrução plausível [...] devido a sua natureza espetacular, na medida em que o coloca como o primeiro mártir da ciência e precursor de Sócrates".[21]

Evidentemente, se a história não fosse apenas um mito surgido em uma época tardia, o fato de Anaxágoras ter sido o precursor de Sócrates teria sido mencionado por aqueles que acompanharam o julgamento de Sócrates ou escreveram a respeito dele pouco depois do ocorrido. Mas o suposto julgamento de Anaxágoras não é mencionado em Tucídides, nem em Xenofonte, nem em Platão.

Seria possível encontrar muitas explicações para o fato de um determinado autor não tocar na questão, mas se torna difícil explicar o silêncio de todos os "contemporâneos". O caso mais notável é o de Tucídides. Embora o herói de seu relato seja Péricles, ele não menciona a trama que teria sido urdida contra ele através de ataques a Aspásia e Anaxágoras. E Tucídides, como primeiro historiador "científico", não dá nenhum crédito às explicações escandalosas e maldosas das causas da guerra do Peloponeso.[22]

Se um admirador de Péricles como Tucídides não se refere ao incidente, por outro lado tampouco o fazem seus adversários Xenofonte e Platão. Xenofonte atribui a Sócrates as mesmas idéias reacionárias a respeito da astronomia que são defendidas por Diopites. Chega a afirmar que Sócrates disse que "aquele que se dispõe" a estudar os corpos celestes "corre o risco de perder a sanidade tão completamente quanto Anaxágoras, que sentia um orgulho insano de sua explicação do mecanismo divino".[23] Mas Xenofonte não menciona nenhum processo contra Anaxágoras, nem lei alguma que teria proibido especulações dessa espécie.

Em Platão, Anaxágoras é discutido mais vezes do que qualquer outro filósofo, e há muitas passagens em que era de se esperar que seu julgamento fosse mencionado, se ele de fato ocorreu. No *Fedro*, Sócrates atribui a Anaxágoras a "elevação de espírito"[24] de Péricles e sua habilidade na oratória, mas não diz que a ligação com Anaxágoras posteriormente veio a causar problemas políticos a Péricles. No *Górgias*, o Sócrates platônico argumenta que Péricles fora um mau "pastor" como estadista, por deixar seu "rebanho" pior do que estava antes.[25] Sócrates afirma que os atenienses "quase condenaram à morte" Péricles, no final de sua carreira, por malversação! Nesse ponto, o relato de Plutarco a respeito do ataque a Aspásia e Anaxágoras — se verdadeiro — teria sido mais um bom exemplo da volubilidade e ignorância do *dêmos* ateniense.

No *Fédon*, Sócrates diz aos discípulos que ficou empolgado quando, ainda jovem, aprendeu com Anaxágoras a doutrina segundo a qual era a mente, e não forças materiais cegas, que punha em movimento o universo; mas não acrescenta que Anaxágoras, tal como ele próprio, fora vítima da hostilidade com que os atenienses encaravam a especulação filosófica.

No *Críton*, os discípulos poderiam ter argumentado que Sócrates deveria seguir o exemplo de Anaxágoras e fugir de Atenas, fundando uma escola em outra cidade, tal como Anaxágoras fizera em Lâmpsaco.

É na *Apologia* que mais seria de se esperar que fosse mencionada a perseguição a Anaxágoras. Burnet, como argumento final contra a credibilidade da história da perseguição a Protágoras, escreve: "Além disso, não há nenhuma referência a uma suposta acusação contra Protágoras na *Apologia*, embora tal referência fosse praticamente inevitável na hipótese de ter havido uma acusação. Sócrates é obrigado a remontar a Anaxágoras para encontrar um caso paralelo ao seu. Assim, é mais seguro desacreditar a história completamente".[26]

No entanto, essa mesma inferência com base no silêncio de Sócrates aplica-se com igual força ao caso de Anaxágoras. Em lugar nenhum Sócrates menciona um julgamento de Anaxágoras que fosse "paralelo ao seu". Ele cita Anaxágoras, sim, mas num contexto bem diverso e com um objetivo diferente. Seu nome aparece no diálogo entre Sócrates e seu acusador Meleto. Sócrates desvia a atenção da verdadeira acusação, armando uma arapuca para o simplório Meleto, de modo a fazer com que ele o acuse de ateísmo. Pergunta Sócrates: "Está dizendo que não homenageio ou creio nos deuses em que crê a cidade, mas cultuo outros deuses" — e é essa a verdadeira acusação — "ou que não acredito nos deuses em geral e ensino tal descrença às pessoas?". Meleto cai na armadilha: "É por isso que afirmo que você não acredita nos deuses". Então Sócrates retruca: "Causa-me espanto, Meleto! [...] Então não creio sequer que o Sol e a Lua são deuses, como crê toda a humanidade?". Responde Meleto: "Não, por Zeus, ó juízes, pois ele afirma que o Sol é uma pedra e a Lua é de terra".

Essa resposta delicia Sócrates. Ele vê aqui uma oportunidade de demonstrar para o tribunal que Meleto é um ignorante completo. "Você julga estar acusando Anaxágoras, caro Meleto" — pergunta Sócrates — "e de tal modo menosprezas estes senhores [i.e., os jurados-juízes], considerando-os tão ignorantes das letras [*apeirous grammaton*] a ponto de não saberem que os livros de Anaxágoras de Clazomene estão cheios de afirmações dessa espécie?".

Sócrates prossegue, dizendo que o jovem que ele é acusado de ter desencaminhado com tais idéias ímpias a respeito do Sol e da Lua pode comprar o livro de Anaxágoras "por uma dracma na *orxestra* e rir de Sócrates, se Sócrates afirmar que tais idéias são suas, especialmente por se tratar de idéias tão absurdas!".[27] A palavra *orxestra* significava não apenas a parte anterior do teatro onde dançava o coro como também uma seção ao ar livre perto da ágora onde eram vendidos livros e outras mercadorias.

Esse trecho evoca uma imagem de Atenas muito diferente da que emerge de Plutarco — não uma cidade fanática onde as obras de um filósofo racionalista eram queimadas em praça pública, mas uma cidade onde livros assim podiam ser comprados e lidos por muita gente. Sócrates está fazendo um elogio implícito à sofisticação e à liberalidade de seus juízes.

Se, por outro lado, Anaxágoras, Protágoras e outros livrespensadores tivessem de fato sido perseguidos por suas idéias, esse elogio seria impensável. Sócrates teria criticado a intolerância dos atenienses. Não teria falado num tom tão descontraído se Anaxágoras também houvesse tido um destino trágico.

O único caso análogo ao de Sócrates que realmente merece crédito é o de Aristóteles. Em 323 a.C., quando morreu Alexandre, Atenas rebelou-se, entusiasmada, contra os detestados tiranos macedônios, e restaurou a democracia. Aristóteles, que sempre fora protegido da corte macedônia, fugiu da cidade, com medo de ser morto. Segundo um antigo relato, ele disse que fugiu porque não queria que Atenas pecasse contra a filosofia pela segunda vez.[28]

Diógenes Laércio compara o caso de Aristóteles ao de Sócrates. Afirma que Aristóteles fugiu para não enfrentar a acusação de impiedade. Essa acusação baseava-se num poema que Aristóteles havia escrito, no qual supostamente conferia honras divinas à memória de um tiranete que uma vez lhe dera auxílio. Um exame do poema não confirma tal acusação. Anton-Hermann Chroust, autor do estudo mais detalhado da fuga de Aristóteles, tendo examinado até fontes árabes, conclui que a razão mais provável da fuga de Aristóteles foi o fato de ele estar estreitamente ligado aos macedônios.[29] Segundo Chroust, nenhuma acusação formal fora levantada contra ele, e o filósofo partiu voluntariamente, levando consigo seus bens e seus criados. Foi para a cidade vizinha de Caleis, provavelmente na esperança de voltar quando o domínio macedônio fosse restabelecido, porém lá morreu um ano depois. Sua escola no Liceu não foi fechada: continuou em funcionamento, sob a direção do sucessor escolhido pelo próprio Aristóteles, Teofrasto.

Em pouco tempo, Atenas voltou a cair sob o domínio macedônio. Mas dezesseis anos depois houve um segundo levante, e então, pela primeira vez na história de Atenas, a assembléia aprovou uma lei que restringia a liberdade das escolas filosóficas da cidade.

Com essa rebelião terminou um período de dez anos de ditadura, exercida por Demétrio de Faleros, um filósofo que fora colocado no poder pelo general macedônio Cassandro. Em 307 a.C., elementos revoltosos aliaram-se a um general rival, derrubando Cassandro e restaurando a democracia. Demétrio fugiu, juntamente com um grupo de filósofos ligados a ele. Um destes era Teofrasto, o sucessor de Aristóteles.

Uma das primeiras leis aprovadas pelo novo regime democrático proibia que qualquer filósofo abrisse uma escola em Atenas sem permissão expressa da assembléia. Tanto a escola platônica quanto a aristotélica eram suspeitas por terem gozado de privilégios especiais durante o governo de Demétrio de Faleros, e eram consideradas focos de ensinamentos antidemocráticos e de influência macedônia.

Essa história pouco conhecida é relatada na obra de W. S. Ferguson, *Hellenistic Athens*. Escreve o autor: "A filosofia fora realmente um movimento aristocrático desde o início. Já era considerada uma ameaça aos princípios democráticos desde o tempo de Alcibíades e Crítias, e 'o maior crime da história de Atenas' fora cometido quando se defendeu a democracia [...] dos ensinamentos de Sócrates".[30]

A nova lei teria extinguido a liberdade de ensino em Atenas e sujeitado o ensino da filosofia à regulamentação política. No entanto, a lei, embora aprovada rapidamente, logo foi atacada na assembléia. A democracia ateniense jamais teve Constituição escrita, mas havia uma moção especial chamada *graphe paranomon* que correspondia a uma acusação de inconstitucionalidade. Toda lei aprovada pela assembléia podia ir a votação novamente até um ano após a data da aprovação para ser discutida, e era votada pela segunda vez se atacada como *paranomon*, ou seja, contrária à lei fundamental. Se a assembléia votava a favor da moção, a lei era invalidada, e aquele que a tinha proposto era multado.

A nova lei ia claramente contra as tradições libertárias da democracia ateniense. No debate, a lei foi defendida por um democrata de prestígio, sobrinho de Demóstenes, chamado Demócares, que liderara a revolta contra Demétrio de Faleros. Não obstante, a assembléia decidiu abolir a lei e multar seu proponente. A liberdade de ensino foi restabelecida, garantindo a sobrevivência de Atenas como um venerando centro universitário, ao qual acorriam estudantes, como Cícero, de todo o Império Romano.

Três séculos depois, encontramos uma passagem que evoca a atmosfera intelectual ateniense numa fonte inesperada — o Novo Testamento. O trecho aparece no relato das viagens de são Paulo como missionário. Em outros lugares, Paulo fora perseguido, mas quando foi pregar em Atenas encontrou uma cidade aberta, ainda fascinada por novas idéias. Embora a cidade es-

290

tivesse "entregue à idolatria" e ele ousasse atacar o paganismo na ágora "com aqueles que se achavam presentes", a reação que Paulo encontrou foi a curiosidade intelectual, e não acusações de impiedade. Alguns dos "epicureus e estóicos" levaram-no ao Areópago, a sede do antigo e aristocrático tribunal superior da cidade, não para um julgamento, mas para uma discussão filosófica.

"Você nos traz coisas estranhas a nossos ouvidos", disseram eles; "portanto queremos saber que coisas são essas". O autor dos *Atos dos apóstolos* comenta, claramente surpreso, que "todos os atenienses e forasteiros que lá residiam não se ocupavam de outra coisa que não dizer ou ouvir coisas novas".

Assim, Paulo pregou no Areópago, e a reação da platéia foi variada, mas não hostil. "E quando ouviram sobre a ressurreição dos mortos" — a doutrina mais sensacional pregada por Paulo — "uns fizeram zombaria, mas outros disseram, 'Outra ocasião nós o ouviremos sobre esse assunto'". Estavam dispostos a não emitir julgamento de imediato e a pensar por algum tempo. Paulo fez algumas conversões; um dos convertidos era ninguém menos que um membro do tribunal — conhecido como Dionísio Areopagita. Os humildes cristãos orgulharam-se de converter um tal aristocrata. Paulo partiu de Atenas sem que ninguém o molestasse.[31]*

Isso é tudo o que a história nos diz sobre a liberdade de ensino filosófico em Atenas até 529 d.C., quando o imperador Justiniano fechou a academia platônica e as outras escolas atenienses para todo o sempre, movido pela intolerância cristã e a avareza do Império — pois as ricas doações recebidas pelas escolas eram tentadoras.

Assim, do século VI a.C. ao século VI d.C., a filosofia desfru-

---

* Alguns séculos depois, houve um eco memorável da visita de Paulo. Um místico cristão de identidade desconhecida usou o pseudônimo Dionísio Areopagita para assinar a primeira síntese da teologia cristã com a filosofia neoplatônica. Na Europa medieval, esse autor era identificado com o homem convertido por Paulo, e seus tratados eram considerados quase canônicos; Tomás de Aquino, entre outros, escreveu comentários sobre eles.

tou de liberdade em Atenas — 1200 anos, um período cerca de duas vezes mais longo que a era de liberdade de pensamento que vai da Renascença até a atualidade.

A triste história do fechamento definitivo das escolas atenienses é narrada por Gibbon no capítulo 40 de *Declínio e queda do Império Romano*, com sua eloqüência inigualável, mas também com um elogio à democracia que não é de se esperar num autor do século XVIII. Escreveu Gibbon: "Os estudos de filosofia e eloqüência são característicos dos Estados populares, que estimulam a liberdade de investigação e só se submetem à força da persuasão".[32] Péricles não poderia pedir mais nobre epitáfio para sua cidade e para as tradições de liberdade que ela preservou até o limiar da Idade das Trevas.

NOTAS*

PRELÚDIO [pp. 22-25]

1. V. *The works of Plato* (Londres, Bohn, 1908), 6:236, que inclui a biografia de autoria de Olimpiodoro.

2. Corre-se o perigo de afogar-se na literatura socrática existente. Pode-se ter uma idéia do volume dessa bibliografia consultando uma dissertação em dois volumes defendida na Sorbonne em 1952, que incluía o levantamento bibliográfico mais completo até então realizado: V. de Magalhães-Vilhena, *Le problème de Socrate* e *Socrate et la légende platonicienne* (Paris, Presses Universitaires de France, 1952), que chegam a mais de oitocentas páginas, muitas delas só de notas de rodapé, em corpo diminuto. Seria necessário outro livro para cobrir a literatura socrática publicada nos anos subseqüentes.

3. Essas referências foram reunidas e traduzidas pelo estudioso inglês John Ferguson, da Open University britânica, em *Socrates: a source book* (Londres, Macmillan, 1970). Encontrei-o muitos anos atrás, quando folheava livros na livraria Foyle's, em Londres. Não foi publicado nos Estados Unidos. Esses fragmentos, na maioria curtos, chegam a ocupar 355 páginas, em duas colunas. A coleção de Ferguson também inclui a primeira tradução para o inglês de uma obra pouco conhecida, a *Apologia de Sócrates* de Libânio, orador grego do século IV d.C.

1. AS DIVERGÊNCIAS BÁSICAS [pp. 28-39]

1. Aristóteles, *Política*, 1.1.10.
2. Ibid., 2.1.9-10.
3. Ibid., 2.1.2.
4. Xenofonte, 7 vols. (Loeb Classical Library, 1918-1925), *Memoráveis*, 3.8.10-11(4:229).
5. Ibid.
6. Platão, *República*, 7-537D7 ss.

* Nas referências bibliográficas, foram traduzidos para o português os nomes de autores e obras clássicas, ainda que o texto original se refira especificamente a traduções inglesas dessas obras. (N. T.)

293

7. Aristóteles, *Política* (Loeb Classical Library, 1932), 1.2.1 (3).
8. Ibid., 3.9.9.
9. Kurt von Fritz, in *Oxford classical dictionary*, org. H. G. L. Hammond e H. H. Scullard, 2ª ed. (Oxford, Clarendon Press, 1970), verbete "Antístenes".
10. Ateneu, 5.221d.
11. Diógenes Laércio, *Vidas de filósofos eminentes*, 2 vols. (Loeb Classical Library, 1935), 6.8 (2:9).
12. Platão, *Fedro*, 260C.
13. *Política*, 3.7.2 (Loeb 241-243 e nota 240).
14. Platão, 8 vols. (Loeb Classical Library, 1925-1931), *Górgias* 516C, 517A (5:497-499).
15. Ibid., 521D (Loeb 5:515).
16. *Memoráveis*, 4.6.12 (Loeb 4:343-345).
17. Ibid., 3.9.11-13 (Loeb 4:229-231).
18. Ibid., 3.2.1.
19. *Política*, 5.9.1.

2. SÓCRATES E HOMERO [pp. 40-48]

1. Homero, *Ilíada*, 15.558, 22.429.
2. Ibid., 1.263. Richard J. Cunliffe, *Lexicon of the Homeric dialect* (Londres, Blackie & Sons, 1924).
3. Homero, *Odisséia*, 9.317.
4. Homero, *Odisséia*, 2 vols. (Loeb Classical Library, 1919), 9.40 ss. (1:305).
5. Ibid., 9.176.
6. Ibid., 9.252 ss. (Loeb 1:321).
7. *Política*, 1.1.12 (Loeb 13).
8. *Odisséia*, 3.71-74.
9. Homero, *Odisséia*, org. William B. Stanford, 2 vols., 2ª ed. (Londres, Macmillan, 1959), 1:357.

3. UMA PISTA NO EPISÓDIO DE TERSITES [pp. 49-60]

1. Platão, *Político*, 229B.
2. *Memoráveis*, 1.2.9-12 (Loeb 4:15-17).
3. Ibid., 1.2.56 (Loeb 4:39).
4. Tradução de Dorothy Wender, *Elegias* 847-850, in *Hesiod and Theognis* (Londres, Penguin Press, 1976), 126.
5. Hesíodo, *Os trabalhos e os dias*, 1.309.
6. Hesíodo, *Os trabalhos e os dias* (Loeb Classical Library, 1956), 1.248-264 (21-23).

7. *Memoráveis*, 1.2.58 (Loeb 4:41).

8. *Ilíada*, 2.203-206.

9. *Memoráveis*, 1.2.59 (Loeb 4:41).

10. *Ilíada*, 2.216-219.

11. Ver o verbete sobre Tersites in *Der kleine Pauly* (Munique, 1979). Essa versão condensada e modernizada, em cinco volumes, da imensa *Enciclopédia alemã da Antigüidade clássica*, em noventa volumes, é conhecida como "Pauly-Wissowa", os nomes dos principais organizadores da obra.

12. Luciano, 8 vols. (Loeb Classical Library, 1960), *Histórias verdadeiras 2* (1:325).

13. É extraordinário constatar que o preconceito contra Tersites manifestado por Homero sobrevive até hoje entre os estudiosos. Veja-se a atitude do *Oxford classical dictionary*, que o descreve como "um indivíduo feio, desbocado, que ofende Agamênon e é silenciado quando leva uma surra de Odisseu". Acrescenta o *OCD*: "Com base em sua descrição, trata-se evidentemente de uma pessoa de origem baixa". O equivalente alemão do *OCD* é mais severo ainda. *Der kleine Pauly* qualifica Tersites de "*Meuterer, Laesterer und Prahlhans*" — insubordinado, difamador e fanfarrão. Sua crítica a Agamênon é rotulada de *Hetzrede*, a fala inflamatória de um agitador sem escrúpulos. Nem o texto britânico nem o alemão observam que o discurso de Tersites representa a primeira vez em Homero em que um plebeu tenta exercer o direito de livre expressão numa assembléia. Mas no verbete sobre democracia do *OCD*, o venerável Victor Ehrenberg afirma que "o germe da democracia grega" remonta ao segundo livro da *Ilíada*. Escreve ele: "A partir de Tersites, passou a haver sempre movimentos contra o domínio dos nobres e ricos, à medida que as faixas mais humildes tentavam obter a cidadania integral".

14. Homero, *Ilíada*, 2 vols. (Loeb Classical Library, 1925), 1.224-227 (1:19-21).

15. Ibid., 1.165-168.

16. Ibid., 14.80 ss. (Loeb 2:73).

17. *Górgias*, 525E.

18. *República*, 10.620C.

19. Platão, org. Edith Hamilton e Huntington Cairns (Princeton, Princeton University Press, 1971), *Apologia*, 41B (25).

20. Ibid., *Banquete*, 174C (52).

21. Ibid., *Crátilo*, 395A (433).

22. *República*, 3.389C ss.

23. Ibid., 3.390A (citando a *Ilíada*, 1.225).

24. Ibid., 2.383A.

25. *República*, org. James Adam (Cambridge, Cambridge University Press, 1963), 7:522D.

26. Ésquilo, *Orestéia*, 1429-1443.

4. A NATUREZA DA VIRTUDE E DO CONHECIMENTO [pp. 61-75]

1. *Política*, 1.1.8-11.
2. *Ilíada*, 9.440 ss.
3. *Memoráveis*, 1.6.1-15.
4. Kathleen Freeman, *Ancilla to the pre-Socratic philosophers* (Cambridge, Harvard University Press, 1970), 148, Fragmento 14 Ox. Pap. traduzido.
5. Ibid., 147.
6. Kathleen Freeman, *The pre-Socratic philosophers: a companion to diels' Fragmente der Vorsokratier*, 2ª ed. (Oxford, Clarendon Press, 1966), 401.
7. Aristóteles, *A arte da retórica* (Loeb Classical Library, 1926), 1.13.2 (141).
8. Platão, *Protágoras*, 319B-C (Loeb 4:125).
9. Ibid., 319D (Loeb 4:127).
10. Ibid., 322B-C (Loeb 4:133-135).
11. Ibid., 328D (Loeb 4:151).
12. Ibid., 361C (Loeb 4:257).
13. Ibid., 329A (Loeb l53).
14. Heródoto, 4 vols. (Loeb Classical Library, 1922-1931), 5.78 (3:87).
15. Ésquilo, 2 vols. (Loeb Classical Library, 1922-1926), 1:109.
16. Ibid., 1.241 ss.

5. A CORAGEM COMO VIRTUDE [pp. 76-93]

1. Aristóteles, *Ética a Nicômacos*, 3.8.6-9 (Loeb Classical Library, 165).
2. Ibid., 3.8.1-5 (Loeb 163-165).
3. Estou citando a tradução moderna, vívida e coloquial, das *Memoráveis* de Xenofonte feita por Anna S. Benjamin (Indianápolis, Bobbs-Merrill, 1972), 4.4.9 (122).
4. Aqueles que gostariam de um auxílio para a complexa discussão do *Hípias maior*, podemos recomendar um comentário abrangente e uma excelente tradução nova de um estudioso da University of Texas, Paul Woodruff, *Hípias maior* (Indianápolis e Cambridge, Hackett Publishing Co., 1982).
5. Platão, *Hípias maior* (Loeb 6:334).
6. Ibid., *Hípias menor* (Loeb 6:426).
7. Ibid., 376C (Loeb 6:475).
8. Platão, *Mênon*, 99E ss. (Loeb 4:369).
9. Ibid., 80A-B (Loeb 4:297-299).
10. Ibid. (Loeb 263).
11. Ibid., 80B.
12. Cícero, *Acadêmica*, 1.4.16 (Loeb 19:425).

13. Cícero, *Sobre a natureza dos deuses*, 1.5.11 (Loeb 19:15). Curiosamente, essa citação não consta da obra extraordinariamente abrangente *Socrates: a source book*, compilada por John Ferguson (Londres, Open University Press, 1970).

14. S. Agostinho, *Confissões*, 2 vols. (Loeb Classical Library, 1912), 7.20 (1:393).

15. S. Agostinho, *Contra os acadêmicos*, 2.6.14 (Ferguson, *Source book*, 312).

16. S. Agostinho, *A cidade de Deus*, 7 vols. (Loeb Classical Library, 1965), 8.2 (3:15).

17. Ibid. (Loeb 3:13).

18. *Memoráveis*, 1.2.12.

19. Ibid., 1.2.13-14 (Loeb 4:19, com ligeiras alterações).

20. Ibid., 1.2.15-16 (Loeb 4:19).

21. Ibid., 1.2.9 (Loeb 4:17).

6. UMA BUSCA INÚTIL:
SÓCRATES E AS DEFINIÇÕES ABSOLUTAS [pp. 94-118]

1. Aristóteles, *Metafísica*, 2 vols. (Loeb Classical Library, 1933), 1.6.2 (1:43; o grifo é nosso).

2. Ibid., 1.6.3. (Loeb 1:43).

3. Platão, *Teeteto*, 147B (Loeb 2:23).

4. Platão, *Fedro*, 260B (Loeb 1:515).

5. Diógenes Laércio, 6.18 (Loeb 2:9).

6. *Fedro*, 260B-D (Loeb 1:515-517).

7. Thomas Hobbes, *Leviathan* (Londres, Penguin Press, 1968), 113.

8. *Metafísica*, 8.9.22 (Loeb 2:249).

9. Platão, *Político*, 294A-C (Loeb 3:133-135).

10. Xenofonte, *Apologia*, 14-16 (4:497).

11. Platão, *Apologia*, 21A (Loeb 1:81).

12. Xenofonte, *Apologia*, 16-17 (Loeb 4:651).

13. Platão, *Apologia*, 21B (Loeb 1:81).

14. Se o leitor me julga excessivamente crítico, veja o que diz o *Greek-English lexicon* de Liddell, Scott e Jones (Oxford, Clarendon Press, 1940) a respeito de *eironeia*: "ignorância fingida propositadamente com o fim de provocar ou confundir um antagonista, forma de argumentação usada por Sócrates contra os sofistas [...] em sentido geral, falsa modéstia". Outro argumento igualmente importante encontra-se em Quintiliano, o retórico mais respeitado da Antigüidade. Afirma ele que Sócrates era chamado de "irônico" porque "representava o papel de um ignorante que reverenciava a sabedoria dos outros" — e desse modo fazia-os parecer mais tolos ainda (*Instituição oratória*, 9.2.46). Essa citação é tirada do *Source book* de Ferguson.

297

15. Platão, *Apologia*, 20C (Loeb 1:79).
16. Ibid., 23C (Loeb 1:89).
17. *Górgias*, 515E (Loeb 5:495).
18. *Mênon*, 94E (Loeb 4:351).

7. SÓCRATES E A RETÓRICA [pp. 119-27]

1. Cícero, *Bruto*, 12.46 (Loeb 5:49).
2. Platão, *Apologia* (Loeb 1:408).
3. *Górgias*, 463A-B (Loeb 5:313).
4. Ibid., 502D-E (Loeb 5:451-453).
5. *Retórica*, 1.1.1 (Loeb 3).
6. Ibid., 1.1.11-13 (Loeb 11-13).
7. Citando *Primeiros analíticos*, 70a10, e *Retórica*, 1355a6.
8. Aqui estou utilizando a tradução de Lane Cooper (Norwalk, Connecticut, Appleton-Century, 1950) (p. 12), que apresenta soluções mais claras do que a edição Loeb quando se trata do grego muitas vezes tortuoso de Aristóteles.
9. *Retórica*, 1.8.13 (Loeb 145-147).
10. Liddell, Scott e Jones, *Greek-English lexicon* (doravante abreviado como *GE-L*).
11. *Ética a Nicômacos*, 5.10.6 (Loeb 317).
12. Citação extraída da tradução comentada de Ernest Baker da *Política* de Aristóteles (Oxford, Clarendon Press, 1946), 146 *n*4. O original do julgamento foi preservado em *Pólux* (8.122) — uma obra grega, enciclopédica e excêntrica, sobre retórica, do período romano — citada no indispensável comentário em quatro volumes à *Política* de Aristóteles de W. L. Newman, *Politics: the politics of Aristotle* (Oxford, Clarendon Press, 1887), l:273 *n*l.
13. *Político*, 294A-B ss. (Loeb 3:133-135).

8. O IDEAL DE VIDA:
A TERCEIRA DIVERGÊNCIA SOCRÁTICA [pp. 128-48]

1. *Política*, 1.1.9-10. O termo grego empregado por Aristóteles, *adzux*, é normalmente traduzido nesse trecho como "isolada", a tradução recomendada pelo *GE-L* e adotada pela Loeb. Contudo, ouso sugerir que tal solução força uma interpretação demasiadamente estreita da metáfora. Uma pedra isolada no tabuleiro sem dúvida é indefesa, como um homem sem cidade, mas ela pode ser "salva" e incluída numa formação defensiva. A pedra isolada ainda faz parte do jogo. Uma pedra solitária, contudo, não faz parte de jogo algum. É isso o que Aristóteles quer dizer com homem "sem cidade" (*apolis*), já que o define como alguém

que não tem cidade "por natureza e não por *tyche*", destino ou acaso. A palavra *adzux* que Aristóteles usa então para qualificá-lo significa literalmente "desjungido", termo aplicado a cavalos ou bois. A palavra passou a designar também o indivíduo sem par, sem cônjuge, isolado ou solitário; assim, a melhor tradução nesse contexto parece ser "solitária".

2. Platão, *Apologia*, 29E (Loeb 1:109).

3. *Política*, 1.2.15-16 (Barker, 7).

4. Aristóteles, *Constituição de Atenas* (Loeb Classical Library, reimpressão de 1961), 8.5 (31).

5. Plutarco, *Vidas paralelas*, 11 vols. (Loeb Classical Library, 1959-62, reimpressão), *Vida de Sólon*, 20.1 (1:457).

6. Tucídides, 4 vols. (Loeb Classical Library, 1920-1928), 2.40.2 (1:329).

7. Platão, *Apologia*, 30E (Loeb 111-113).

8. Ibid., 32A (Loeb 116).

9. Ibid., 31C-D (Loeb 115).

10. Plutarco, *Vida de Alcibíades*, 17.4-5 (Loeb 4:43), e *Minor Attic orators*, 2 vols. (Loeb Classical Library, 1941-1957): Andócides, *Contra Alcibíades*, 22 (1:561).

11. Tucídides, 3:37.

12. Ibid., 3.33.5 ss. (Loeb 2:63).

13. Ibid., 3:48 (Loeb 2:85).

14. Ibid., 3.49 (Loeb 2:87).

15. Platão, *Apologia*, 32E (Loeb 1:119).

16. Plutarco, *Vida de Nícias* (Loeb 3:257).

17. Plutarco, *Nícias e Alcibíades*, trad. de Bernadotte Perrin (Nova York, 1912), 221.

18. Diodoro da Sicília, 14.5, citado in Ferguson, *Source book*, 187.

19. Aristófanes, *Os pássaros*, 1.1282.

20. Ver Douglas M. MacDowell, *The law in classical Athens* (Londres, Thames and Hudson, 1978), 180-1, 188-9. O relato mais completo e judicioso desse trágico episódio ainda é o de George Grote, em sua *History of Greece* (Londres, J. Murray, 1888), 6:392 ss.

21. Platão, *Apologia*, 32B (Loeb 1:117). Um relato substancialmente idêntico é apresentado nas *Helênicas* de Xenofonte (1.7.1-35) e, resumidamente, na *Constituição de Atenas* de Aristóteles (100.34), só que, nessa obra, curiosamente Sócrates não é mencionado.

22. Ibid., 32C-D (Loeb 117).

23. Juvenal, *Décima sátira*, 1.356.

24. Platão, *Apologia*, 30B (Loeb 1:109). Na Loeb, a passagem é traduzida como "a perfeição de vossas pessoas", mas "pessoas" confunde a antítese com "almas". A palavra grega traduzida na Loeb como "pessoas" é *somaton*, genitivo plural de *soma*, "corpo". Para os gregos antigos, geralmente a perfeição da pessoa incluía tanto o corpo quanto a alma.

25. John Burnet, *Eutífron, Apologia de Sócrates e Críton* (Oxford, Clarendon Press, 1924), 123.

26. Aristóteles, *Sobre a alma*, 413a3 (Loeb 73).

9. OS PRECONCEITOS DE SÓCRATES [pp. 149-62]

1. *Memoráveis*, 3.7.2-7 (Loeb 4:215-217).

2. Sem dúvida, o pior exemplo de esnobismo que encontramos no cânon platônico é o trecho em que ele se refere com arrogância aos filósofos rivais, na *República* — "aquela multidão de fingidores incapazes por natureza, de almas curvadas e mutiladas por suas profissões vulgares, do mesmo modo que seus corpos são deformados por seus ofícios", comparáveis a "um latoeirozinho calvo que juntou dinheiro e acaba de se tornar livre [i.e., acabou de adquirir sua própria liberdade] e tomou um banho, vestiu roupa nova e enfeitou-se como um noivo e está prestes a desposar a filha de seu senhor, que caiu na pobreza" (*República*, 4:295E [Loeb 2:47-49]). Mas Platão colocou essas palavras na boca de Sócrates muitos anos depois da morte dele. Não há dados que mostrem que o Sócrates histórico falava de modo tão indelicado e pretensioso. Nesse caso, ele não teria sido durante toda a vida amigo de seu mais velho discípulo, Antístenes, que era de origem humilde: sua mãe era trácia, e ele era criticado por não ter sangue ático puro (Diógenes Laércio, 6.1). Diversos estudiosos acreditam que nesta passagem Platão esteja atacando outro filósofo do século IV, seu rival — e velho amigo de Sócrates — Isócrates. Ver o comentário referente a esse trecho na edição da *República* de Platão organizada por Adam e revista por D. A. Rees (Cambridge, Cambridge University Press, 1963), 2.29. O termo "latoeirozinho" que ocorre nessa passagem da *República* representa uma maneira curiosa de Platão demonstrar sua superioridade como filósofo e aristocrata.

É fácil entender por que Antístenes detestava Platão, e — segundo Diógenes Laércio (3.35 [Loeb 1:309]) — escreveu um diálogo atacando-o com o nome de Satão, trocadilho obsceno com o nome Platão.

O *GE-L* pudicamente apela para o latim para explicar o trocadilho. Não menciona a sátira de Antístenes a Platão, mas diz que *sathe* (de onde deve provir o nome Satão) era a palavra grega que designava o *membrum virile*. Eis o lado nada celestial das controvérsias filosóficas da Antiguidade.

3. Xenofonte, *Econômico*, 2.3 (Loeb 4:375).

4. Plutarco, *Vida de Aristides*, 1.9 (Loeb 2:215).

5. Libânio, *Apologia de Sócrates*, citado em nota de rodapé in Eduard Zeller, *Socrates and the Socratic schools* (1885; Nova York, Russell & Russell, 1962, reimpressão), 3.7 (56*n*).

6. Demóstenes, 7 vols. (Loeb Classical Library, 1984), *Contra Eubílides*, 1.30 (6:253).

7. Xenofonte, *Apologia*, 29 (Loeb 4:659-661).

8. *Mênon*, 95A (Loeb 4:351).

9. *Teeteto*, 173C-E (Loeb 2:119-221).

10. A exposição mais completa dessa posição minoritária a respeito de Atenas é de François Ollier, *Le mirage spartiate* (Paris, 1933; Nova York, Arno Press, 1973, reimpressão).

11. Aristófanes, 3 vols. (Loeb Classical Library, 1931-1938), *Os pássaros*, 1.1281-1282 (2:251).

12. Plutarco, *Vida de Alcibíades*, 23.3 ss. (Loeb 6:63).

13. *Górgias*, 515E (Loeb 5:495).

14. *Górgias*, trad. Eric R. Dobbs (Oxford, Clarendon Press, 1959), 357.

15. Platão, *Críton*, 45A (Loeb 1:157).

16. Ver, por exemplo, a brilhante tentativa de resolvê-las empreendida pelo grande estudioso americano Gregory Vlastos, "Socrates on political obedience and disobedience", *Yale Review* 63 (verão de 1974), 4:517-534.

17. *Críton*, 52E (Loeb 1:185).

18. Burnet, *Eutífron*, 207.

19. *Memoráveis*, 3.5.13-15, 4.4.15 (Loeb 4:197, 317).

20. *República*, 8.544C (Loeb 2:239).

21. *Críton*, 45B ss. (Loeb 1:159).

22. *OCD*, verbete "Tirteu".

23. *Protágoras*, 342A ss. (Loeb 4:195).

24. Nessa passagem usamos a tradução do *Górgias* de W. K. C. Guthrie (Londres, Penguin Press, 1960), 77.

25. Alfred E. Taylor, *Plato: the man and his work* (Nova York, Dial Press, 1936), 255.

26. *Os pássaros*, 1.1013.

27. Tucídides, 2.39 (Loeb 1:325).

28. Xenofonte, *Escritos menores*, 14.4 (Loeb 7:185).

29. V. C. D. Hamilton, *Sparta's bitter victories* (Ithaca, Cornell University Press, 1979).

30. *Protágoras*, 342D (Loeb 4:195-197).

31. Platão, *As leis*, 2 vols. (Loeb Classical Library, 1934), 950 (2:505).

32. A melhor abordagem dessa questão ainda é a de George Grote, *Plato and the other companions of Socrates*, 3 vols., 2ª ed. (Londres, J. Murray, 1867), 3:578 ss. No indispensável comentário em dois volumes de James Adam à *República*, constam no índice nada menos que catorze referências diferentes no item "Características espartanas da cidade de Platão". Platão fazia algumas reservas em relação a Esparta e Creta, principalmente por darem ênfase apenas às virtudes marciais na educação. Mas de modo geral ele as admirava, especialmente por serem sociedades fechadas.

10. POR QUE ESPERARAM TANTO? [pp. 164-70]

1. Em relação à espionagem em Esparta, ver Tucídides, 4.80; Xenofonte, *Constituição da Lacedemônia*, 4.4, e Plutarco, *Vida de Licurgo*, 28.
2. *Política*, 5.9.3 (Loeb 461).
3. Esses fragmentos encontram-se em Ferguson, *Source book*, 172-173.
4. Plutarco, *Obras morais*, 16 vols. (Loeb Classical Library, 1956, reimpressão), *Sobre a educação*, 10C (1:49).
5. Platão, *Apologia*, 18B-D (Loeb 1:71-73).
6. Ferguson, *Source book*, 173.
7. Platão, *Apologia*, 18B-19C (Loeb 1:73-75).
8. *República*, 379A.
9. Freeman, *Ancilla*, 22, frag. 116, 117 e 12.

11. OS TRÊS TERREMOTOS [pp. 171-90]

1. Aristófanes, *As nuvens*, 1397-1400.
2. A única passagem que se conhece em Platão em que o autor os critica é uma referência rápida à ditadura dos Trinta em sua *Sétima carta* (Loeb Classical Library, 1966), 324D (479), em que ele afirma que os Trinta "em pouco tempo fizeram-me encarar o governo antigo" — ou seja, a democracia — "como uma idade do ouro". Mas os estudiosos ainda não têm certeza de que a *Sétima carta* é autêntica.
3. Platão, *Apologia*, 36B (Loeb 29); B. Jowett, *The dialogues of Plato*, 5 vols. (Oxford, Clarendon Press, 1892).
4. Burnet, op. cit., 153.
5. Aristófanes, *Os cavaleiros*, 1.479-480 (Loeb 1:169).
6. *A república*, 365D (Loeb 1:137). Para o argumento de que "nem o segredo nem a força valem" contra os deuses, Adimanto tem uma réplica cínica: "Se não há deuses, ou se eles não se interessam pelos atos dos homens, também nós não precisamos nos preocupar em fugir-lhes à observação". Mas e se eles existem? Adimanto diz que os poetas, que são a fonte de conhecimento a respeito dos deuses, afirmam que se pode obter o perdão deles por meio de "sacrifícios e promessas que os aplaquem". Assim, conclui ele, "o que se deve fazer é cometer injustiças e depois oferecer em sacrifício parte dos frutos do mal que cometemos". Sócrates ataca essa idéia; sua tese é de que "a justiça é melhor do que a injustiça" (368B [Loeb 1:147]).
7. *Leis*, 856B (Loeb 1:209).
8. A. W. Gomme, A. Andrewes e K. L. Dover, *A historical commentary on Thucydides* (Oxford, Clarendon Press, 1981), 5:129.
9. Tucídides, 6.60 (Loeb 3:287).
10. Ibid., 8.65-66 (Loeb 4:301-305, ligeiramente emendado).
11. *Constituição de Atenas*, 34.3 (Loeb 101).
12. Ibid., 35.1.

13. Platão, *Apologia*, 39D (Loeb 1:139).

14. *Constituição de Atenas*, 60.2-3 (Loeb 113-115).

15. Platão, *Eutífron*, 15D (Loeb 1:59; o grifo é nosso).

16. O *GE-L* define a utilização de *thes* em Homero como "servo" ou "escravo". Mas tanto o léxico homérico de Cunliffe quanto o dicionário homérico alemão mais antigo de Georg Autenrieth concordam que o termo significava "empregado contratado", em oposição (acrescenta Autenrieth) o *dêmos*, "servos ou escravos derrotados". O termo cognato *theteuo* significava "trabalhar por salário fixo". Em seu comentário à *Odisséia*, em que também aparecem essas palavras (18.3.12), Stanford concorda com Cunliffe e Autenrieth.

17. *Ilíada*, 1.444-445.

18. *Eutífron*, 4C (Loeb 1:15).

19. Ibid., 4B (Loeb 1:13-15).

20. Platão, *Apologia*, 21A ss. (Loeb 1:81).

21. Ibid., 23C (Loeb 1:89). Vale a pena examinar a expressão que a Loeb traduz como "do vosso partido democrático". O original é *"humon to plethei"*, literalmente "de vós, massas/homens comuns". *Plethos* é definido no *GE-L* como "uma grande multidão ou massa [...] portanto, o povo, os plebeus [...] também o governo do povo, democracia". Há uma conotação de desdém na própria palavra. O Sócrates platônico não usa o termo *demokratia*, que era para os atenienses uma palavra tão positiva quanto "democracia" é para nós.

22. Burnet, op. cit., 90.

23. Lísias, *Orações* (Loeb Classical Library, 1930), 10.4 (199-201).

24. Ibid., 16.4 (Loeb 375-377).

25. Ibid., 12.52 (Loeb 253).

26. Xenofonte, *Helênicas*, 2.4.8 (Loeb 1:147).

27. Ibid., 2.4.43 (Loeb 1:171).

12. XENOFONTE, PLATÃO E OS TRÊS TERREMOTOS [pp. 191-209]

1. *Memoráveis*, 1.2.32 (Loeb 4:27).

2. *Helênicas*, 2.4.21 (Loeb 1:157).

3. *Constituição de Atenas*, 35.4 (Loeb 103).

4. *Memoráveis*, 1.2.33-38 (Loeb 4:29-31).

5. Ibid., 1.2.29-31 (Loeb 4:25-27).

6. Platão, *Sétima carta*, 342C (Loeb 479).

7. Ibid., 176D (Loeb 91).

8. O *Eríxias* pode ser encontrado in Jowett, *Plato*, 2:559, ou na edição Bohn, 4:59.

9. Plutarco, *Vida de Teseu*, 24.2 (Loeb 1:53).

10. *Ilíada*, 2.547 (Loeb 1:91). Aqui, porém, *dêmos* é traduzido como "terra", uma leitura que encontra apoio no léxico homérico de Cunliffe, se bem que no

303

verso 198 do mesmo livro da *Ilíada* tanto a Loeb quanto Cunliffe traduzam *demou andra* como "homem do povo". Na Antigüidade, os detratores de Atenas afirmavam que essa referência em Homero era uma interpolação tardia feita por algum ateniense. Essa controvérsia, ainda em aberto, é bem resumida em Alan J. Wace e Frank H. Stubbings, *Companion to Homer* (Londres, Macmillan, 1962), 239.

11. Platão, *Timeu*, 19E-20B (Loeb 7:25-27).

12. Ibid., 21C (Loeb 7:31).

13. *Helênicas*, 2.3.25 (Loeb 1:125).

14. *República*, 414C-415A (Loeb 1:301-305).

15. *Político*, 293A-C (Loeb 3:131). Os grifos são nossos, é claro.

16. *República*, 4.424A, 5.449C, 457C ss. (Loeb 1:331, 427, 453 ss.).

17. Ibid., 5.459C-E (Loeb 1:461).

18. Ibid., 540D ss. (Loeb 2:231-233 ss.).

19. Ibid., 6.500C (Loeb 2:69).

20. A palavra que aparece no original é *sophrosyne*, normalmente traduzida por "moderação". A tradução de Shorey aqui, "sobriedade", parece irônica nesse contexto, já que dificilmente uma pessoa sóbria proporia uma idéia como essa. *República*, 500D (Loeb 2:71).

21. Ibid., 501A-C (Loeb 2:73).

13. O PRINCIPAL ACUSADOR [pp. 210-16]

1. Platão, *Apologia*, 23E (Loeb 1:91).

2. Ferguson, *Source book*, 177*n*.

3. *Constituição de Atenas*, 34.3 (Loeb 101). Aristóteles explica que quando Atenas finalmente perdeu a longa guerra contra Esparta, dois grupos de descontentes tentaram pôr fim à democracia. Um era composto de aristocratas que haviam se exilado na época do regime democrático e que foram trazidos de volta pelos espartanos, ou que haviam sido membros dos *hetaireiai*, as associações antidemocráticas. O outro era formado por "aqueles notáveis que não eram membros de nenhuma associação, mas que sob outros aspectos não eram inferiores em reputação a cidadão algum". Estes "ansiavam pela constituição ancestral" — maneira eufemística de se referir a uma democracia limitada. "Eram membros deste partido Arquino, Ânito, Cleitofonte e Formísio, e seu principal líder era Terâmenes". Foi assim que os Trinta tomaram o poder em Atenas.

4. Isócrates, 3 vols. (Loeb Classical Library, 1928-1945, reimpressão), *Contra Calímaco*, 23-24 (3.269). Trasíbulo era um estadista e general ateniense, um aristocrata que tanto em 411 quanto em 404 ficou do lado dos democratas e foi o líder militar da oposição que derrubou o regime dos Trinta. Sua vida é contada com eloqüência em *Vidas dos grandes generais*, do escritor romano Cornélio Nepos.

5. *Constituição de Atenas*, 27.3 (Loeb 82-83).

6. Diógenes Laércio, 2.43 (Loeb 1:173).

7. Ibid., 6.10 (Loeb 2:11).

8. *Temístio*, 20.239C.

9. Esse relacionamento parece ter inspirado outro relato interessante, porém espúrio, a respeito de Sócrates, em Diógenes Laércio. Diz o autor que Lísias, o mais famoso redator de discursos da época, escreveu uma oração para Sócrates ler no julgamento, porém o filósofo rejeitou-a, dizendo: "Um belo discurso, Lísias, mas não é adequado a mim". Diógenes Laércio explica que "era claramente mais forense que filosófico". Lísias argumentou: "Se é um belo discurso, como então não é adequado a ti?". Ao que Sócrates retrucou: "Não concordas que belos trajes e belos sapatos seriam inadequados a mim?" (Diógenes Laércio, 2.41 [Loeb 1:171]). Esse episódio delicioso poderia ter acontecido, mas não aconteceu, pois nesse caso certamente outras fontes o teriam relatado. O texto de uma defesa de Sócrates redigida por Lísias seria um acréscimo importante à coleção de suas orações, um grande número das quais foi preservado como modelo do estilo ático. Seja como for, nem mesmo Lísias poderia ter confeccionado para a defesa de Sócrates trajes tão belos quanto a *Apologia* de Platão.

10. Lísias, 22.8 ss. Mas uma história interessante, por mais espúria que seja, tem sempre uma longa sobrevida. A venerável enciclopédia de Pauly e Wissowa, embora mencionasse o discurso de Lísias sobre os comerciantes de cereais, assim mesmo engoliu a história do exílio de Ânito e sua morte por apedrejamento em Heracléia. O *OCD* limita-se a concluir, circunspecto, que "os relatos a respeito do banimento e assassinato de Ânito talvez sejam invenções posteriores". Mas a edição mais recente de *Der kleine Pauly* (1:col. 417) finalmente conclui que a "lenda" a respeito do fim trágico de Ânito é refutada pela informação de que posteriormente ele atuou como *archon*.

11. Diógenes Laércio, 2.44 (Loeb 1:173).

12. Os oradores do século IV Lísias e Isócrates eram amigos mais jovens de Sócrates. Lísias, que tanto sofreu no regime dos Trinta, jamais defende Sócrates. Isócrates, que viveu até os noventa anos de idade e só morreu 61 anos após o julgamento, faz uma única referência breve em defesa de Sócrates em suas obras que chegaram até nós, que enchem três volumes da edição Loeb. Em sua obra *Busíris*, escrita nove anos após o julgamento, Isócrates afirma: "Você dá a impressão de escrever um panegírico dele ao lhe atribuir Alcibíades como discípulo. Ninguém jamais o considerou aluno de Sócrates, ainda que todos admitissem suas [de Alcibíades] qualidades notáveis" (Ferguson, *Source book*, 177). Discreto, Isócrates não faz nenhuma menção a Crítias, que Polícrates associava a Alcibíades, citando os dois como os piores exemplos dentre os alunos de Sócrates.

13. Ésquines (Loeb Classical Library, 1919), 1.173 (139).

14. Xenofonte, *Apologia*, 29 (Loeb, 4:661).

15. *Mênon*, 92E-93A (Loeb 4:345).

16. Ibid., 94A (Loeb 4:351).

17. Xenofonte, *Apologia*, 30-31 (Loeb 4:661).

14. COMO SÓCRATES FEZ O POSSÍVEL
PARA HOSTILIZAR O JÚRI [pp. 217-34]

1. Platão, *Apologia*, 36A (Loeb 1:127).
2. Xenofonte, *Apologia*, trad. Sarah Fielding (1762; Londres, Everyman, 1910).
3. Xenofonte, *Apologia*, 4-8 (Loeb 4:643-647).
4. Ibid., 32 (Loeb 4:661).
5. As principais fontes em que encontramos essa acepção mais recente de *megalegoria* são três tratados sobre o estilo literário grego: Longino, *Do sublime* (8.4), os ensaios críticos do historiador Dionísio de Halicarnasso, *Sobre Tucídides* (27), e Demétrio, *Sobre o estilo* (29). Longino, segundo a maioria dos estudiosos, escreveu no século I d.C.; Dionísio de Halicarnasso começou a ensinar retórica em Roma mais ou menos em 30 a.C.; *Sobre o estilo* de Demétrio é normalmente considerada obra não anterior ao século I a.C., embora o *GE-L* estranhamente a atribua a Demétrio de Faleros, que viveu no final do século IV a.C.
6. Tyler, *Apologia e Críton* (Nova York e Londres, Appleton, 1871).* Uma das melhores edições da *Apologia* e do *Críton* de Platão, a de John Dyer, revista por Thomas Day Seymour (1885; Boston, Ginn and Co., 1908), explica que *mega legein* deve ser entendido "no sentido de *megalegorein*" (*Apologia*, 20E, nota). O melhor comentarista da *Apologia* de Platão do século XX, John Burnet, em sua edição do *Eutífron, Apologia e Críton* (Oxford, Oxford University Press, 1924), escreve: "Quem quer que leia a 'apologia platônica' de Sócrates jamais desejará que ele tivesse feito uma defesa diferente". O autor argumenta contra a idéia de Xenofonte de que Sócrates deliberadamente provocou seus juízes, mas admite que "trata-se de um discurso feito por alguém que deliberadamente abre mão do objetivo imediato de uma defesa — persuadir os juízes" (p. 65). Burnet concorda que *"megalegoria* é geralmente usado no mau sentido, e que o Sócrates de Hermógenes e Xenofonte é realmente de uma arrogância insuportável". Mas será o Sócrates platônico menos arrogante?
7. *GE-L*.
8. Xenofonte, *Apologia*, 13 (Loeb 649). Alterei ligeiramente a tradução da Loeb para aproximá-la do original grego, em que se lê *ho theos*, "o deus", e não "Deus". Muitos tradutores convertem Sócrates ao monoteísmo. Seja como for, ele está se referindo a seu espírito conselheiro pessoal, e não a "Deus".
9. Ibid., 13-15 (Loeb 4:649-651).
10. Ibid., 25 (Loeb 4:657).
11. Diógenes Laércio, 2.42 (Loeb 1:171).

---

* Neste ponto, o original por engano transcreve o texto do parágrafo do capítulo 14 que termina com a chamada para a nota 6, acrescentando-lhe apenas os dados bibliográficos referentes ao livro de Tyler. Suprimi essa repetição. (N. T.)

12. Burnet, op. cit., 161.

13. Xenofonte, *Apologia*, 23 (Loeb 4:655).

14. Platão, *Apologia*, 38B ss. (Loeb 1.135).

15. Até mesmo um estudioso tão parcial quanto Burnet horrorizou-se com o procedimento de Sócrates ao propor a pena alternativa. Comenta ele que, ao propor que lhe seja concedido o direito de comer no Pritaneu, "Sócrates está fazendo uma reivindicação que o tribunal consideraria monstruosa"; e acrescenta, com tristeza: "Eis a *megalegoria* que intrigou Xenofonte". Burnet, op. cit., 156.

16. *Críton*, 45A-E (Loeb 1:157-161).

17. *OCD*.

18. A edição de Dyer e Seymour da *Apologia* e do *Críton* (Boston, 1908), por exemplo, afirma: "Em Atenas, como em Roma, a lei permitia o exílio voluntário" (122). Burnet, em nota a essa mesma passagem do *Críton*, comenta: "Sem dúvida, Ânito ficaria satisfeito se Sócrates fosse embora de Atenas" (45E4 [186]).

19. Platão, *Apologia*, 37A ss. (Loeb 1:131).

20. *Críton*, 46A (Loeb 1:161).

21. Platão, *Fédon*, 59E ss. (Loeb 1:209).

22. Ibid., 60A (Loeb 1:209).

23. Ibid., 116A ss. (Loeb 1:395-397).

24. Ibid., 61A-62A-C (Loeb 1:213-217).

25. Ibid., 64A-B (Loeb 1:223).

26 Ibid., 65C-D (Loeb 1:227).

15. COMO SÓCRATES PODERIA FACILMENTE TER OBTIDO A ABSOLVIÇÃO [pp. 235-48]

1. Platão, *Apologia*, 24B (Loeb 1:91).

2. *Memoráveis*, 1.1.1 (Loeb 4:4), e Diógenes Laércio, 2.40 (Loeb 1:171).

3. *Retórica*, 1.8.13 (Loeb 145).

4. Platão, *Apologia*, 26C ss. (Loeb 1:97-99).

5. A ocorrência mais antiga que se conhece da palavra *atheos*, segundo o *GE-L*, encontra-se no verso 162 da Quarta Ode Pítica de Píndaro, uma homenagem a uma vitória olímpica do ano 462 a.C. Nesse texto, o poeta refere-se a um herói que foi salvo das armas *"atheon"*. O *o* dessa transliteração corresponde ao ômega, não ao ômicron: trata-se do genitivo plural do adjetivo *atheos*. Seria ridículo traduzir esse trecho como "armas atéias". Tanto a Loeb quanto a edição bilíngüe francesa Bude (Paris, Societé) traduzem o trecho como "armas ímpias".

6. *As nuvens*, 1.367.

7. Na vívida tradução em versos de B. B. Rogers (Loeb 1:401).

8. *Memoráveis*, 1.3.1. e 4.3.16.

9. O próprio Teseu, fundador lendário de Atenas, era considerado como o

legislador que dera igualdade política aos pobres. Numa obra de referência inglesa do século XIX sobre antigüidades clássicas, comenta-se que na Teséia — o festival anual ateniense em sua homenagem —, "devido a essa crença, faziam-se doações de pão e carne aos pobres [...] para eles [a Teséia] era uma festa durante a qual não se passava necessidade, de modo que eles podiam julgar-se iguais aos mais ricos cidadãos". Verbete sobre a Teséia, *Smith's dictionary of Greek and Roman antiquities* (Londres, 1878).

10. São feitas alusões a ele em quatro pontos da história das viagens de Odisseu: 1.298-300; 3.304-312; 4.546-547; e 9.458 ss.

11. Peito aparece em Hesíodo (Op. 73), porém como filha do Oceano, uma ninfa marítima, associada às Graças e a Afrodite. Safo também a chama filha de Afrodite; ver *Sappho*, de Henry T. Wharton (Londres, J. Lane, 1908), ainda a edição mais útil e agradável (160: Frag. 135); a mais erudita é a nova da Loeb, *Greek lyric: Sappho and Alcaeus*, org. D. A. Campbell (Cambridge, Harvard University Press, 1982). Em outro fragmento, Safo a chama "criada" de Afrodite, "brilhante como o sol" (Wharton 107). Nessas referências mais antigas, Peito parece ser a Tentação ou a Sedução mais que a Persuasão. É o que se vê quando Peito é mencionada pela primeira vez na *Orestéia*, no verso 385 do primeiro "ato" da trilogia, o *Agamênon*. H. W. Smyth, de Harvard, na edição Loeb, e A. Sidgwick, de Oxford, na edição Clarendon (1898) de *Agamênon* traduziram Peito como Tentação. Nessa passagem, o coro fala das desgraças causadas pela paixão de Paris por Helena, e Peito é filha não de Afrodite, mas de Ate, o Destino cego e destruidor. As mudanças políticas se refletem na evolução da palavra e do mito. Peito ganha um novo significado e um novo status com a ascensão da democracia grega. O estudo mais recente sobre Peito é o de K. G. A. Buxton, *Persuasion in Greek tragedy: a study of Peitho* (Cambridge, Cambridge University Press, 1982), do qual só tomei conhecimento depois que o presente livro estava concluído.

12. *Oxford book of Greek verse* (Oxford, Clarendon Press, 1930), xxiv.

13. Pausânias, org. Paul Levi (Nova York, Penguin Press, 1971), 1.22.3 (2:61).

14. Demóstenes, *Pro*. 54; Isócrates, 5.249A.

15. Ver a nota ao verso 970, Eumênides citando Pausânias, 1.22.3, in *Orestéia*, org. George Thomson, 2 vols. (Praga, 1966, ed. revista), 2:229.

16. *Corpus scriptorum atticarum*, 3.351.

17. Escultura de Praxíteles: Pausânias, 1.43.5; de Fídias: Pausânias, 5.11.8.

18. Pude fazer essa observação graças aos admiráveis índices analíticos incluídos na edição em um volume das obras completas de Platão organizada por Edith Hamilton e Huntington Cairns (Princeton, Princeton University Press, 1971), e na terceira edição das obras de Platão de Jowett, vol. 5. Consultei também Des Places, *Lexique*, da edição Bude de Platão (Paris, 1970), e Leonard Brandwood, *Word index to Plato* (Leeds, 1976).

19. *Fedro*, 260A (Loeb 1:513-515).

20. *The complete plays of Aeschylus*, trad. Gilbert Murray (Londres, G. Allen and Unwin Ltd., 1928).

21. Lewis R. Farnell, *The cults of the Greek states*, 5 vols. (Oxford, Clarendon Press, 1896-1909), 1:58-59.

22. Ver o *Lexicon* de Cunliffe.

23. Georges Chantriane, *Dictionnaire etymologique de la langue grecque* (Paris, 1984).

24. Pausânias, 1.3.5 (Penguin, 1:18).

25. Ibid., 1.1.3, 1.3.3. (Penguin 1.11, 17).

26. Sir James G. Frazer, *The golden bough*, 9 vols. (1915, Londres, St. Martin Press, 1966, reimpressão); Wilhelm H. Roescher, *Ausfuhrliches Lexikon der griechischen und romischen Mythologies* (Hildesheim, Gp. Olms, 1965). Não resisto à tentação de mencionar mais uma curiosidade contida no verbete do *KP*: na lápide do ditador Crítias foi esculpido um relevo que representava a Oligarquia incendiando a Democracia.

16. O QUE SÓCRATES DEVERIA TER DITO [pp. 249-54]

1. Ferguson, *Source book*, 269.

17. AS QUATRO PALAVRAS [pp. 255-66]

1. Ver o verbete "*isos*", *Dictionnaire* de Chantraine. Cf. *Lexicon* de Cunliffe, que só registra cinco compostos com *isos*, nenhum dos quais com conotações políticas.

2. Heródoto, 5.78 (Loeb 3:87).

3. A exceção, conforme sabemos através de Tucídides, foi a contagem excepcional realizada quando da declaração da guerra do Peloponeso.

4. J. A. O. Larsen, "The origin and significance of the counting of votes", *Classical Philology* (julho de 1949), 44:178.

5. Na mais importante assembléia romana, a *centuriata*, cada "centúria" tinha um número fixo de votos e a maioria em cada centúria depositava esse número fixo de votos. A centúria do proletariado, dos pobres, que era a maioria absoluta da população, tinha apenas um voto num total de 193. A classe mais rica tinha oitenta votos; a segunda mais rica, vinte; de modo que só essas duas já perfaziam a maioria. Quando entravam em acordo, o que normalmente acontecia, a decisão era anunciada e as autoridades nem sequer se davam ao trabalho de recolher os votos das outras classes.

6. Chaim Wiszubski, *Libertas as a political idea in Rome* (Cambridge, The University Press, 1950), 18.

7. *Protágoras*, 319d (Loeb 4:127).

8. Eurípides, *Orestes*, 885, e Demóstenes, *Sobre a coroa*, 18:170.

9. Esse composto aparece sob três formas: o substantivo *eleutherostomia*, "liber-

dade de expressão"; o verbo *eleutherostomein*, "falar livremente"; e o adjetivo *eleutherostomos*, "que fala livremente". Este último aparece nas *Suplicantes* (1.948). Ésquilo usa a forma verbal em *Prometeu acorrentado* (1.182), em que um coro angustiado de ninfas do mar pede ao deus rebelde acorrentado, porém ainda desafiador, que não fale de modo tão insolente contra Zeus. A forma nominal, *eleutherostomia*, só vai aparecer muito mais tarde, na obra do historiador Dionísio de Halicarnasso.

10. Ésquilo, *As suplicantes*, 523.

11. Sófocles, *Antígona*, 732-739.

12. O *Theologisches Woerterbuch zum Neuen Testament* [Dicionário teológico do Novo Testamento] (Stuttgart, 1933) é uma fonte abundante de informações não apenas sobre o grego do Novo Testamento, mas também sobre o grego clássico, e apresenta ainda os termos hebraicos e aramaicos equivalentes às palavras-chave do texto grego dos Evangelhos. Segundo o dicionário, *parrhesia* é uma palavra cunhada em Atenas que surgiu na segunda metade do século V, quando se atingiu a democracia integral. É formada de duas palavras: *pas* ("toda") e *resis* ("fala").

13. Eurípides, *Íon*, 672. Íon descobre que é filho de uma rainha ateniense com Apolo. Ele exerce seu direito de livre expressão fazendo um comentário ressentido sobre seu pai divino. Fala com sarcasmo sobre os hábitos lascivos dos deuses olímpicos, que tantas vezes vinham à terra para violar donzelas mortais, tal como fizera Apolo com sua mãe. Íon calcula, com ironia, que se três deuses, Zeus, Posídon e Apolo, fossem condenados a pagar a multa vigente em Atenas na época pela infração de deflorar uma virgem, o total esvaziaria os tesouros de todos os templos da Grécia!

14. Eurípides, *As fenícias*, 1.391.

15. Eurípides, *Hipólito*, 1.422.

16. Eurípides, *As bacantes*, 2.668 ss.

17. Eurípides, 4 vols. (Loeb Classical Library, 1925-1935), *Os heráclidas*, 1.178 ss. (3:269).

18. Eurípides, *Andrômaca*, 2.957-958.

19. Eurípides, *Orestes*, 1.551 (Loeb 2:530).

20. Fragmento 275, citado aqui segundo a tradução de James Loeb de Paul Decharme, *Euripides and the spirit of his dream* (Nova York, Macmillan, 1906), 121-122. Trata-se do mesmo James Loeb que fundou e financiou a Loeb Classical Library.

21. Eurípides, *As fenícias*, 3.504-506.

22. Citado aqui segundo a tradução literal de E. P. Coleridge, na edição Bohn de Eurípides (Londres, G. Bell, 1891), 2:234-235.

23. *República*, 3.568A (Loeb 2:329).

24. Ibid. (Loeb 2:328).

25. Adam, 2:260.

26. *República*, 1169.

27. A tradução é de Milton. Milton, *Complete poetry and selected prose* (Londres, Nonesuch Press, 1964), 683.

28. Esse apelo seria particularmente eficaz por ser o teatro ateniense tão participante quanto a democracia ateniense. Os atenienses não formavam uma platéia passiva. Uma parcela substancial da população de cidadãos participava da preparação e montagem das peças, tal como participava na assembléia e nos tribunais. O próprio teatro era um componente venerando dos festivais religiosos anuais. O grau de participação popular no teatro é abordado por William Scott Ferguson, que calculou, em sua obra *Greek imperialism* (Boston, Houghton Mifflin, 1913), que "mais de 2 mil atenienses tinham de decorar o texto e praticar a música e a coreografia de um coro lírico ou dramático". Conclui ele que uma platéia ateniense normal "certamente seria composta, em grande parte, de ex-participantes" (59-60). Para entender a significação desse fato, compare-se o teatro ateniense com o de Roma, uma civilização afim porém com uma estrutura sociopolítica contrastante. O teatro ocupava um lugar de honra em Atenas, e era encarado com suspeita em Roma. O teatro grego nasceu da religião popular e democrática de Dioniso, um deus dos pobres. Ao pregar a democracia e a liberdade de expressão, os poetas trágicos refletiam sua platéia popular. Em Atenas, o teatro cômico equivalia a um jornal engajado atual. Não havia nem legislação referente à difamação nem censor, como em Roma, que tolhessem a pena dos poetas cômicos. Sua arte floresceu com a democracia e morreu com ela. Em Roma, a oligarquia temia o teatro devido a seu potencial democrático e à ameaça à dignidade senatorial nele contida. Roma jamais permitiu a sátira social e política de Aristófanes. Um poeta romano jamais ousaria escrever, como o fez Aristófanes, durante a guerra do Peloponeso, algumas das maiores obras antibelicistas do teatro ocidental. A atitude da classe dominante em relação ao teatro se expressa no tratado de Cícero sobre a República, escrito quando ela estava vivendo seus últimos dias. Antes de discorrer sobre o teatro, Cícero vituperava contra a democracia: "Quando lhes são concedidos o aplauso e a aprovação do povo, como se fosse este um grande e sábio mestre, quantas trevas eles produzem!", *Sobre a República* (Loeb Classical Library, 1961, reimpressão), 4.9 (239). A aristocracia romana, diz ele, considerava a arte dramática "vergonhosa" e desejava que todas as pessoas ligadas a tais assuntos — escritores, atores ou produtores — perdessem os direitos de cidadania. Mas em Atenas, como Cícero observa, em tom de reprovação, os atores não apenas eram cidadãos como também ocupavam altos cargos públicos. Ao analisar a comédia ateniense, Cícero foi extremamente cáustico. Há muito tempo a comédia havia sido sufocada em Roma por uma rigorosa lei contra a difamação, cujo objetivo original era o de proteger os aristocratas das troças vulgares dos pasquins rústicos feitos pelos proletários e que deram origem à comédia romana. Cícero comenta, em tom de aprovação, que embora os primeiros legisladores romanos só prescrevessem a pena de morte "para uns poucos crimes", um desses era "cantar ou compor uma canção que contivesse uma calúnia ou insulto dirigido a alguém". Havia outro motivo, menos conhecido, para a hostilidade romana em relação ao teatro. Quase até o final do período republicano, a aristocracia impediu a construção de um teatro permanente, para que ele não viesse a ser utilizado para assembléias populares. Ver o

estudo fecundo de Lily Ross Taylor, *Roman voting assemblies* (Ann Arbor, University of Michigan Press, 1966), 107-108.

18. A QUESTÃO FINAL [pp. 267-73]

1. *Críton*, 51C (Loeb 1:179).
2. Ibid., 50E (Loeb 1:177).
3. Xenofonte, *Ciropédia*, 1.3.10-11 (5:37).
4. *Leis*, 694A-B.
5. *Protágoras*, 319D (Loeb 127).
6. *República*, 8.557B (Loeb 2:285).
7. Ibid., 493D (Loeb 2:41).
8. Ibid., 557C-D (Loeb 2:287).
9. Ibid., 563B ss. (Loeb 2:309-311).
10. *Górgias*, 461D (Loeb 5:309). O *GE-L* também dá exemplos em que *exousia* significa "abuso de autoridade, indisciplina, arrogância". O dr. Bernard Knox discorda de minha interpretação e julga que a utilização de *exousia* pode ser apenas um eco do verbo impessoal cognato *exesti*, usado por Polo quando ele perguntou se teria "liberdade de dizer" (a tradução de *exesti moi legein* na Loeb) o que bem entendesse.

EPÍLOGO:
TERIA HAVIDO UMA CAÇA ÀS BRUXAS EM ATENAS? [pp. 274-92]

1. Eric R. Dodds, *The Greeks and the irrational* (Berkeley, University of California Press, 1951), 189.
2. *Dictionary of the history of ideas*, org. Philip Weiner, 6 vols. (Nova York, Charles Scribner's Sons, 1973), 2:252-263; 565-566.
3. Aristófanes, *Os cavaleiros*, 1085; *As vespas*, 380; *Os pássaros*, 988.
4. Plutarco, *Vida de Péricles*, 32 (Loeb 3:95).
5. Tucídides, 2-59-65.
6. Plutarco, *Vida de Péricles*, 33 (Loeb 3:93).
7. Aristófanes, *Os acarnanos*, 1.527.
8. *Cambridge ancient history*, org. J. B. Bury, S. A. Cook e F. E. Adcock, 11 vols. (Nova York, Macmillan, 1923-1953), 5:478.
9. Mary R. Lefkowitz, *The lives of the Greek poets* (Baltimore, Johns Hopkins, 1981), 110.
10. Plutarco, *Vida de Nícias*, 23 (Loeb 3:289-291). O próprio Plutarco tinha lá seu lado supersticioso. Como sacerdote de Delfos e platônico, ele também não se sentia muito à vontade em relação a teorias racionalistas a respeito dos movimentos dos corpos celestes. É o que dá a entender seu comentário final: "Foi só

posteriormente que a radiante reputação de Platão — por causa da vida que ele levou e porque ele submeteu as compulsões do mundo físico a princípios divinos e mais soberanos — fez desaparecer o estigma associado a tais estudos, e essa ciência veio a ser livremente abordada por todos". Na verdade, Platão considerava os corpos celestes como deuses. Tratá-los como objetos materiais era ateísmo, passível de punição, segundo *As leis*.

11. Uma versão menos elaborada dessa mesma história já aparecera antes, no tratado de Cícero *Sobre a natureza dos deuses*, 1.23.6 (Loeb 19:61).

12. Eurípides, *Íon*, 445-447.

13. Eurípides, *As troianas*, 886.

14. *Mênon*, 91D-E (Loeb 4:341).

15. John Burnet, *Greek philosophy: thales to Plato* (Londres, Macmillan, 1928), 111-112.

16. Ibid.; *Teeteto*, 152A; *Helena*, 10.2.

17. *Mênon*, 91E-92B (Loeb 4:341-343).

18. Diodoro da Sicília, 12 vols. (Loeb Classical Library, 1976), 12.39.2 ss. (4:453 ss.).

19. As referências a Anaxágoras em Cícero encontram-se na *Acadêmica*, nas *Discussões tusculanas* e em *Sobre a natureza dos deuses*, e também nos ensaios de *Do orador*, 3.138, e *Bruto*, 44.

20. Diógenes Laércio, 2.13-14 (Loeb 1:143-145).

21. Daniel E. Gershenson e Daniel A. Greenberg, *Anaxagoras and the birth of physics* (Nova York, Blaisdell, 1962), 348.

22. No verbete sobre Péricles do *OCD*, A. W. Gomme trata como fatos históricos o ataque contra o estadista através de seus amigos Aspásia, Anaxágoras e Fídias e o decreto de Diopites. Era de se esperar que ele explicasse por que motivo Tucídides jamais menciona tais coisas. Em sua grande obra *Historical commentary on Thucydides*, encontramos um ensaio de seis páginas sobre o assunto — "The prosecutions of Pericles and his friends" (2:184-189). Porém ficamos desapontados ao ver que não há explicação alguma, e sim a simples afirmação de que a respeito dos ataques a Péricles "Tucídides *deliberadamente nada diz*" (184; o grifo é nosso). Ao abordar o relato de Plutarco segundo o qual o poeta cômico Hermipo levantou acusação contra Aspásia, Gomme admite que, embora "nada impedisse" que um poeta cômico acusasse Aspásia, "é-se naturalmente levado a desconfiar que se trate de um mal-entendido, e que na verdade Hermipo a tenha atacado numa comédia" (187).

23. *Memoráveis*, 6.7.6 (Loeb 4:351).

24. *Fedro*, 270A.

25. *Górgias*, 516A.

26. Burnet, *Greek philosophy*, 112.

27. Platão, *Apologia*, 26C-D (Loeb 1:99).

28. W. D. Ross, em sua obra que é até hoje indispensável, *Aristotle* (Londres, 1923), 7, afirma que essa história remonta à *Vida de Aristóteles* de Amônio.

29. Anton-Hermann Chroust, *Aristotle*, 2 vols. (Notre Dame, Indiana, University of Notre Dame Press, 1973), 1:153.

30. William S. Ferguson, *Hellenistic Athens* (Londres, Macmillan, 1911), 104-105. Ferguson era professor de história em Harvard antes da Primeira Guerra Mundial.

31. Atos 17:16-32.

32. Edward Gibbon, *Decline and fall of the Roman Empire*, 6 vols. (Londres, J. Murray, 1938-1939), 2:522.

AGRADECIMENTOS

Esta obra talvez jamais viesse a ser escrita se Roger Donald, da editora Little, Brown, não tivesse ousado me propor a sua preparação, muito embora eu tivesse acabado de completar 77 anos de idade. Até então, eu me contentava em apresentar as teses nele desenvolvidas em uma série de conferências mais ou menos improvisadas proferidas em diversos lugares: a Associação Hebraica de Moços da rua 92, Nova York; a Georgetown University, Washington, sob os auspícios do Institute for Policy Studies; a University of California, Berkeley; a Harvard University; e a McGill University, Montreal, onde minhas conferências receberam o prêmio Beatty, concedido anualmente. A idéia das quatro palavras usadas em Atenas para designar a liberdade de expressão foi elaborada na conferência anual William Kelly Prentice, área de estudos clássicos, período 1979-80, Princeton University.

Quando comecei meus estudos de grego, a American University de Washington cedeu-me seus recursos e proporcionou-me muitas amizades, na condição de estudioso-residente, bem como a utilização do sistema de intercâmbio bibliotecário, graças ao qual tive acesso a muitas obras esgotadas.

Agradeço as palavras de estímulo que ouvi, no início de meu empreendimento autodidata, do professor Gregory Vlastos, aposentado, da Princeton University, e do falecido Huntington Cairns, que jamais perdeu o amor aos clássicos.

Meus estudos foram auxiliados pelo acesso à biblioteca do Hellenic Studies Center de Washington, generosamente concedido por seu diretor, o dr. Bernard Knox, e posteriormente por seu sucessor, o dr. Zeph Stewart, bem como pela bibliotecária-chefe, sra. Inge Hynes. Também me vali do acesso à Library of

315

Congress e às ricas coleções da Georgetown University e da Catholic University.

Agradeço a meu amigo Bernard Knox por atender ao pedido da Little, Brown no sentido de ler os originais como revisor técnico e, antes disso, me ajudar nas minhas lutas desesperadas com o verbo grego, esse monstro protéico.

Desejo também manifestar minha profunda gratidão por Michael Mattil da Little, Brown, por seu trabalho dedicado de revisor; por meu amigo e agente literário Andrew Wiley, que vendeu a idéia do livro à Little, Brown; e a meu amigo e biógrafo cinematográfico Jerry Bruck Jr., que fez o filme sobre meu periódico *I. F. Stone's Weekly* e organizou as conferências nas universidades Harvard e McGill. Por fim, verto uma libação por meu processador de texto Macintosh, cujo tipo Chicago negrito 24 pontos me permitiu escrever o livro apesar de uma catarata.

I. F. Stone

ÍNDICE REMISSIVO

Abelson, Raziel, 103*n*
absolutismo, 204-5; *v. tb.* democracia; despotismo; monarquia; reinado por especialistas; tirania
Academia, de Platão, 113-4, 158
Acadêmica (Cícero), 85
Acarnanos (Aristófanes), 278-9, 284
Adam, James, 60, 265, 301*n*32
Adcock, F. E., 279-80
Adimanto, 173-4
adzux, 298
Agamênon, 38, 40-43, 52, 56-59, 242; a admiração de Sócrates por, 59-60; sonho falso de, 43, 52, 59
ágora, 153, 246-7
agoreuein, 218
aidos, 70-1, 78
Alceu, 133
Alcibíades, 50, 88-93, 133, 140, 142, 154, 158, 227, 305*n*12
Alcídamas, 67-8
Álcman, 159
alfabetização ateniense, 62-3, 117
anax, 42; *v. tb. basileus*
Anaxágoras, 274-88 *passim*, 313*n*22
Anaxagoras and the birth of physics (Gershenson e Greenberg), 285
andreias, 120*n*
Ândrocles, 175
Andrômaca, 230
Andrômaca (Eurípides), 264
anistia, ateniense, depois da restauração da democracia, 178

Ânito, 114, 143, 148, 152, 210-6, 282-3, 304*n*3, 305*n*10
Antígona (Sófocles), 261-2
Antígona, peça perdida de Eurípides, 245
Antifonte (sofista), 66, 97
Antifonte (redator de discursos), 66*n*
Antístenes, 86, 100, 129, 147, 212, 300*n*2; fábula dos asnos e dos cavalos, 34; fábula dos leões e das lebres, 35
antistrophos, 122*n*
aphronestera, 218-9
apólis, 128, 298*n*1
Apolo, 42-3, 106, 183, 310*n*13
Apolodoro, 226
Apologia (Libânio), 50, 151, 249-51
Apologia (Platão), 23, 58, 106-110, 120, 128, 130-1, 139, 143-50 *passim*, 162, 166-79 *passim*, 185-6, 191-3, 223-8 *passim*, 254, 287, 305*n*9
Apologia (Xenofonte), 106-8, 215-23 *passim*, 272
Aquéia, Liga, 256
"aquele que sabe", regra de, 31-2; *v. tb.* reinado por especialistas
Aquino, Tomás de, 291*n*
Aquiles, 42-3, 52, 56-9, 64
archon basileus, 39
archons, 39, 213
Areopagitica (Milton), 266
Ares, 76
arete, 76; *politike*, 62

317

Arginusas, batalha das, depois do julgamento dos generais, 143-5
Aristipo, 86
Aristogíton, 225
ariston, 105
Aristófanes, 24, 164-8, 238-9, 245-6, 276-9
Aristóteles, 24, 38, 73, 89, 94, 119, 128, 147-8, 165, 175-6, 178, 197, 289, 298-9n1, 304n3; aritmética, deficiência alegada de Agamênon, 60; *Constituição de Atenas*, 141, 200, 210-1; empirismo de, 33-4; eqüidade na lei, 125-7; *Ética*, 122; *Ética a Nicômacos*, 76-7, 124; *Metafísica*, 33, 94; *Política*, 29-30, 35, 121-3; *Retórica*, 67, 121-2, 237
armas, monopolizadas pelos "guardiães" na *República*, 202-204; posse privada de, 203, 203n
asilo, 260; *v. tb.* exílio
Aspásia, 165, 276-8 *passim*, 286, 313n22
assembléia: ignorância dos ciclopes sobre, 45; homérica, 41-5, 54; romana, 25, 65, 309n5, 311-2n28
assembléia ateniense, 25, 30, 34, 153, 259; e o debate de Mitilene, 135-9; desprezo de Sócrates pela, 69, 149; ratifica o massacre de Elêusis, 189
associação, direito de, 174-5
astronomia, 286
Astíages, 269
ateísmo, 170, 238-40, 287-8, 307n5
Atena, 181, 241-4, 278
Atenas: alfabetização em, 62-3, 117; clima de livre expressão em, 164; conselho, 144, 247; dar origem a hegemonia de, 74, 132; escolas de filosofia fechadas por Justiniano, 292; estrutura de castas em, 200; na guerra do Peloponeso, *ver* Peloponeso, guerra do; justiça em, *ver* justiça; tribunais; multa por deflorar virgens, 310n13; teatro cômico em, 114, 165-9; teatro trágico em, 117; tentativa de golpe em 401 a.C., 188-90; vida pública em, 128-48; *v. tb.* Ésquilo; Eurípides; Sófocles

Ateneu, 34
Atlântida, mito de, 198-200
Auge (Eurípides), 264
autocontrole, 59
autokratores, 196

Bacantes, As (Eurípides), 263
Badian, Ernest, 46
Baier, A. C., 102n
Banquete, O (Platão), 24, 59
basileus, 38, 42
belo, tentativa de Sócrates de definir o, 81
Bloom, Alan, 207
boa, 257
boule, 144, 247
Bowra, C. M., 245
boxe, 155
Bruto (Cícero), 119
Burnet, John, 281-3, 287, 306n6, 307n12
Bury, J. B., 279, 283
Busíris (Isócrates), 305n12

Calcídice, 198
Cálicles, 155, 160
Caos, 238
caráter humano como destino, 89
Cáricles, 192-5
Cármides, 90, 92, 142-3, 149, 152, 189, 193, 196-7, 225
Carta de Direitos: britânica, 258; da Constituição americana, 203n
Cassandra, 60
Cassandro, 289

318

Catão, o Censor, 65
Cavalheiros (Aristófanes), 173
cavalos, comércio de, 98-9
cavalos e dos asnos, fábula dos (Antístenes), 34-5
Cebes, 231
Céfalo, 187
censura, 59-60; *v. tb.* "poluição espiritual"
centuriata, 309n5; *v. tb.* assembléia romana
César, 39
ceticismo, 96-7
Chroust, Anton-Hermann, 289
Cícero, Marco Túlio, 85, 119, 284, 290, 311n28, 313n11
ciclopes, Odisseu se encontra com, 44-8
Cidade de Deus (Agostinho), 85
Címon, 35
cínico, 34, 100, 147
Ciro, o Grande, como modelo de governador, 34, 40, 269
Ciropédia (Xenofonte), 34, 40, 369
classe média ateniense, 150-1, 177-8
Cleitofonte, 304n3
Cléon, 121, 136-7, 139, 165
Clitemnestra, 43, 60, 180
Cohen, Morris R., 96
colonos (*cleruchs*), 183
comédias perdidas sobre Sócrates, 24
Comitê de Investigação de Atividades Antiamericanas, 35
Companion to Homer (Wace e Stubbings), 303-4n10
comunidade de esposas e filhos, na *República*, 206
Confissões (Agostinho), 85
conhecimento, educabilidade do, 61-3, 87-8
conselho ateniense, 144, 247
Conselho Noturno, nas *Leis* de Platão, 35

"consentimento dos governados": Antifonte, o Sofista, sobre, 66-7; na democracia, 34; na monarquia, 37-8
Constituição dos Estados Unidos, 256-259; Carta de Direitos, 203n
Constituição de Atenas, A (Aristóteles), 141, 200, 210
Constituição dos lacedemônios, A (Xenofonte), 161
Contra os acadêmicos (Agostinho), 85
Contra os comerciantes de trigo (Lísias), 213
Contra Timarco (Ésquines), 214
contrato social, 156
Cook, S. A., 279
Córax, 119
Cornélio Nepos, 304n4
corpo e espírito, 146-8, 233-4
cosmopolites, 47
coragem de soldados profissionais, 76-7, 256-7
covardia, 77-8, 256
Crátilo (Platão), 59
Creonte, 261-2
Creta, 156-61, 301n32
criança, assistindo a peças atenienses, 166
cristianismo, 238; afastamento da vida pública, 146; platonismo e, 203
Crítias, 50, 92-3, 141-3, 149, 177, 189-206 *passim*, 225, 309n26
Crítias (Platão), 35, 90, 198-9, 207
Critobulo, 151
Críton, 151, 226-8
Críton (Platão), 23, 155-6, 179, 226-8, 272, 287
Cronos, 238
Cults of the Greek states (Farnell), 247

daimônion, de Sócrates, 131, 140, 219, 222
Dario Hystapis, 74-5, 112

Declaração de Independência dos Estados Unidos, 67
Declínio e queda do Império Romano (Gibbon), 292
"definição" (Abelson), 103, 103*n*
definições: Sócrates procura por, 94-6, 102-4, 111, 116; de belo, 81; de piedade, 180; de virtude, 61-3, 80, 82-4
Delos, Liga de, 183
Delfos, oráculo de, sobre Sócrates, 106-11, 222
Demétrio de Faleros, 289-90
Demócares, 290
democracia, 30, 122; contribuição de Gibbon para a, 292; desprezo de Sócrates pela, 98-100; no discurso fúnebre de Péricles, 129; mito de Protágoras sobre, 69-74; nódoa na, no julgamento de Sócrates, 273; na obra dos poetas trágicos, 259-66; personificada e deificada, 247-8; e poder militar, 74-5; raízes da, em Atenas, 199-200; restauração em Atenas em 403 a.C. da, 178; valorização na *Orestéia*, 243
demokratia, 248, 256
Dêmos, como divindade, 247-8; Homero, 303-4*n*10
demosieuo, 131
Demóstenes, 64, 152, 214, 237, 246
despotismo, 37; *v. tb.* tirania
deuses, desrespeito pelos, queixa de Sócrates sobre o, 168-9, 240-47; *v. tb.* impiedade
Diágoras, 274
dialética, 122, 122*n*; negativa, 80-6, 103, 111, 127
dialeto eólico, 55*n*
diaphtheirein, 49
Dictionnaire etymologique de la langue grecque (Chantraine), 247

difamação, 152-3
dikaiotaton, 105
dikastery, 126, 243
dikasts, 126
diké, 44, 70-1
Diodoro da Sicília, 141, 284
Diodoto, 137-9
Diógenes Laércio, 34, 100, 212-4, 224, 281-2, 285, 300*n*2, 305*n*9
Dionísia, 166
Dionísio II, 164
Dionísio Areopagita, 291
Dionísio de Halicarnasso, 306*n*5
Dioniso, 246, 311*n*28
Diopites, 276-80, 286, 313*n*22
direito divino dos reis, Odisseu sobre, 52-4
ditadura: de Dionísio II, em Siracusa, 164; e conflitos estrangeiros, 177; dos Pisistrátidas, 225; dos Quatrocentos, *ver* Quatrocentos; dos Trinta, *ver* Trinta
divisão de poder, na ditadura de Esparta, 38
Dodds, E. R., 155, 274-5
dórios, 160
doxa, 94
Dropides, 200
Druas, 42

Econômico (Xenofonte), 151
Educação de Ciro, A (Xenofonte), 34, 40, 269
éforos, 38, 257
Egisto, 243
Egito, 203
Egos-Pótamos, batalha de, 177
Ehrenberg, Victor, 295*n*13
eironeia, 108, 297*n*14
elakonomanoun, 154
Electra (Eurípides), 262
Elêusis, 189
eleutheria, 269-71

eleutherostomein, 260, 309-10n9
empirismo: aristotélico, 33; radical, 24; *v. tb.* epistemologia socrática
enthymeme, 124
epikouroi, 204
episteme, 94, 115, 205
epistemologia socrática, 61-3, 87-8, 94-6
eqüidade, 105, 125-7, 237
Er, 58
Eríxias, 197
escravidão, 67-8; por dívidas, 200-1
Esparta, 132-4, 156-8, 301n32; idealizada pelos socráticos, 153-8; "igualitarismo militar" de, 257; revolta dos messênios contra, 67; como sociedade fechada, 157-62
espionagem política, 164-5
Ésquilo, 59-60, 180-1, 198, 243-6, 259-60, 310n9-10; epitáfio de, 243n
Estadista, O (Antístenes), 34
"Estrangeiro", no *Político* de Platão, 105-6, 126, 204-5
estóicos, sobre eqüidade e escravidão, 66-7
Estrepsíades, 238-9
Etéocles, 264
Ética (Aristóteles), 122
Ética a Nicômacos (Aristóteles), 76, 124
ethos, 89
Eubrúlides, 152
eugenia, 205-6
Eumênides, 244
Êupolis, 167-8
Eurípides, 213-4, 239, 245, 262-6, 281, 310n13
Eristátio, 55
Eutidemo, 195
Eutífron (Platão), 23, 39, 179-82, 183-5
Eveno, 231-2
exílio: dos democratas e moderados sob os Trinta, 206-7; dos estran-geiros (*xenelasia*), 160-1; das pessoas com mais de dez anos, na *República*, 206-7; voluntário, romano, 227, 307n18
exousia tou legein, 312n10
expropriação, 187-8, 203; *v. tb.* Leão de Salamina
exsilium, 225, 307n18

Favorino, 236
Fedro (Platão), 34, 99-101, 120, 246, 286-7
feitiçaria, 85
Fenícias (Eurípides), 263-6
Fênix, professor de Aquiles, 63-4
Ferguson, William Scott, 290, 311n28
Fídias, 246, 282, 313n22
File, 189
Filo, o Judeu, 47n
Filócoro, 214
filósofo, rei, 208; *v. tb.* reinado por especialistas
filósofos: expulsos de Roma, 275; mal recebidos em Esparta ou Creta, 162; como subversivos, sob os Trinta, 194-6
Formas, teoria das, de Platão, 97, 102, 126-7
Formísio, 304n3
Fowler, H. N., 81-2
Fraenkel, Eduard, 242n
"Freedom of speech in Antiquity" (Momigliano), 275
Freud, Sigmund, 47
Fúrias, 244

gadfly ("moscardo"), metáfora para jornalistas críticos e radicais, 130, 130n
Gershenson, Daniel E., 285
Gibbon, Edward, 292
goes, 85
Golden bough, The (Frazer), 248

golpe, tentativa de, em Atenas, 401 a.C,
188-90

Gomme, A. W., 313n22

Górgias, 67

Górgias (Platão), 35-6, 58, 112-4,
120-1, 155, 160, 270-2, 286-7

governo: ateniense, 144 (*v. tb.* assembléia ateniense; tribunais atenienses); homérico, 41-2 (*v. tb. archons*, éforos, *pólis*, *politikos*); absoluto nos diálogos de Platão, 204-6; *v. tb.* democracia; despotismo; reinado por especialistas; monarquia; tirania

graphe paranomon, 144, 290

Greek imperialism (Ferguson), 311n28

Greek philosophy: thales to Plato (Burnet), 281-3

Greenberg, Daniel A., 285

Grote, George, 301n32

"guardiães", na *República* de Platão, 202-4, 205-6

guia espiritual, Sócrates como, 132, 140, 219-20, 222, 306n8

Harmódio, 225

Hécuba, 40, 265-6

Hefesto, 240-1

Heitor, 41-2, 230

Helena (Isócrates), 282

Helênicas (Xenofonte), 172, 189, 191-5, 201-2, 211

Hellenistic Athens (Ferguson), 290

Heráclidas (Eurípides), 221, 264

Heráclito, 89, 95

Hermes, 70-1, 247; mutilação das estátuas de, antes da expedição ateniense a Siracusa, 174

Hermipo, 277-9, 284, 313n22

Hermógenes, 219-20, 306n6

Herodes Ático, 93

Heródoto, 74, 128, 198, 247, 256

Hesíodo, 51, 170

hetaireiai, 174, 304n3

Hierão, 164

hilotas, 158, 164

Hípias, 81-2, 84

Hípias maior (Platão), 81-3, 84, 296n4

Hípias menor (Platão), 81-3, 84

Hipócrates, 124-5

Hipólito, 263

Hobbes, Thomas, 102

Holmes, juiz O. W., 105

homem não civilizado, 44-7

Homero, 38, 40, 170, 183, 212, 242-3,
247; sobre Agamênon, 38, 40-3;
sobre escravidão, 68; sobre Odisseu e ciclopes, 44-7; sobre Tersites, 55-8; *v. tb. Ilíada*; *Odisséia*

homicídio, lei ateniense sobre, 180

hoplites, 63, 151

hoplomachia, 79-80

hospitalidade, 48, 161

hybris, 54, 140, 224

idéias: estrangeiras, "poluição espiritual" por, 35, 157; teoria platônica das, 96-7, 102, 127

identidade dos opostos, 95-6

idiotes/idioteuein, 130-1

ignorância, argumento de defesa ateniense, 115-6

igualdade diante da lei, 184-5

Ilíada (Homero), 40-44; caso da jovem cativa, 42-3; censura da proposta por Sócrates platônico, 59-60; despedida de Heitor e Andrômaca, 230; episódio do motim, 52-3; história de Laomedonte, 183; sonho falso de Agamênon, 43, 52, 59

imperadores romanos, 39

impiedade, 277; Sócrates acusado de, 236-48

"Impiety in the classic world" (Momigliano), 275

322

injustiça, 115-8
insanidade, argumento de defesa, 116
Íon (Eurípides), 263, 281, 310*n*13
ironia, 113-4; socrática, 108, 297*n*14
isegoria, 256-9, 269
Ísmaro, saque de, por Odisseu, 46
Isócrates, 246, 282, 300*n*2, 305*n*12
isologia, 256
isonomia, 256
isos, compostos com, 309*n*1
isotes, 256
isotribein, 60

jacksoniana, revolução, 70
jacobinos, 66
Jefferson, Thomas, 66
Jesus, 22, 178, 273
Jocasta, 264
Jogos Olímpicos, vencedores dos, 225
jônios, 160
jovem cativa, o caso da, 40-3, 52
judaísmo, 238
julgamento de Anaxágoras, 274, 284-8
julgamento de Sócrates, 22-3; acusação, 49-50, 188, 236-7; os acusadores no, 210-6; base para a absolvição, 235-48; comparado com o julgamento de Jesus, 22; defensor das liberdades civis, 249-54; como julgamento de idéias, 235-6; proposta de pena alternativa, 222-6; veredicto, 217, 223-4
julgamento dos generais da batalha das Arginusas, 143-5, 177
Juliano, o Apóstata, 249
justiça, 44, 127-9; ignorância como argumento de defesa em Atenas, 115-6; na *República*, 302*n*6; senso de, 29, 70
justo, doutrina do, 77-8

kakagorein, 152-3

kalos, 81
koinonia, 29
Konnos (Amêipsias), 165-7
koskinon, 239
kosmos, 55
krypteia, 164

Lâmpsaco, 287
Laomedonte, 183
Laques, 79
Laques (Platão), 79-80
lareira, 170
"latoeirozinho", passagem de *República*, 300*n*2
Leão de Salamina, execução de, 145-8, 177, 188, 192, 194, 203
Lefkowitz, Mary R., 280
Lei, 44; ateniense, diálogo de Sócrates com a, 228, 267; e eqüidade, 105, 125-7; sobre homicídio, ateniense, 181; da natureza, contra as leis da *pólis*, 66; normativa versus ética, 116-8; romana, do *exsilium*, 227; ignorância da, 153; da Túria, formuladas por Protágoras, 69
Leis, As (Platão), 156-7, 162, 174, 204, 207, 237, 269-70, 313*n*10
Leis dos Estrangeiros e da Sedição, 235
leis naturais versus leis da *pólis*, 68
leões e lebres, fábula dos, Antístenes, 35
Lesbos, rebelião de, 135-6
Leviatã (Hobbes), 102
Léxico de mitologia greco-romana (Roescher), 248
Libânio, 50, 151, 249-51, 293*n*3
liberdade de expressão, 250-66, 268-73, 290, 312*n*10
Libertas as a political idea in Rome (Wirszubski), 258
Liceu, 289

323

Lícon, 212
Licurgo, 106
Lisandro, 175-6
Lísias, 64, 142, 186-9, 213, 305n9-10
lisonja, 120
Lives of the comic poets, The (Lefkowitz), 280
logographoi, 187
logos, 29, 60, 62, 122, 245
Longino, 306n5
"lousa limpa", metáfora da, em *República*, 208
Luciano, 55
luta de classes, 30, 129, 295n13; em Atenas, depois de Egos-Pótamos, 177-8; e a guerra do Peloponeso, 134; em Mitilene, 136-9

Macedônia, 38
Mãe Terra, 238
maieutikós, 79
Mal-estar na civilização, O (Freud), 47
Maratona, batalha de, 74-5, 112, 243, 264
Marco Aurélio, 93
marco de fronteira, 170
martírio, 22
McCarran-Walter, Lei de, 235
Médicas, guerras, 74, 112-3, 133, 183, 198, 257
medicina, 124-5
médico, analogia do, na ciência política, 204-5
Meditações (Marco Aurélio), 93
megalegoria, 218-21, 306n5-6
Mégara, 191
Meleto, 212, 237, 287
Melos, massacre de, 118, 132-5
Memoráveis (Xenofonte), 22, 30-2, 36-8, 42, 49-59, 66, 81, 88, 149, 157, 192, 236
Menexeno (Platão), 79

Mênon (Platão), 83-5, 114, 152-3, 198n, 215, 281-3
mercenários versus soldados-cidadãos, 203
Messeníaco (Alcídamas), 67
messênios, revolta dos, contra Esparta, 67
Metafísica (Aristóteles), 33, 94
metais, os cidadãos, segundo Platão, são feitos de diferentes, 202-3
Mêton, 161
Milcíades, 35, 112-3
militar: casta, 203; poder, e democracia, 74; poder, e soldados-cidadãos, 203; serviço, de Sócrates, 151
Milton, John, 266
Mitilene, o quase massacre de, 132, 135-9
mitologia política, 69-75, 198-209
Momigliano, Arnaldo, 275
monarquia convencional, 31; descrédito da, na república romana, 38-9; e direito divino, 53-4; arcaica na Grécia de Sócrates, 39; variação espartana da, 38; *v. tb.* ditadura; reinado por especialistas; tirania
monoteísmo, 238
morte: medo da, e coragem, 77; desejo de Sócrates, 217-34 *passim*
motim, episódio do (*Ilíada*), 52-7
mudança, idéia da, 95
música, 231, 231n

Nagel, Ernest, 285
napoleônico, código, 125n
negociantes, 151
negócios públicos: atitude ateniense com relação aos, 128-48; retirada dos, advogada por Sócrates, 130; *v. tb.* ser puro
Nestor, 48
Nícias, 79, 91, 140, 280

Nietzsche, Friedrich, 178

Níobe (Eurípides), 245-6

nome, natureza do homem determinada pelo seu, 59

nominalismo, 100

nomizein, 237

nómos, 240

"Nonsens" (Baier), 102*n*

normativas, regras, versus éticas, 117-8

Nuvens, As (Aristófanes), 24, 87, 162, 164-8, 172, 238

Obras morais, 165-6

Odisséia (Homero), 41-8, 242-3

Odisseu, 41-8, 52-8

oligarquia, 30, 39; *v. tb.* Quatrocentos, Trinta

Olimpiodoro, 23

oratória, *ver* retórica

orchestra, 288

Orestéia (Ésquilo), 60, 180-1, 242-4, 247

Orestes, 180-1, 242-3, 264

Orestes (Eurípides), 264

ourein dia koskinou, 239

Padres da Igreja, referências a Sócrates em escritos de, 25

paganismo, 237-8

Palamedes (Eurípides), 213-4

parrhesia, 263, 271, 310*n*12

Partenon, 133

Pássaros, Os (Aristófanes), 24, 143, 153-4, 161-2, 172

"pastor do povo", 38, 40-3, 57

Paulo, são, 67-8, 238, 290-1

Pausânias, 245, 247-8

Paz, A (Aristófanes), 279, 284

pederastia, 49, 195

Peito, 245-6, 260, 311*n*11

Peleu, 63-4

Peloponeso, guerra do, 133-4, 174; Alcibíades passa para o lado dos

espartanos, 91; a marinha ateniense derrotada em Siracusa, 140, 177; o massacre de Melos, 118, 132-8; o quase massacre de Mitilene, 132, 135-9

pensamento livre, teológico, pré-socrático, 168-70

Penteu, rei, 263

Péricles, 36, 69, 112-3, 121, 136, 165, 276-9, 284-5, 292, 313*n*22; discurso fúnebre de, 129, 161, 235

perioikoi, 158

Perrin, Bernadotte, 140

persas, 78

Persas, Os (Ésquilo), 74-5

phrontisterion, 87, 166

phrontizein, 167

phylakes, 204

piadas atenienses sobre Esparta, 159

piedade, 180-1

Pilo, expedição ateniense contra, 212

Píndaro, 50

pirataria, 46-7

Pisandro, 174

Pisistrátidas, ditadura dos, 225

pitagóricos, 200, 233-4

Platão, 22-4, 36, 110-1, 113-4, 155, 170, 191, 196-200, 234, 313*n*10; aconselha Dionísio II, 164; sobre a admiração de Sócrates por Agamênon, 58; sobre Anaxágoras, 286-7; sobre a coragem, 79-81; dialética negativa socrática em, 80-3; como dramaturgo, 273; como "Estrangeiro ateniense" nas *Leis* e no *Político*, 204; estudo da dialética limitado para poucos, na *República*, 33; exílio e volta de, 158; sobre mentira na *República*, 201-9; sobre o oráculo de Delfos a respeito de Sócrates,

325

106-10; parente de Crítias e Cármides, 90; sobre Protágoras, 68-74; satirizado por Antístenes, 300*n*2; teoria das Formas, 97, 102-3, 126-7; sobre os Trinta, 302*n*2

platonismo cristão, 203

plethos, 131, 303*n*21

Plutarco, 91-2, 129, 135, 151, 154, 199, 275-6, 312*n*10, 313*n*22

poder, divisão de, na monarquia de Esparta, 38

poetas cômicos atenienses, 114-5, 159, 165, 168

poetas e ensinamento "imoral", 51

polaridade, princípio da, 96

Polemarco, 187

Políbio, 256

Polícrates, 49-51, 53-4

Polifemo, 45-8

pólis, 28-31, 33-4, 60, 62, 114, 122, 128-9; homérica, 40; no *Protágoras* de Platão, 71; todas as formas existentes rejeitadas por Sócrates, 35; versus rebanho, 38

politai, 40

politeia, 197

politeísmo, 170

polites, 28

política, abstenção socrática da, 129-30; analogia do médico na ciência, 204-5; espionagem, 164-5; habilidade, 36-7, 74; habilidade versus contemplação, 33; luta de classes na, *ver* luta de classes; *v. tb.* mitologia política; negócios públicos

Política (Aristóteles), 29-30, 34-5, 121-2

Político (Platão), 35, 49, 105, 126, 204, 207

politike téchne, 71-2

politikós, 33

Posídon, 183, 310*n*13

Polo, 272, 312*n*10

polypragmonein, 131*n*

Praxíteles, 246

pré-socráticos, filósofos, 63

Príamo, 40

professores de retórica, 63-5; em Roma, 65, 275

Prometeu acorrentado (Ésquilo), 310*n*9

Protágoras, 274-5, 280-3

Protágoras (Platão), 69-73, 159, 162, 197, 270

prytaneum, 143, 225-6; *v. tb.* tribunais atenienses

psyché, 147

públicos, cargos, escolhidos por sorteio, 31-2; ocupados por Sócrates, 143; *v. tb.* negócios públicos

Quatrocentos, ditadura dos, 66*n*, 141, 171-2, 175, 191

Querefonte, 185-6

Quintiliano, 297*n*14

Rãs, As (Aristófanes), 24, 245, 263

real, mundo metafísico tomado como, 96

Rei dos sátiros, O (Hermipo), 278

rei magistrado, *ver archon basileus*

reinado: por especialistas, 31, 35-6, 69, 105, 115-6, 126, 208-9; homérico, 40-3; e mudança de déspotas, 37; *v. tb.* monarquia; tirania

reprovação, medo da, 78; *v. tb. aidos*

República (Platão), 33, 35, 59-60, 140, 157, 173, 187, 196-209 *passim*, 223, 265, 270-1, 300*n*2

retórica, 101, 119-21; Aristóteles sobre a, 122-5; juris atenienses influenciados pela, 223; manuais de, 119; professores de, expulsos de Roma, 275; Sócrates sobre a, 120-1, 127

Retórica (Aristóteles), 67, 121-2, 237

rex, 39

Roma, assembléia popular em, 25, 65, 309n5, 311-2n28; descrédito da monarquia na época republicana, 39; educação na República, 65; expulsão dos filósofos e dos professores de retórica de, 275; *exsilium*, 227; falta de igualdade política em, 257-8; filelenismo em, 213; juristas de, sobre eqüidade e escravidão, 68; luta de classes na política republicana, 30; teatro em, 310-2n28

sacerdócio hereditário, 38-9

Safo, 135, 308n11

Salamina, batalha de, 75, 112, 134

samizdat, 164

Satão, 300n2

Sátiro, 285

secretas, conspirações aristocráticas, 173-6; polícia, 164

segurança nacional, doutrina de, 161

sema, 147, 233

ser puro, contemplação do, 33, 234

Senado romano, 65

Sete contra Tebas (Ésquilo), 221

Sete Sábios da Grécia, 63

Sétima carta (atribuída a Platão), 90, 302n2

Shorey, Paul, 203, 265

Sicília, tiranos expulsos da, 119

silogismo, 123

Símias, 231-3

Simplício, 285

Siracusa, derrota naval ateniense em, 91, 140, 174, 177

sitophylakes, 213

Smyth, H. W., 308n11

Sobre a concórdia (Antifonte, o Sofista), 67

Sobre os deuses (Protágoras), 281

Sobre o estilo (Demétrio de Faleros), 306n5

Sobre a natureza dos deuses (Cícero), 85

Sobre Tucídides (Dionísio de Halicarnasso), 306n5

Sobre a verdade (Antifonte, o Sofista), 66, 97

sociedade fechada, Esparta como, 157-62, 301n32

socratein, 154

Sócrates, 274, 280-1; abstinência dos negócios públicos, 130-1, 146-8, 177; acusação de Sócrates, 49-50, 188, 236-7; "corrompido os jovens", Sócrates acusado de ter, 49-50, 110-1, 236; admiração por Agamênon, 59-60; sobre Anaxágoras, 287-8; ataque de Polícrates a, *ver* Polícrates; sobre a coragem, 79-80; denigre a democracia, 98-100; desprezo pela assembléia ateniense, 69, 149-50; dialética negativa de, 80-3, 85-6, 103, 111, 127; diálogo com as Leis de Atenas, 228, 267-8; no ensino, 86-8; esnobismo de Sócrates, 149-55, 300n2; falta de compaixão em *Eutífron*, 179-81; história da estátua de bronze de, 212; informações biográficas sobre, 23-5; intimado por ensinar Crítias e Cármides, 193-4; ironia de, 297n14; julgamento de, *ver* julgamento de Sócrates; *megalegoria* de, 218-21, 306n5-6; e o oráculo de Delfos, 106-9; ordenam-lhe que ajude na prisão de Leão de Salamina, 145-6; participa no júri do julgamento dos generais da batalha das Arginusas, 143-5; pena alternativa para, 222-6, 307n15; sobre Péricles, 36; sobre piedade, 180-1; sobre a prisão de Terâmenes, 141-3; procura de definições, 61-2, 79-81, 83-5, 94-7, 102-3, 111, 116-7, 181; recusa-se a participar de *synomosias*, 173; riqueza hereditária de, 150-2; sobre reinado por especialistas, 31-2, 208-9; silêncio sobre o massacre de Melos, 135; como simpatizante de Esparta, 153-162; e os sofistas, 63-5; sobre Tersites, 58; utopismo de, na *República*, 202-9; sobre a virtude, 61-3, 72-3, 76, 79-80, 83-4, 114; vontade de morrer de, 217-34; voz interior de Sócrates, 131, 140, 219, 222, 306n8

Socrates: a source book (Ferguson), 210, 297n13

"Socrates on political obedience and disobedience" (Vlastos), 301n16

sofistas, 63-4, 111, 150

Sófocles, 128, 261

Sólon, 69, 200

soma, 147, 233

sophia, 109, 241

sophistes, 63

sophrosyne, 59, 140-1, 197

sorteio, ocupantes de cargos públicos escolhidos por, 31-2

Stanford, W. B., 48

stasis, 129

Sublime, Do (Longino), 306n5

suicídio, 231-3

superstição, 280

Suplicantes, As (Ésquilo), 259-60

Suplicantes, As (Eurípides), 266

synomosiai, 173-4

Taylor, A. E., 160

teatro ateniense, 259-66, 311n28; antibelicista, 278, 311n28; cômico, 165-9, *v. tb.* poetas cômicos; trágico, 117

téchne, 71-2; *logon*, 193-5

Teeteto (Platão), 97, 153, 282

Telêmaco, 48

Temístio, 213

Temístocles, 36, 112

Teofrasto, 289

Teógnis, 50

teologia ateniense, 169-70, 237-40

Terâmenes, 141-3, 188, 192, 194, 197, 201-2, 211, 304n3

Tersites, 54-8, 257, 295n13

Teséia, 308n9

Teseion, 241

Teseu, 199, 263, 308n9

Tétis, 43

themis/themistas, 44

thes, 182-5, 303n16

Thomson, George, 242n

thorobein/thorubos, 107, 221-2, 257

thrasos, 54, 55n

Timarco, 214

Timeu (Platão), 35, 197-8, 207

tirania, 32, 38, 264-6; *v. tb.* ditadura

Tirteu, 159

Tísias, 119

to on (ser puro), 33, 234

Trabalhos e os dias, Os (Hesíodo), 51

trabalho, ética do, 51

Trasíbulo, 211, 304n4

tribunais atenienses, 33-4, 64, 69, 125-6, 155, 243-4; suscetíveis a retórica, 223; veredicto em dois estágios, 217

Trinta, ditadura dos, 50, 90-2, 130, 141-3, 171-2, 176, 191, 209, 214, 304n4; desobediência civil de Sócrates durante a, 145-6

328

Tristram Shandy (Sterne), 59
Tróia, guerra de, 40-4, 47
Troianas, As (Eurípides), 265-6
Tucídides (general), 114
Tucídides (historiador), 117, 121, 134, 138-9, 161, 172-6, 192, 277, 286, 309*n*3, 313*n*22
Túria, colônia ateniense em, 69
tyche, 298-9*n*1
Tyler, W. S., 221

Urano, 238
utopia platônica, 35-6, 197-8; a Pérsia de Xenofonte como, em *A educação de Ciro*, 40

Varrão, o Gramático, 85
verdade e virtude, 103-4
vergonha, sentimento de, 70
Vespas, As (Aristófanes), 24
viagens ao estrangeiro, restrições a, 35, 157, 161-2
Vida de Alcibíades (Plutarco), 92, 154
Vida de Eurípides (Sátiro), 285
Vida de Nícias (Plutarco), 280
Vida de Péricles (Plutarco), 276
Vida de Sócrates (Diógenes Laércio), 236
Vida de Sólon (Plutarco), 129
Vida de Teseu (Plutarco), 199
Vidas dos filósofos (Diógenes Laércio), 100, 212
Vidas dos grandes generais (Cornélio Nepos), 304*n*4

vida pública, retirada da, 129; *v. tb.* ser puro
virtude, 61-2, 73, 114; cívica, 73-4, 78; coragem como, 76-93; como dádiva divina, 83-4; ensinamento da, 87-9; política, 62; verdade e, 103-4
Vlastos, Gregory, 301*n*16
voto, direito de, 69-70

Wentworth, Peter, 258
Wirszubski, Chaim, 258
Woodruff, Paul, 296*n*4

Xantipa, 150-1, 229-30
xenelasia, 160-1; *v. tb.* exílio
Xenófanes, 169-70
Xenofonte, 22-4, 49-53, 113, 172, 191-2, 194-5, 215-9, 224, 286, 306*n*6; sobre a tentativa de golpe em Atenas, 401 a.C., 189-90; sobre Crítias e Alcibíades, 88-91; sobre o oráculo de Delfos acerca de Sócrates, 106-7; *A educação de Ciro*, 34, 40, 269; sobre a dialética negativa de Sócrates, 81; omissões de, em favor de Sócrates, 53-4; e o esnobismo de Sócrates, 149, 152; sobre *xenelasia*, 161
Xerxes, 74, 113

Zeus, 43, 70-1, 310*n*13; Agoraios, 244-8; Bolaios, 247
zoon politikon, 28

Verdadeira lenda do jornalismo norte-americano, **I. F. (ISIDOR FEINSTEIN) STONE** nasceu em 24 de dezembro de 1907 em Haddonfield, Nova Jersey. Abandonou os estudos de Filosofia na Universidade da Pensilvânia para se dedicar integralmente à profissão em que se destacaria como um defensor intransigente das liberdades civis e da paz, opondo-se ao macartismo e à Guerra do Vietnã. Tendo trabalhado em vários jornais, editou sozinho, de 1963 a 1971, o célebre alternativo *I. F. Stone Weekly*. É autor de doze livros, entre os quais *Underground to Palestine* (1946), *Hidden history of the Korean war* (1952), *The haunted fifties* (1964) e *The killings at Kent state* (1971). Morreu em junho de 1989.

COMPANHIA DE BOLSO

Jorge AMADO
Capitães da Areia
Mar morto
Carlos Drummond de ANDRADE
Sentimento do mundo
Hannah ARENDT
Homens em tempos sombrios
Origens do totalitarismo
Philippe ARIÈS, Roger CHARTIER (Orgs.)
História da vida privada 3 — Da Renascença
ao Século das Luzes
Karen ARMSTRONG
Em nome de Deus
Uma história de Deus
Jerusalém
Paul AUSTER
O caderno vermelho
Ishmael BEAH
Muito longe de casa
Jurek BECKER
Jakob, o mentiroso
Marshall BERMAN
Tudo que é sólido desmancha no ar
Jean-Claude BERNARDET
Cinema brasileiro: propostas para uma
história
Harold BLOOM
Abaixo as verdades sagradas
David Eliot BRODY, Arnold R. BRODY
As sete maiores descobertas científicas da
história
Bill BUFORD
Entre os vândalos
Jacob BURCKHARDT
A cultura do Renascimento na Itália
Peter BURKE
Cultura popular na Idade Moderna
Italo CALVINO
Os amores difíceis
O barão nas árvores
O cavaleiro inexistente
Fábulas italianas
Um general na biblioteca
Os nossos antepassados
Por que ler os clássicos
O visconde partido ao meio
Elias CANETTI
A consciência das palavras
O jogo dos olhos
A língua absolvida
Uma luz em meu ouvido

Bernardo CARVALHO
Nove noites
Jorge G. CASTAÑEDA
Che Guevara: a vida em vermelho
Ruy CASTRO
Chega de saudade
Mau humor
Louis-Ferdinand CÉLINE
Viagem ao fim da noite
Sidney CHALHOUB
Visões da liberdade
Jung CHANG
Cisnes selvagens
John CHEEVER
A crônica dos Wapshot
Catherine CLÉMENT
A viagem de Théo
J. M. COETZEE
Infância
Juventude
Joseph CONRAD
Coração das trevas
Nostromo
Mia COUTO
Terra sonâmbula
Alfred W. CROSBY
Imperialismo ecológico
Robert DARNTON
O beijo de Lamourette
Charles DARWIN
A expressão das emoções no homem e nos
animais
Jean DELUMEAU
História do medo no Ocidente
Georges DUBY
Damas do século XII
História da vida privada 2 — Da Europa
feudal à Renascença (Org.)
Idade Média, idade dos homens
Mário FAUSTINO
O homem e sua hora
Meyer FRIEDMAN,
Gerald W. FRIEDLAND
As dez maiores descobertas da medicina
Jostein GAARDER
O dia do Curinga
Maya
Vita brevis
Jostein GAARDER, Victor HELLERN,
Henry NOTAKER
O livro das religiões

Fernando GABEIRA
O que é isso, companheiro?
Luiz Alfredo GARCIA-ROZA
O silêncio da chuva
Eduardo GIANNETTI
Auto-engano
Vícios privados, benefícios públicos?
Edward GIBBON
Declínio e queda do Império Romano
Carlo GINZBURG
Os andarilhos do bem
História noturna
O queijo e os vermes
Marcelo GLEISER
A dança do Universo
O fim da Terra e do Céu
Tomás Antônio GONZAGA
Cartas chilenas
Philip GOUREVITCH
Gostaríamos de informá-lo de que amanhã seremos mortos com nossas famílias
Milton HATOUM
A cidade ilhada
Cinzas do Norte
Dois irmãos
Relato de um certo Oriente
Um solitário à espreita
Patricia HIGHSMITH
Ripley debaixo d'água
O talentoso Ripley
Eric HOBSBAWM
O novo século
Sobre história
Albert HOURANI
Uma história dos povos árabes
Henry JAMES
Os espólios de Poynton
Retrato de uma senhora
P. D. JAMES
Uma certa justiça
Ismail KADARÉ
Abril despedaçado
Franz KAFKA
O castelo
O processo
John KEEGAN
Uma história da guerra
Amyr KLINK
Cem dias entre céu e mar
Jon KRAKAUER
No ar rarefeito

Milan KUNDERA
A arte do romance
A brincadeira
A identidade
A ignorância
A insustentável leveza do ser
A lentidão
O livro do riso e do esquecimento
Risíveis amores
A valsa dos adeuses
A vida está em outro lugar
Danuza LEÃO
Na sala com Danuza
Primo LEVI
A trégua
Alan LIGHTMAN
Sonhos de Einstein
Gilles LIPOVETSKY
O império do efêmero
Claudio MAGRIS
Danúbio
Naguib MAHFOUZ
Noites das mil e uma noites
Norman MAILER (JORNALISMO LITERÁRIO)
A luta
Janet MALCOLM (JORNALISMO LITERÁRIO)
O jornalista e o assassino
A mulher calada
Javier MARÍAS
Coração tão branco
Ian McEWAN
O jardim de cimento
Sábado
Heitor MEGALE (Org.)
A demanda do Santo Graal
Evaldo Cabral de MELLO
O negócio do Brasil
O nome e o sangue
Luiz Alberto MENDES
Memórias de um sobrevivente
Jack MILES
Deus: uma biografia
Vinicius de MORAES
Antologia poética
Livro de sonetos
Nova antologia poética
Orfeu da Conceição
Fernando MORAIS
Olga
Toni MORRISON
Jazz
V. S. NAIPAUL
Uma casa para o sr. Biswas

Friedrich NIETZSCHE
Além do bem e do mal
Ecce homo
A gaia ciência
Genealogia da moral
Humano, demasiado humano
O nascimento da tragédia
Adauto NOVAES (Org.)
Ética
Os sentidos da paixão
Michael ONDAATJE
O paciente inglês
Malika OUFKIR, Michèle FITOUSSI
Eu, Malika Oufkir, prisioneira do rei
Amós OZ
A caixa-preta
O mesmo mar
José Paulo PAES (Org.)
Poesia erótica em tradução
Orhan PAMUK
Meu nome é Vermelho
Georges PEREC
A vida: modo de usar
Michelle PERROT (Org.)
*História da vida privada 4 — Da Revolução
Francesa à Primeira Guerra*
Fernando PESSOA
Livro do desassossego
Poesia completa de Alberto Caeiro
Poesia completa de Álvaro de Campos
Poesia completa de Ricardo Reis
Ricardo PIGLIA
Respiração artificial
Décio PIGNATARI (Org.)
Retrato do amor quando jovem
Edgar Allan POE
Histórias extraordinárias
Antoine PROST, Gérard VINCENT (Orgs.)
*História da vida privada 5 — Da Primeira
Guerra a nossos dias*
David REMNICK (JORNALISMO LITERÁRIO)
O rei do mundo
Darcy RIBEIRO
Confissões
O povo brasileiro
Edward RICE
Sir Richard Francis Burton
João do RIO
A alma encantadora das ruas

Philip ROTH
Adeus, Columbus
O avesso da vida
Casei com um comunista
O complexo de Portnoy
Complô contra a América
A marca humana
Pastoral americana
Elizabeth ROUDINESCO
Jacques Lacan
Arundhati ROY
O deus das pequenas coisas
Murilo RUBIÃO
Murilo Rubião — Obra completa
Salman RUSHDIE
Haroun e o Mar de histórias
Oriente, Ocidente
O último suspiro do mouro
Os versos satânicos
Oliver SACKS
Um antropólogo em Marte
Enxaqueca
Tio Tungstênio
Vendo vozes
Carl SAGAN
Bilhões e bilhões
Contato
O mundo assombrado pelos demônios
Edward *W.* SAID
Cultura e imperialismo
Orientalismo
José SARAMAGO
O Evangelho segundo Jesus Cristo
História do cerco de Lisboa
O homem duplicado
A jangada de pedra
Arthur SCHNITZLER
Breve romance de sonho
Moacyr SCLIAR
O centauro no jardim
A majestade do Xingu
A mulher que escreveu a Bíblia
Amartya SEN
Desenvolvimento como liberdade
Dava SOBEL
Longitude
Susan SONTAG
Doença como metáfora / AIDS e suas metáforas
A vontade radical
Jean STAROBINSKI
Jean-Jacques Rousseau
I. F. STONE
O julgamento de Sócrates

Keith THOMAS
O homem e o mundo natural
Drauzio VARELLA
Estação Carandiru
John UPDIKE
As bruxas de Eastwick
Caetano VELOSO
Verdade tropical
Erico VERISSIMO
Caminhos cruzados
Clarissa
Incidente em Antares
Paul VEYNE (Org.)
História da vida privada 1 — Do Império
Romano ao ano mil

XINRAN
As boas mulheres da China
Ian WATT
A ascensão do romance
Raymond WILLIAMS
O campo e a cidade
Edmund WILSON
Os manuscritos do mar Morto
Rumo à estação Finlândia
Edward O. WILSON
Diversidade da vida
Simon WINCHESTER
O professor e o louco

1ª edição Companhia das Letras [1988] 7 reimpressões
1ª edição Companhia de Bolso [2005] 3 reimpressões

Esta obra foi composta pela Verba Editorial em Janson Text
e impressa pela Gráfica Bartira em ofsete
sobre papel Pólen Soft da Suzano S.A.

A marca FSC® é a garantia de que a madeira utilizada na fabricação do papel deste livro provém de florestas que foram gerenciadas de maneira ambientalmente correta, socialmente justa e economicamente viável, além de outras fontes de origem controlada.